日本古代の親族構造

明石一紀著

吉川弘文館刊行

戊午叢書

序

本書が成立するに至った学史的背景・方法的立場について、概括的に述べておきたい。読まれる方の理解の一助にはなろうかと思う。

一九四六年に刊行された藤間生大『日本古代国家』の第一章古代家族は、古代奴隷制を証明するために郷戸を分析して「家族共同体」を基礎としているとみなし、奴隷制的な家父長制的大家族である「古代家族」への展開は不十分であると位置付けて、社会の発展段階を規定しようとした。この方法は、藤間説を批判してその後の通説ともなった、アジア的な本源的共同体の内部で個別経営として自立しつつある「家父長制的世帯共同体」が郷戸である、という論者（塩沢君夫・門脇禎二・吉田晶・原島礼二氏）にも受け継がれている。両者は、発展段階を規定するメルクマールを家父長制的奴隷制におくか、自立的個別経営におくかという相違はあるものの、ともに郷戸実態説に立ち、籍帳の分析を通じて共同体・奴隷制・家父長制・個別経営・生産関係を解明することを目的としていた。研究課題はあくまでも経済的関係であって、親族関係ではなく、家族構造が取り上げられるのは家長への隷属度の問題か小家族の分立化という観点からのみであったのである。このような家族研究のいびつさというものは、古代以外（原始及び中世以降）の家族に何ら問題関心を抱かぬこと、高群逸枝の婚姻史体系が発表されても無視したままでいられること、現代の深刻な家族問題に直面しようとも全く歴史学的な問題解決に寄与しえないこと、等に端的にあらわれている。この方法では経済関係しかわかり得ない。

しかし、郷戸の分析からどれだけ経済的関係が直接明らかにされるかというと、これもまた疑問である。郷戸実態説を批判する法的擬制説の中でも編戸制論は強力であって、籍帳史料の内在的批判を避けて通ることはできない。そもそも郷戸が拡大家族的形態に規模・構成が平均化していること自体、常識的に考えれば疑問なのであって、基本的に小家族形態をとるに違いない貧農の実態とは、かけ離れているからである。更に、奴隷所有の事実をもって家父長制的性格を導き出すことができるかどうか、これもそう単純ではなく「家父長権」の概念から考え直してみる必要がある。郷戸が直接経済的関係を反映しているとみることは、無理があるといわざるを得ない。

ところで、私はエンゲルス・マルクスの著作に見える家族論を批判的に検討し、論考（「人間の生産と家族の理論」、「エンゲルスの『家族』概念」他）を『歴史評論』誌に発表してきた。マルクス主義の家族論を整理してみた結果、「家」概念と家族概念とが混同されていて、本源的共同体の内部から「社会の経済的単位」として成立してくるのは個別経営体たる「家」であり、経済関係とは相対的に独立している家族は別に「人間の生産」を中心とした重要な機能を持っていて、従来の史的唯物論では経済組織でない家族の問題を解き明かすことは方法的に不可能である、という結論に達した。これからも、「家」の経済的性格の考察とは別に、家族・親族独自の解明がはかられるべきであって、それは以前の如く社会の生産・階級・支配の関係を究明することが目的とされるのではなく、そこから社会の（性・血縁・世代・居住・婚姻といった）秩序・区別・結合の原理や或いは財産の所有・相続の形態、更には社会的関係・意識の究明を展望する、という方法こそが求められるのである。家族研究の主題は、あくまでもみのり豊かな親族構造の解明にあらねばならない。

一方、古代史学界では、高群説の継承をめざす関口裕子氏が家父長制的家族説批判に力を入れて奮闘していた。律令制的家族秩序の導入、対偶婚的形態、家長に従属しない男女の地位関係など、婚姻形態を主軸として家族論の展開がはかられ、女性研究者や後進に多大な刺激を与えていた。しかし、夫方居住婚の広汎な存在を否定し、女系的血縁を規定的とみなし、母系家族的傾向を強調し、男女の経済的対等性を主張する関口説には納得しえず、また親族構造であるとか性別秩序原理といった社会構造的視角が決定的に欠如していることに不満であった。高群説に固執しすぎた余り、従来の通説に対して異質な説を対置した功績は大きいと認めても、方法的・認識的には倒底従い難いものがあったといえよう。

そこで私の求めた家族論の基盤は「双系社会」論であった。次に当時の研究動向を述べて私の問題意識を鮮明にしておきたい。最初に日本古代の親族を双方的と指摘したのは、古く一九二九年の比較社会学の牧野巽による日唐両令の親等法を比較した研究であった。だが、学界に直接種を播いたのは一九七一年の民族学の大林太良「古代の婚姻」（『古代の日本』第二巻所収）であり、歌垣・一時的妻訪婚などの慣習から東南アジアの「双系的」な社会と共通した構造を指摘したのである。この視点をただちに導入したのが一九七四年の鷲見等曜「平安時代の婚姻」（『岐阜経済大学論集』八の四）であって、一時的妻方居住婚・財産相続の形態など東南アジアのそれと共通していることを比較してみせ、以後、これを基礎に高群説批判を展開していくのである。次いで、一九七六年の吉田孝「律令制と村落」（岩波講座『日本歴史』第三巻所収）が日唐の比較法制史的立場から古代社会の実態にせまり、首長制、「家」の未成立、「親族組織の双系的な性格」といった特徴を総合的に考察し、学界に対して大きな影響を与えることになる。

この吉田論文に啓発された私は、「双系的」という用語に家族論を解く鍵があるのではないか、と直観したのである。私は氏のいう「親族組織」の次元にとどまらず、家族構造の次元にまで双方原理を展開し適用することができないものか、通説的な「家父長制的世帯共同体」＝郷戸という不毛な固定観念を打破する理論的武器となりうるのではないか、と考えて、その後社会人類学の文献を集中的に読みあさった。そこでは、まず、双方原理と小家族形態との論理的関連性、及び家族の複合的形態をどう理解すべきか、「居住集団」的結合という規定でよいかどうか、が考察の主眼とされた。それのみならず、双方的社会として古代を位置付けるとしても歴史的見通しを提示しなければ説得力に欠けると思い、母系制の存否を考慮しつつ原始社会から一貫した家族史の展望を仮説として明示しなければならないだろう、と決意した。この成果をまとめたのが、サブタイトルに社会人類学ノートと銘うった「日本古代家族研究序説」（本書第一部第一章）であった。後で鷲見氏の研究に気が付き、水野浩一氏の提唱した「屋敷地共住集団」の概念が導入されていることを知って、居住集団的結合を想定していた私は共鳴を覚えたのである。

さて、本書はこの論文を皮切りにしてその後執筆した親族論・家族論関係の論考を収めたものである。古代史学の枠にこだわらず、学際的な研究をめざして隣接諸科学、とくに人類学・社会学の概念・方法から多くのものを学び活用させてもらった。家族・婚姻の形態は現象的なもので重要なことは本質的な親族体系の構造である、という観点から、他の研究者の様にあまり婚姻形態にこだわらず、意図的に親族の研究に力を入れてきた。本書の題を「日本古代の親族構造」としたのはそのような理由による。内容としては、主に、基層社会の双方制的構成、双方原理・対偶婚と家族構造との関連、ヤシキ地居住集団の歴史過程、家父長権の概念と日本的特質、古代親族の血縁結合的特質、直系継承ラインの優越性、系譜観念と集団帰属の乖離、首長層の父系出自観念の強固さ、等を明らかにした。また、大宝律令と養老律令の最大の相違は親族法（相続法・親等法）の改変にあり、唐制的な養老令は形式的で実際に機能したか疑わしく、古代社会には一貫して固有法を反映させた大宝令的な慣習法が機能し続けていた、と考えたのである。

最後に、本書に収録された既発表の論考の一覧をかかげ、章節との関係を明示しておくことにする。

㈠「日本古代家族研究序説」(『歴史評論』三四七号、一九七九年三月)　第一部第一章

㈡「古代・中世の家族と親族」(『歴史評論』四一六号、一九八四年一二月)　第一部第二章

㈢「古代・中世家族論の問題点」(『民衆史研究会会報』二三号、一九八五年五月)　第一部第一章第五節・第二章第一節

㈣「大宝律令と親等法」(『日本史研究』二五八号、一九八四年二月)　第二部第一章

㈤「日本古代の親族名称(正)」(『民衆史研究』二八号、一九八五年五月)　第三部第二章問題の所在・第一節

㈥「続・日本古代の親族名称」(『民衆運動と差別・女性』、雄山閣、一九八五年一二月)　第三部第二章第二〜四節

これ以外の、第二部第二章・第三章と第三部第一章は、みなその後の書下しである。

なお、bilateral の訳語は、旧稿では当時一般的で流布していた「双系的」の用語に従ったが、近年はより正確な「双方的」の訳語が定着しつつあるので、本書ではすべて「双方的」の語に改めて統一することにした。

また、本書では先学を引用する際に敬称を一切省略させていただいた。御諒承をお願いしたい。

一九八九年 三 月

明 石 一 紀

目次

第一部　前近代家族史序論

第一章　日本古代家族研究序説
――社会人類学ノート――

問題の所在

従来、科学的歴史学では日本古代の家族形態を家父長制的世帯（家族）共同体と規定してきた。藤間生大は、血縁的な氏族共同体から家族共同体を構成単位とする地縁・血縁のまざった親族共同体へ、その解体が直接に単婚家族を構成単位とする地縁的な村落共同体へ移行せず古代家族＝家父長制的家内奴隷制家族を成立せしめた、と理解した。(1)石母田正も、「親族共同体」概念（別な意味で再検討の価値があると思われる）には消極的であるものの同様の解釈を示している。(2)一方、門脇禎二は、原始共同体の解体過程にあらわれる農業共同体（のアジア的形態）の基礎に三段階の家族、即ち世帯共同体→家父長制的世帯共同体→家父長制的家内奴隷制家族を想定し、郷戸を家父長制的世帯共同体と規定した。(3)古代の家族形態を郷戸＝小竪穴住居址群＝家族共同体・家父長制的世帯共同体と把握する通説は、短絡的な理解といわざるを得ないが反面明快ではある。当時の家族に家父長的性格を認めることは疑問であるが、しかし、理論的に家族共同体と家父長的家族を峻別して父系的兄弟的家族共同体という概念も提起されてきている。(4)いずれにしても、コヴァレフスキー『家族および財産の起源と発展の概要』においてバルカン半島のザドルガに見出した世帯共同体論が、エンゲルス『家族・私有財産・国家の起源』の第四版に至ってとり入れられ、氏族共同体の解体過程にあらわれる過渡的な大家族形態、という歴史的位置付けのもとに理解されてきている。だが、『起源』に代表される家族史理論には様々の問題・矛盾があり(5)、理論として素朴に信用できるものでもない。仮に、一般的・世界史的な発展段階として認めたところで、あらゆる民族（日本を含めて）において村落共同体以前に家族共同体及びそれに先行する氏族が存在したかどうかは別の問題である。少なくとも日本の場合、アプリオリに家族共同体概念を適用することは、かえって重要な問題を見落すことになりかねないといえよう。

津田左右吉は、史料上にあらわれる「氏族」=ウヂを検討して、それが政治的に編成された組織であって原始的・血縁的な氏族共同体ではないことを指摘した(6)。その後、この見解は発展的に継承されて定説となったが、その一方では、日本の原始社会に氏族共同体の存在した形跡が認められることなく現在に至っている。或いは、高群逸枝は、多くの史料を渉猟して古代の氏族・家族・婚姻を考察し、「母系」（実は非父系）原理の根強い存在を論証しているし(7)、当時の家族に強い女系血縁紐帯が認められているの(8)であるが、従来の父系制社会を前提とした解釈では説明がつかぬ状態にある。更に、籍帳に載せる郷戸の実態性については疑問の累積であって、郷戸の擬制的性格は律令国家の政策意図にもとづく編戸制の帰結といわざるをえず(9)、もはや強固な家族共同体結合の実在は期待できないところまで研究が深化している。ところで、日唐の律令制の比較研究が進み、現在までに実証的に確認され共通認識の得られている古代家族の特徴は、凡そ次の点である。㈠母方の親族の地位が高いこと、㈡妻妾に本質的な相違が認められないこと（多妻制）、㈢家・家長の存在が不明確なこと、㈣嫡庶子の区別に疑問があること、㈤戸の経営体（単位）としての側面が希薄であること、㈥しかし小家族も自立的な単位にされていないこと、㈦家産が認められず財産は個人的所有であること、㈧分割相続制で女性の相続権も否定していないこと、などであり、これらの諸条件をみたしうる家族論でなくてはならないだろう。更に付け加えれば、万葉集の歌や日本霊異記に載せられている家族関係の描写からは、とても家族共同体的結合の存在を想定することは困難である。その点、近年、「家」の未成立と「双系」制概念の導入によって日本古代の社会構造を論じた吉田孝説(10)には説得力があり、本稿で家族の存在形態を論じるにあたって「双系」=双方制概念の適用を初めとして多くの示唆をうけている。

さて、日本が独特の「家」と同族団の制度を生成せしめた基盤は、一般には単系血縁集団の欠如した双方制社会だからであり、その論拠としてあげられているのは次のような点である。㈠いとこの範疇に属する人々が類別されていないこと、㈡出自は「双系」の原則に基づいており外婚制をともなう単系血縁集団が存在していないこと、㈢独立の核家族をつくる一夫一婦婚が軸になっていること、㈣おじ・おばは「直系型」呼称であって父方・母方の区別が重視されないこと、㈤近親相姦禁止の規則が「双系的」であること、㈥キンドレッド・親類の様な「双系的」な「親族集団」(?)がしばしば存在していること、などが指摘されている(11)。これは、大雑把な指摘ではあるが、日本が単系制ではなく双方制社会であることを示している。そこで問題となるのが、以上のような双方社会にそもそも家族共同体の成立が理論的に可能であるのか、ということである。私はこの点を重視すべきであると考えている。

家族形態は複雑・多様であるが、通常、社会学では代表的な三つに類型化することが多い(12)。それは、Ⅰ夫婦家族(核家族・個別家族)、Ⅱ直系家族、Ⅲ複合家族(合同家族・拡大家族)であり、単純にいえばこの第Ⅲ型に歴史的規定を与えた概念が家族(世帯)共同体であるといえよう。ところで、世界の民族においてもこのⅢの大家族の存在が確認されるのは、バルカン半島のザドルガを初めとしてギリシア・アラブ・トルコ・イラン・インド・ハンガリー・蒙古・中国など、いわゆる単系制社会のみに限られているのである。ザドルガなどを詳しく分析した中根千枝によると、(13)父系合同家族は父―息子たち（兄弟関係）を核とする父系血縁組織を前提とし、少なくとも父の生存中は結婚後も父の家で生活を共にする慣習があり、しかも家産を分割しない場合にのみ形成されるという。その上、単系制社会であったとしても、自立的経営単位であるザドルガなどはかような大家族を維持しうるだけの経済的基礎を持つ階層に見られ、不安定で貧しい農民たちは小家族的形態をとる場合が多い、とされる。それでも、家族共同体（所有主体としての父系合同家族）が質的に規定的な社会であればよいのであるが、その前提としては単系血縁組織の存在が不可欠となってくる。(14)従って、親族構造において単系結合原理が規定的ではない社会、換言すれば双方的親族関係が前面にあらわれてくる社会、即ち単系の血縁原理が弱い双方社会において、理論的に家族共同体の形成が困難だということである。例えば、大家屋に住む飛驒白川村の大家族を(15)とり上げてみても、家長は夫婦同居であるが他の家族は別居妻訪であり家族構成も郷戸と近似していたにもかかわらず、構造は家長の直系家族に傍系者が寄生しているものに過ぎず、先掲のⅡが基本類型であって、兄弟が対等の関係にある合同家族（Ⅲ）とは異質なものであった。それ故、傍系親は正式な同居婚のできない立場だから妻訪せざるを得なかったわけで、この大家族形態の成立も伝統的な「家」＝直系家族が歴史的に成立した後に、江戸時代に山村の特殊な条件下で分家が制限されて発生したものといわれており、古代的な家族とは程遠い存在であったことが知られる。

さて、第二次世界大戦後に飛躍的に社会人類学的研究の進んだ双方社会論は、もはやそれを単系制の崩れた形態だの或いは母系から父系への過渡的形態だのと、解釈することを許さないところまで発達している。(16)管見では、ユーラシア・アフリカ大陸主要部及び北アメリカ南東部・ミクロネシア・メラネシアが概して単系制であり、オーストラリアも特殊な二重単系制であるのに対し、旧大陸の周辺部・イギリス・東南アジア・ポリネシア・北アメリカ北西部などは双方制・非単系制であり、日本も後者の一部をなしている。(17)この様な、偏った地域分布を考えると、古代社会というものを構造的に古典古代的とアジア的とに類型化して把握してきた如く、家族論においても単系制と双方制との少なくとも二類型で発展段階を考えなければならない時期にきている、と思われる。

訓詁学化しつつある科学的歴史学にとって、社会人類学的研究は豊富な理論的源泉となりうるもので、日本古代の家族論においても科学的摂取の必要に迫られている。従来、郷戸法的擬制説（小家族説）の論者には家族史的展望が欠如し、それが最大の弱点となっていたが、次節から隣接諸科学の成果を取り込んで多角的に家族形態の素描を述べ、法的擬制説の立場での歴史的見通しを積極的に構成してみようと思う。

一　原始社会

動物社会学・霊長類学では、ヒトの社会的特質を家族と共同体の存在においている。それに従えば、家族の成立は人類の成立過程に求められることになるだろう。

移動的な採集経済の段階では、男による狩猟・漁撈と女による植物・貝採集の性別分業が一応なされて食料を確保しているのであるが、共同労働の必要性も低くて限られた食物資源しかない状態においては、むしろ夫婦・子供からなる小家族ごとに分散して行動する方が生存しやすいといえる。時には、二～三家族が便宜的・臨機的に（親族関係があるのは当然だが）集まって放浪とキャンプ生活を繰り返すが、これは固定的な結合ではなく一定の親族集団を形成するというわけではない。地縁的・血縁的な家族の群れであるバンド（ホールド）が三〇〜六〇人位の移動的地域集団として存在し、その保有する漠然とした領域内を、食料を求めて諸家族が離合集散を繰り返して移動したようである。[18]バンドの血縁関係も複雑で多様であり、一般的には双方的な親族関係に基づいた生存のための地縁集団といえよう。縄文早期に見られる数年ごとに移動する半定着的な家族も、恐らくは基本的に同様の構造をとっていたであろう。

前期以降になると集落址がみられ、夏と冬とで住居を変えたものかどうかは別としても、定着した生活がうかがえる。これは植物（種子・根・果実）採集の技術の向上と貯蔵穴にみられる保存法の発明、そして網を使用した漁撈の発達により、定住生活が可能となったからであろう。農耕以前にも豊富な食料資源とその獲得及び保存が可能であれば定住集落を形成しうる。大林太良は、当時の社会構成を北方系の漁撈民・狩猟民やカリフォルニア・インディアンの文化と関連させて理解し、母系制は疑問で父系制か「双系」制であったろう、と推測した。[19]確かに北方系文化の影響や縄文文化の地域的基盤を考慮すれば父系的性格も想定されうるが、最近では縄文人を南方系とする説がかなり有力なようであり、私は双方制社会であった可能性が強いと思う。女性を象った土偶は地母神としての性格が強調されているが、縄文期に限られていることから農耕とは結びつかず、農耕成立以前に母系制を想定することは現在の研究水準では困難であり、従って母系制と結びつけることは正しくない。恐らく、定住地域における採集植物の豊熟を祈るといった呪術的道具であったに違いない。

ところで、縄文人骨によると、成人の平均死亡年齢は男女三一歳余であり、二五〜三五歳前後で死ぬ例が多いようで、[20]また幼児の死亡率が極めて高かったことは想像に難くない。これは、劣悪な食料事情や災害・疫病などによる生存の不安定性に規定されているが、それにしても成人の男女二人の労働力を基本とする家族を維持せしめるためには、少なくとも片親の死亡時に子供が結婚できる位に成長していなければならない。さて、東南アジアに分布する抜歯の風習もみられ、これから結婚適齢期が推測できるはずであるが、初めは一四～一七歳あたりらしい。私は、一四～一五歳頃が適齢期ではなかったかと想像する。仮に、一五歳で第一子を生んだとすると、親の死亡年齢時（三〇歳余）にはようやくその子が結婚した頃であり、親の死亡と第一子の婚姻とが時期的に大差ないものとなる。これにより、小家族の基本的属性である一夫婦の原理が世代的サイクルをともなって自然に実現されることになる。更に、幼児死亡率が高くて必ずしも初生子が成長しない状況にあってはなおさらのこと、小家族を確実に維持再生産するための方法は、男女に関りなく第一子を家族内に留めて配偶者を婚入させる方法ではなかろうか。選択居住婚（双処婚）にもとづく「初生子相続」の方式は、ポリネシアやフィリピンにも分布している。労働力の補給上からも、親の死亡年齢が低く幼児死亡率の高い定住的社会では、最初に成人した男女いずれかが親元に残る形態であったと類推する。家に残る第一子以外の弟妹は婚出することになるが、成人に達する子供は平均して二人余と仮定すれば、家族間で男女を交換すれば十分であって、新たに独立居住婚（新処婚）せねばならない場合はわずかであり、従って、家族数＝人口は停滞的で余り増加することはなかったであろう。例えば、フリーマンの調査した有名なボルネオ島イバン族は、十数個の部屋（家）が長屋形式で接続するロング＝ハウスに独立的な小家族が分住している半定着的な焼畑民であるが、その部屋（ビレッグ）＝家ごとの婚姻居住形態は、夫方居住と妻方居住とが相半ばした二者択一的な選択居住婚であったという。(21)これらのことから、縄文時代の婚姻形態は「初生子相続」(22)的な選択居住婚であって夫方・妻方居住婚が大差なく混在した形態であると考えられ、単系出自はなくて双方的な血縁関係が支配的な社会であったと推察する。

抜歯風俗を婚姻儀礼に始まるとみて抜歯類型の分析をすすめた春成秀爾は、(23)婚姻居住形態を結論づけて次の如き構想を示している。旧石器時代に妻方居住婚が支配的であったが、縄文中期以降に東日本から夫方居住婚が広がり始め、弥生時代に入って夫方居住婚が支配的となる。この過渡的現象として選択居住婚が認められる、と。だが、旧石器時代に妻方居住規制が存在したと理解しうるか、選択居住婚を単純に過渡的とみなしうるかどうか、私の人類学的知識からは頗る疑問とする他はない。

また、集落・祭祀・墓葬から双分組織の存在を想定する有力な説(24)もある。その存否は内容次第であって、体系的な婚姻規制を伴う組織なら疑わしい。もしそうであれば、古代にも痕跡が残っているはずだからである。

さて、縄文社会では、氏族などの単系血縁集団が存在していたとは考えられず、各家族（典型的には夫婦と子供二〜三人、時には片親を含む）が血族・姻族のからみ合った双方的な族縁関係でつながりを持ち、その網の目がいくつかの集落をおおって一つの cognatic な地域社会をつくっていたのであり、この土地占有の潜在的主体である社会は内婚的バンドから部族社会への過渡的性格を有していたものと考えられる。(25)

二　親　族

農業とりわけとうもろこし・水稲栽培の発生は母系制を成立せしめた基盤である。性的分業によって植物採集に従事していた女性は、植物栽培も女性労働のもとに生産を行なうことになる。この安定的で生産力の高い農耕活動の出現は、女性の優越的地位と労働投下された土地の女系的相続並びに妻方居住婚をもたらすのである。(26)即ち、母系制の成立と母系出自集団を生み出す。(27) ただし、家畜を利用した犁耕が行なわれる段階になると、男性労働にその地位を譲る。家畜は奴隷と共に父系的財産であり、父権の基礎となることは遊牧民に典型的である。なお、農耕以前に牧畜段階を想定することは疑問であって、農耕民の家畜飼育から分化し派生したものが牧畜経済であり、従って農耕経済の補完物として理解されてよい。さて、理論的には弥生時代に母系制が成立したと考えることには一応根拠があり、現在において、日本に母系制が存在したか否かという問題は弥生時代が母系社会であったかどうかに絞られてこよう。水稲耕作の成立した弥生時代の家族形態をどう理解するかによってそれ以降の家族論が大きく相違してくるのであって、本稿のテーマにとっても最も重要な問題である。

ところで、縄文時代の原始農耕の存否が問題となっているが、晩期には西日本を中心に焼畑耕作が広がったと考えてよいであろう。日本と同じ照葉樹林型の焼畑文化であるイモ類と雑穀類を栽培し狩猟や採集と複合した生業形態が江南地域に分布していることから、稲作以前にこの文化が伝播されたであろう、(28) と推測されている。既に、岡正雄は、弥生文化の基本をなす「男性的・年齢階梯的・水稲栽培＝漁撈民文化」は紀元前四〜五世紀の頃に江南地域から渡来したものであろう、と指摘していた。(29) 日本の水稲耕作が焼畑に継起して江南地域から伝わった可能性が大きく、神話の構成からもその共通性が認められている。(30) 更に、魏志倭人伝に見える(31)「黥面文身」・貫頭衣以下の習俗は東南アジアの風習そのものであって、文化は「儋耳・朱崖と同じ」とされ、地理的にも「其の道里を計るに、当に会稽の東冶の東に在るべし」と理解されている。即ち、漢民族から見た倭国の社会が、江南地域に類似したものとみなされていたことが明白である。従って、弥生時代の社会構造は当時の中国南部の文化（漢民族にあらず）を抜きにしては論ずることができない。だが、この地域において双方制が確認されても母系制の存在は認め難い。こうして日本に母系制の存在を疑問視するならば、次に何故成立しなかったのか説明が要求されてくるが、これ迄に理由を述べた著作は特にないようである。多分、江南社会と同一の原因が存在したと思われるのであるが、それは本稿では今後の課題とするにとどめたい。

以上を前提として、当時の親族について考えてみよう[32](地域差は保留)。まず、双方的社会であったことを確認し、家族形態を考察するための手掛りを得ることにしたい。

一般的にいって、父系にしろ母系にしろ他系の混入を排して純粋に明確な単系出自集団を形成するには、配偶者を自己の帰属する血縁集団外に求める族外婚制が有効な方法である。また、氏族的メルクマールとしてトーテム名・居住地名・姓などの集団標示が必要不可欠なものとなる。しかし、族外婚制を示す隋書倭国伝に見える「婚嫁には同姓を取らず」の記事は頗る疑わしい。参照した後漢書等にはこの記載は見えず隋書に初めて取り入れられた記事であるが、梁書には同姓不婚に通じる「風俗淫ならず」の表現があり、これを漢人的に演繹解釈したものか、当時の氏族名から類推したものではないかと思われる。あの朝鮮においてすら同姓不婚制の成立は十七世紀のあたりといわれる。しかも、七世紀当時、皇族・貴族が同族内で婚姻した事例は少なくない。また、庚午年籍が氏族名の混乱に対して「定姓」の意義も兼ねそなえている[33]、という奇妙な現象は、族外婚制が機能している社会では考えられないことである。更に、唐律戸婚律の同姓為婚条は族外婚規制の明文法であるが、日本律では存在が疑われ継受を否定する説が有力である。要するに、族外婚制をうかがわせるものは存在していない。

トーテムは言うに及ばず姓の本源性すら疑問がある。「公民」化以前の農民に氏姓が無かったことは疑いなく[34]、豪族による部民系列化が進んだ結果、所属の部姓の相違が家族内部にまで及び「遂に父子姓を易へ兄弟宗異に、夫婦更互に名殊ならしむ」（書紀大化二年八月詔）というのも、「姓」が単系出自・血族の指標ではなく[35]政治上の集団表示に他ならなかったことを教えてくれる。姓が普遍的に固定されるのは七世紀後半の編戸の過程においてであり、旧部民には〇〇部姓を戸籍上に記載したものに過ぎなかった。一方、首長層に「氏族」名が見られはするが、このウヂ名は部の職掌名と居住地名が多い。前者は六世紀頃に朝廷の政治組織の整備に伴い職業の世襲によって生じた氏の名であり、自然発生的なものではない[36]。天皇も対外的には国名「倭」姓を名乗らされたりするが[37]、隋書では「阿毎（天）」などと記している[38]から、皇族外と区別するところの姓というものは無かったといってよい。そして、この大王家に従属することによって朝廷内でウヂ名が発生したことは、それ迄は豪族も本来的に天皇と同様無姓であったことを示している。この様に、天皇を初めとして農民に至る迄、タイ・ビルマなどと同じく本来的に姓が存在しなかったことは、とりも直さず同姓不婚制が行なわれていなかったことを意味しており、インドネシア・インドシナ半島・フィリピン・日本・ベーリング海峡（古アジア族）をつなぐ族外婚欠如地帯の一部を構成していたものとされる[39]。これは古代においても明確な単系出自集団が（不可能ではないものの）形成しづらい社会であったことを示していよう。ちなみにゲルマン民族もまた単系氏族を欠く社会であったようである[40]。

次に、親族関係のあり方に規定される親族名称（自己からみたある親族との関係を第三者に指示する時に用いる名詞）の特徴を分析しておこう。親族名称は、一般に可変的な婚姻・居住規制と異なり不変的・固定的な性質をもっており、それ故に古訓を通じて日本語成立期の親族構造まで遡及することが方法的に可能と考える。初めに第二次・三次親族の例をとり上げよう。父の兄弟と母の兄弟はともにヲヂであり、父の姉妹と母の姉妹もともにヲバであって、ここには父方・母方の親族が区別されることなく同一の名詞で示されている。これはロウィ（及びキルヒホフ）がいう四類型のうちの直系型（B型）にあたり、同じく双方的ではあっても傍系親のヲヂやヲバにまで父と母の名称をそれぞれ拡大適用する世代型（C型）とは識別される。(41) また、兄弟の男子と姉妹の男子はともにヲヒであり、兄弟の女子と姉妹の女子はともにメヒであって、やはり双方的でかつ傍系を区別して指示するという原理が貫徹している。更に、父方ヲヂの子と母方ヲヂの子及び父方ヲバの子と母方ヲバの子、これらは皆イトコとされており、平行・交叉イトコの区別的用法はみられない。これは、マードックのいう六類型のうちのエスキモー型(42)にあたる。ただ、注意すべきは喪葬令集解古記には「従父兄弟」にイトコハラカラ、「従父姉妹」にイトギモ（イトコイモ）と俗訓を注していることである。(43) 史料的制約から父の兄弟の男女についてのみ注記されているが、他のイトコの場合も同様の名称であったと考えられる。要は、イトコというエスキモー型特有の基幹語に性別を加えてハラカラ（兄弟）・イモ（姉妹）の語を複合させている点であり、これは兄弟姉妹の名称をイトコにも区別なく適用するところのハワイ型の傾向が若干認められる、というにとどまろう。なお、祖父母の世代においては、勿論父方・母方の区別なくオホヂ・オホバが用いられ、傍系にはヲヂ・ヲバを下に付して記述的に区別した名称が使用されている。

以上の様に親族名称の特徴はハワイ＝世代型とならぶ双方制の典型であるエスキモー＝直系型を示している。父方と母方の区別がなく類別化されているが、直系と傍系親の区別は存在するのである。このエスキモー型に対応する社会組織について、各家族が他の傍系親から独立した存在を反映している名称体系であることから、マードックは次の様な特質を指摘している。(44) それは、㈠独立居住婚が標準だがときとして選択居住婚とも両立する（夫方居住婚の場合も少なくない）、㈡単婚の独立核家族が基本で多妻婚や双方的「拡大家族」を生み出すこともある、㈢インセスト・タブーの双方的拡大によって「双系親族集団」がしばしばみられる、とする。ただ、この「双系親族集団」の概念には疑問がもたれ、批判をうけている。

次に、第一次親族名称の検討に移る。これ迄にも指摘がなされてきた様に、兄弟姉妹については独特の用法がみられる。(45) 年長きょうだい（兄姉）をエ、年少きょうだい（弟妹）をオトと類別し、一方、男のきょうだい（兄弟）をセ、女のきょうだい（姉妹）をイモと類別する用法で、記述的ではないことである。前者は年齢、後者は性の原理による類別で、この二つの用法は、自己と指示するきょうだいとが同性か異性かで使い分けるものである。この点に関しては、モルガンがハワイで見出した兄弟姉妹の名称法と同じ形式のものであってマライ・ポリネシア系によく認められるが、しかし日本の場合はハワイ＝世代型の名称体系ではなかった点が異なる。この兄弟姉妹名称と家族形態との具体的関連性はさだかではないが、馬淵東一は、この名称法と重り合って、姉妹の霊的・宗教的な権威と兄弟の世俗的・経済的な優越という聖俗の二元的な地位的関係が西部ポリネシアからメラネシアの一部やオナリ神信仰の沖縄に分布していることから、性別規範と構造的に結びつくことを指摘している。(46) また、その分布から双方的・世代的な親族構造と関係することは確かであろう。だが、日本は家族名称は直系親にとどまって傍系親へ拡大適用されず、ポリネシアとくらべて小家族形態を指向していることは否めない。

ところで、夫妻名称にはヲフトとメ・ツマの他に古俗としてセとイモがあって、兄弟・姉妹間の名称が夫妻間にも用いられていた。この点に関して従来から、兄弟と姉妹との集団婚が行なわれた遺制としてこの様な名称法が残った、との指摘がなされている。(47) 確かに解釈としては明快であるが、しかし未開社会にあっても兄弟と姉妹との婚姻が普遍的・一般的であったという事例はなく、いかなる社会でも同父同母の兄弟姉妹間の婚姻は禁止されている様である。天皇家にいくつかの兄妹婚が確認されているが、これらは皆異母兄妹婚であり、他民族にみられる王家の兄妹婚と同様に神聖な血縁を維持するための特殊な慣行であるといわれる[48]。また、姉妹型の一夫多妻婚が日本でも認められ、姉妹間に一定の順位があって姉との婚姻が正式のもので妹はそれに付随する規範があったという説もあるが[49]、しかし農民にも一般的に存在していたとは思われないし、ましてやこの婚姻規範を兄妹婚と結びつける（集団婚）ことなど勿論できない。仮に、姉妹型一夫多妻婚が普遍的・規定的な社会であったとしたなら、妻の子供と妻の姉妹の子、母と母の姉妹、兄弟姉妹と母の姉妹の子、を同一名称で示して然るべきであるが、その様な類別名称は存在していないのである。さて、イモ（姉妹）とセ（兄弟）との集団婚がもし慣習的に繰り返し行なわれたとすれば、父系と母系が同一血縁内にたどれる双系血縁集団（モルガンの「血縁家族」）が形成されることになる。そうすると、セ・イモの関係にある両親の兄弟姉妹は皆チチ・ハハと呼ばれ、夫妻の関係にある兄弟姉妹の子は皆息子・娘と呼ばれるはずであるが、その様な形跡はない。日本には、ただ夫＝兄弟、妻＝姉妹の名称のみが孤立して存在しているにすぎず、この特殊な用法は他民族にも若干例うかがわれるが、存在し難い兄弟姉妹間の婚姻慣行と切り離されて説明されねばならない。あのハワイ型の社会ですら兄弟姉妹と夫妻名称とは区別されていたのである[50]。イモ・セの用法は、とくに親愛な男女結合にあった兄弟姉妹間の名称法を、不安定な対偶婚のもとにあった夫婦間に適用することにより、より親愛感を深めて夫婦結合を安定・保持させる目的をもった呼称法である[51]、と考える。

なお、親族名称の分析は、布村一夫がやっているように籍帳に見える漢字表記の名称を含めて緻密に分析する必要がある[52]が、大勢として上述の骨格には変更がないであろう。また、当事者に話しかける際に用いられる親族呼称の方は、史料的に検討が困難であるが、ハワイ＝世代型に近い用法であった可能性が強いかも知れない。

インセスト・タブー（近親婚禁忌）は、親族の集団結合の状態と密接な関係にあり、その単系的拡大は族外婚制の基礎となるともいわれるが、日本においてはどうであったろうか。古代では国津罪として大祓の祝詞の中にあらわれ、「己が母犯せる罪、己が子犯せる罪、母と子と犯せる罪、子と母と犯せる罪」（延喜式神祇八）があげられている。まず母―息子、父―娘の親子関係が禁止され、続いて母の夫―妻の娘、娘の夫―妻の母との間も禁止されている。これは男中心に妻方親族との関係を表現している罪であることから、妻訪婚を念頭に置いた組み合せと見ることができる。結局、インセスト・タブーは、同母兄弟姉妹間において存在していたかどうか問題があるものの、親子関係と親子の夫及び妻の親子の間にのみ存在していたことになる。いい換えれば、親子関係ならびに義理の親子関係、ということである。だが、父系血縁にも母系血縁にも拡大されておらず、かつ双方的な拡りも見せていない。禁止範囲が血族・姻族にかかわらず親子（或いは同母兄弟姉妹も）に限られていたことは、極めて狭小であって他の未開社会とくらべても珍しい部類に属する。禁止の原理が血縁原理によるというよりも、同居者を避けるといった居住原理に規定されかつ最小限の範囲であったことは、家族より大きな血縁集団が欠如していたことを示唆している。また、近親婚の多さは江戸時代の学者（太宰春台）からも注目されてきたところである。

このインセスト・タブーの存在は仁賢紀六年是秋条の近親婚事例でも確かめることができる。まず、飽田女と麁寸との間は異母兄妹婚でありかつ叔父姪婚であって問題はなく、一方、山杵が妻哭女の母に麁寸を生ませた行為には「奸《おか》す」（或いは「淫《たは》け」）と記しており、やはり国津罪のタブーがここにも貫かれている。(53) 生母と同母兄弟姉妹の名称は、しばしば同母・同腹を示す語であるイロを冠して呼ばれているが、父に対してはこれを用いない。インセスト・タブーと重なり合うと見られるこの母子集団は、未婚のうちは同居集団を形成するし、ハラカラの基盤でもあり、一つの単位として存在していたことが知られる。従って、小家族はこの母子集団に父が付属して構成される家族であり、まさに「妻と未婚の子供、そして夫」という表現によって示される。妻がその子達と強い独立性を保って小集団をつくり、夫は妻を通して子供達と関り合いをもつ社会では、インセスト・タブーの範囲は実父母と実子間及び同母兄弟妹姉に限られて異母や異母兄弟妹姉間の婚姻が認められており、大陸の父系制遊牧民に多く見出されるこの形態は、何よりも一夫多妻制により妻ごとに亜家族をなすことに起因している。(54)逆に、チベット・セイロンのような多夫一妻制の場合においても同様の母子集団が出現することになる。日本の場合は、一夫多妻の際に夫と同居せずに妻訪を継続する母子集団が生じてくること、また、広汎に存在する一夫一妻婚がルーズな夫婦結合であったから離婚・再婚が多くて母の夫が流動的であること、が母子集団の強い結合をもたらした基本的原因である。従って、家族の「イロ」的結合とインセスト・タブーの特性は、強固な一夫一妻制である「単婚家族」が成立せず、一夫多妻婚形態及び夫たる父が家族の恒常的・永続的メンバーとはなりにくかった対偶婚的形態であったこと、(55)から説明されるべきものである。

以上、親族名称とインセスト・タブーを検討してきたが、次の様な点が確認されるであろう。(一)ややハワイ＝世代型の傾向を持つエスキモー＝直系型の双方制社会であり、氏族・リニージなどの単系血縁集団(56)が一般的には存在しないこと、(二)独立居住婚を基本とする独立性の強い小家族が想定されること、(三)一夫多妻婚を伴う対偶婚的社会で、母子集団（亜家族）に夫が加わって小家族を構成していること。そうすると、弥生以降の古代家族は、正確にいうと単婚的な「夫婦家族」とはいえない。本稿では、対偶婚的な小家族形態を表現するものとして、便宜的に「夫婦家族」の語を用いることにしている。

三　婚姻・家族

当時の婚姻・家族形態を考察する糸口として重要な慣行に万葉集などで知られる嬥会（歌垣）と妻訪とがある。嬥会は若い男女が春と秋に野山に集まり歌を交換し合って踊り、集団見合いの性格を持つが、やはり東南アジアの習俗である。とくに、中国南部からインドシナ半島の少数民族にかけて多く分布し、W・エバーハルトが指摘した通り山地の焼畑耕作民文化に属するものであるという。[57] また、妻訪は、多妻婚の際における副妻の場合を別とすれば、一時的妻訪婚であって婚初のある期間の後に同居婚へ移行したものであろう。[58] この一時的妻訪婚も「不落家」と呼ばれている中国南部からインドシナ半島にかけて先の嬥会と重なり合って分布し、やはり焼畑耕作の文化複合であるとされる。[59] これらの婚姻習俗のみならず既に指摘した焼畑・水稲耕作・神話・魏志倭人伝記事もみな一致して江南の文化複合に起源を求めており、弥生時代の家族形態は当時江南地域に居住していた双方制民族（漢民族の圧迫からのがれてほとんどはインドシナ半島に南下している）から復元されねばならない。ちなみに、東南アジア大陸諸民族のなかでタイ語族はおおよそエスキモー型小家族で双方的な親族の特徴を持つことが知られており、[60] 注目されてよいだろう。

そこで、大林太良は、妻訪―夫方居住婚によって数軒の小集落をつくって居住しているベトナム北部のタイ語族のトー（土）族に家族の原型を得ようとした。その結果、「親夫婦と未婚の子供、既婚の息子夫婦とその未婚の子供がそれぞれ別個の家屋に住み、これら家屋のあつまりが一集落を形成し、かつ各家屋内では、男女が別々の部屋に寝る」、という形態を指摘している。[61] だが、㈠大林も配慮している如く、トー族は中国・ベトナムの影響をうけていちじるしく父系化し家父長権の強い民族に変質しており、より素朴に双方的な原型を残す民族を設定すべきであると考える、㈡嬥会・妻訪は水稲耕作文化にも複合しうるものであり、弥生では漁撈文化との複合形態も推測されることから、山地にこだわらず平地の水稲耕作民にも対象を広げて検討すべきと考える、㈢竪穴住居址群から数軒の小集落を条件としたが、小住居址群の結合はより大きな村落の中で位置付けられるべきであって、それを必ずしも独立した一集落とみなすのは疑問である、などの理由から、中世の僻地ならともかくとして弥生時代の原型をトー族にさぐることには、私は異論がある。ところで、かつて江南地域に住んでいた民族は、ワ（佤）族系のメオ（苗）・ヤオ（傜）族、多種多様なタイ系諸族、或いはチベット・ビルマ系のロロ族などであるが、主流をなすタイ系諸族は現在華南のほかには安南山脈をはさんで東西に二分されて住んでいる。東側はトー族を含めて非仏教徒で父系的な文化構造をもち山地民が多いのに対し、西側は仏教徒で双方的な社会を維持する平地水稲耕作民である。[62] 確かに、嬥会・一時的妻訪婚の習俗に関しては華南と並んで前者がよく残しているわけだが、逆に中国、ベトナムに近接して双方的性格が大幅に失われているのであって、前者の本来的な双方社会の構造はむしろ少し母系的だが、後者の中にこそ保存されている、と考えられるのである。従って、弥生当時の社会と同じであるという保証はないのを承知の上で、安南山脈西部の平地水稲耕作民であるタイ諸族に原型をさぐり求めてみることにしたい。

中部タイのシャム族について、カウフマンの調査によると、結婚して一年間は妻方居住しその後は夫の実家の近くを開墾して新居を構えるのが習慣で、妻方に他の兄弟がいない場合は妻方居住が永続する、という。[63] 勿論、夫婦と未婚の子供達からなる小家族が基本であるが、土地は子供達に均分相続され、家屋・宅地は親の扶養をする末子（男がいなければ女）に受け継がれることになっている。次に、東北タイのラーオ族及び北部タイのユアン族では、村落内婚が多くて婚初は数年間妻方居住をし、後で新処居住に移る場合が圧倒的で夫方居住はほとんどなく、財産は娘達に平等分割され、親元に残って家屋・宅地を継ぐのは末娘が多いという。(64) 家族形態は核家族が基本だが、しばしばある種の「拡大家族」を形成するようである。さて、地域によって様々な偏差はあろうが、婚姻居住規制と相続制の原理は、地域内婚的な傾向が強くて、妻方―独立居住婚を原則とし、兄弟姉妹（或いは姉妹のみ）間の均分相続による小家族形態が基本で、親元には末子（娘）夫婦が残留する、そして時には家族の複合体をつくる、という型が抽象化される。しかし、ここに見られる一時的な妻方居住方式とトー族などの一時的妻訪（二重居住）方式との相違を考慮すれば、日本古代は妻訪方式であることから、少なくとも新居に移行する場合には妻の実家の近くよりもシャム族のように夫の実家の近くに新居を設ける場合（夫方居住）が基本であったろう、と考える。修正によって、妻訪―夫方・独立居住婚の形態が想定されよう。

ところで、双方的原理は、一般には二世代の夫婦を同居せしめず独立的小家族を基本とするものであるが、田植・稲刈・家屋建築には家族間の共同労働を必要とする。だが単系血縁組織を有さないので、タイにおいても相互扶助の労働交換がさかんに行なわれ、時には労働者を雇って不足分を補う、という場合が多い。互助労働は「隣人・友人」関係に基づくが、地域的に親族関係が拡がっているのでイトコ同士であることが少なくないわけである。例えば、陸稲栽培の焼畑耕作民であるボルネオ島ダヤク族は、発達した「ゆひ」的な互助労働組織を基本としているが、事情があって作業が遅れている際には補完的に人を雇う招宴労働が用いられている。(65) これは雇用の代償として飯に肉或いは魚をそえた食事と酒を振るまい手伝人を集める方法で、日本においても、「早に田営ることを務めよ。美物と酒とを喫はしむべからず」（孝徳紀大化二年三月条）とか、農民が魚酒を喫はして田夫を募ることを禁止する（類聚三代格延暦九年四月十六日官符・日本後紀弘仁二年五月二十一日条）などとあることによって、古代にも「ゆひ」的労働組織をいわば補完する招宴労働[66]が広く行なわれていたことが確認され、これもまた既述の単系血縁組織の欠如した双方的社会の構造を示唆しているものといえる。

さて、タイ族に原型をさぐってきた弥生時代の家族は、魏志倭人伝に「屋室有り、父母兄弟、臥息処を異にす」とあって、竪穴住居を想定すれば結婚した成人は両親或いは他の兄弟たちとも別居し、（夫方居住であろうとも）独立的に小家族をなしていたことが認められる。また、「大人は皆四、五婦、下戸も或いは二、三婦」という記事は、そのまま一夫多妻婚と受けとるだけではなく、離・再婚が容易で多い対偶婚的形態の広汎な存在を表現しているもの、と理解される。先述の様に、夫婦の結びつきもそれ程固定的なものではなく、同居する配偶者も変わりうるものであったろう。[67]

ところで、後に単婚家族化・父系化をとげた形態であるならば各地に残存しており、傍証とすることができる。いわゆる「末子相続」制とされている事例[68]はその一つである。これは九州を中心として西日本に分布しているものであるが、その純粋形態は次の様な慣行である。長男から順に結婚させて夫方居住せしめ、最後に残った末子が家を受け継いで親の扶養をする。という方式であり、土地は兄弟間の均分相続的な方法に基づいている。これと類似した「選定相続」制は、瀬戸内に分布しているが、こちらは末子に至る迄別居せしめ、その後に改めて一夫婦（主に末子）を選定して年老いた親元に住ませる。という方式である。[69]ともに、均分相続が既に男系に限定されていることを除けば、（妻訪を経た後）次々と夫婦家族を分立せしめて独立的な夫方居住婚を行ない、最後には末子（或いは娘）夫婦が（恐らくは片親となってから）親と同居するシステムをとることにより、直系家族を容易に成立せしめない構造をとっていて、タイと似た形態を示している。兄弟は勿論のこと親子二世代の夫婦も同居しないという双方原理が機能していることからも、古代に少なからず存在した形態であったと思われる。また、いわゆる「隠居分家」制も本質的には同じ構造を示している。古代的な高床式の倉庫が見られる伊豆諸島において、慣習的な一時的妻訪婚の存在が隠居制と結びついていることが指摘され、(70)更にその社会構造的な関連が分析されてきた。(71)それによると、八丈島・三宅島の例は次の様なものである。まず、地域内の寝宿（若者宿・娘宿）生活で知り合った男女は、婚姻すると実家へ戻り妻訪婚を始める。一般に子供が生まれる頃に夫方へ移って同居するが、時を同じくして夫の親はその息子夫婦に家屋を譲り、別棟へ隠居して別財・別世帯をなすのである。即ち、長男夫婦に家屋と一部の土地を譲り、他の土地と未婚の子女を連れて別家し、二男以下にも同じ様に開墾した土地と家屋を譲って隠居別家を繰り返し、最後には老夫婦のみで世帯を維持するか、或いは末子夫婦か娘夫婦を選定して扶養させる、という形式である。この、兄弟均分的相続と世代別棟制に規定され、独立的分家＝別家として夫婦家族を次々と分立せしめ、最後には主に末子（時には娘）を親元に残留せしめる基本構造は、先の「末子相続」・「選定相続」制と同一であって、息子夫婦を新しく別家させるか親の方が住居を譲っていくかの相違でしかない。この二つの小家族分立方式は、或いは地域差があったかも知れないが、古代にも併存した原理に相違なく、例えば台湾のアタイヤル族においても併存が確認されているのである。(72)これらの夫方居住婚は独立的（父子別居）なものであり、条件さえあれば双方から離れた所に新居を構えることも少なくはなかったはずである。なお、「隠居分家」的方式は、地位が兄弟相承から長兄の子へ継がれるという制度とは必ずしも矛盾しない構造であることも注目してよい。

いずれにしても、ここには日本の伝統的家族、即ち嫁入婚を原則として家父長的直系家族の形態をとる「家（イエ）」の存在は認められない。(73)言いかえれば、㈠屋敷とそれに付随する耕地、㈡家名・タイトル、㈢系譜的な祖先の祭祀、

㈣親の扶養、これらが不分割の要素（「家督」）として代々継承される「家」（固定的な自立的経営体）が未成立なのである。従って、単系血縁の排他的結合原理が欠如した双方社会にあっては、均分相続に裏付けられた独立的な夫婦家族の分立を無限に繰り返しても、（それが夫方居住婚であろうと）固定的で基軸となる家筋（本家筋）が成立していなければ、系譜的な本分家関係（擬制父系）が生ずることなく同族団もまた形成されないのである。(74)

四　集団・村落

耕作単位として独立性の強い小家族が次々と分立（独立分家＝別家）を続けて古代の双方社会を基礎づくっていたが、いくつかの家族が集まって居住していたことが「単位集団」とよばれている三〜五個の竪穴住居址群（共時性に疑問があるものもあるが）より知られる。この様な小集落的居住形態は、婚後居住規制と土地相続制とから家族の集合形態が推察できるのであるが、居住形態には諸説の対立がある。従来、籍帳の実態説も擬制説も同居婚は夫方居住だという共通認識に立っていたので、妻訪─夫方居住婚が現在の通説的理解であるということになろう。だが、今昔物語の婚姻事例(75)を参照した吉田孝は、妻訪から夫方・妻方・独立居住への三形態を想定した。(76)一方、南方と別に北方のアルタイ系文化の影響を主張する江守五夫は、妻訪─夫方居住婚と別地域に「嫁入婚」も併存したという説を出している。(77)これと対極にあるのが高群説を継承した関口裕子で、妻訪─妻方居住─独立居住婚が主、妻訪─独立居住婚が従、夫方居住は特殊的、とされる。(78)私は、前節で妻訪─夫方・独立居住婚を想定しておいたが、夫方居住は例外でなくて数多いので関口説は誤りであり、日本を父系社会と見る江守説とは認識が異なる。たてまえ・理念は妻訪─夫方居住婚だが規制力は弱く、実際には妻訪—独立居住・妻方居住婚もかなり多かった、と考える。強い居住規制は存在せず、経済力のある側、耕地の確保できる処に居住する、というのが実態であったに違いない。従って、家族の定型的な集合形態は存在し難い。様々な小家族の組み合せが考えられるので、父系的な偏向を見せつつも双方的な親族関係にある数家族が集住したもの、としか言い表わせない。

双方社会にも実は大家族形態が見られぬわけではない。例えば、ハワイ＝世代型の親族構造をもつサモア諸島のように、同一敷地内に母と息子夫婦・娘夫婦・家長（息子）夫婦の三世帯の住居がならび、双方「拡大家族」が成立している。(79) この「拡大家族」はポリネシアではしばしば見られる形態である。これに対して、日本古代は名称法やインセスト・タブーなどの特徴から基本的には小家族形態を示しているが、だがハワイ＝世代型の要素も認められることから、他の家族との密接な結合が想定されて然るべきである。これと類似した東南アジア社会を見てみよう。極端な場合としては、フィリピンのミンドロ島アラガン族のように、同一家屋内に双方的関係にある数家族が居住し、倉庫をも共有して「家屋共同体」をつくることもある。(80) また、婚初の選択居住婚を経て新居に移る方式のマレー半島では、別家屋の子の夫婦が親の屋敷地に隣接居住することが多く、時には親の屋敷地内に共住することもあり、双方的な親族関係にある二〜四家族が集住して親密な関係を維持している。(81) この「近隣親族集団」の結合は流動的で排他性も弱く、「集団」規定もはばかられている。これと似ているのがタイのラーオ族で、娘夫婦は次々と親の屋敷地内に別居するが、農地は未分割なため親子の家族間で共同耕営され、二〜四家族で「屋敷地共住集団」がつくられるが、(82) 屋敷地・農地が分割相続されると共住集団は分解して「近接居住世帯群」に変質するという。(83) これらの双方社会における小家族の居住集団から見れば、竪穴住居址群の集合は変遷上では拡散したりする程度の結合でしかなく、それを固定的な親族集団と見なすことには問題があろう。小住居址群の性格は、数家族が双方的関係で寄り集まった近親の居住集団結合と考えるべきであり、単系親族集団と理解することには無理がある。共同労働組織もこのような近隣の集団結合に他の双方的親族が加わって編成されたものではないかと思われる。

弥生時代の村落については都出比呂志の一連の研究(84)があるが、親族的側面から少し言及しておきたい。まず、配偶者は主に村落内に求められ、インセスト・タブーの狭小性や妻訪形態からも通婚圏が大きくなかったことがうかがわれる。村内婚的傾向の社会は、一般的通婚圏となる村落内に父方・母方の親族が群居し、単系的な血縁の排他性が欠如している場合には、親族関係は双方的に設定される。居住形態が夫方・妻方どちらであろうと、次々と分立＝別家する夫婦家族の親族結合には単系的規制が作用せず、村落内では他方の親族との関係も維持される。例えば、夫方居住婚で分家した家族であっても、「同族」的な本分家関係は希薄でむしろ近隣の妻方親族との結びつきが強い程で、結局は双方的な親類関係が基本となっている。(85)一定地域で内婚が繰り返されれば(更に一夫多妻婚・対偶婚によって多くの婚姻関係が設定されるならなおさら)、その村落は血族・姻族が網の目の如く錯綜し、複雑で交錯した親族関係におおわれた地域集団が成立する。即ち、村落は、血縁上では父系・母系が混合して出自がさかのぼれるいわば「双系的親族集団」の如き形態であらわれる。この「親族共同体」の様な地縁的・双方的血縁関係によって構成された内婚的地域集団をマードックはディーム(deme)と名付けたが、古代の村落も類型上はこのディーム的形態であったのではなかろうか。単系血縁組織がない社会では、村内婚によって双方族縁関係でおおわれた村落が氏族の代わりに共同体として存在するのである。(86)この村落は、草分け的人物を祖先とした「同祖」意識で連帯し、ある種の擬制的血縁集団の如くに存在した可能性も考えられうる。とにかく、この村落では共同体的秩序を血縁原理におくことができないので、世代原理によって年齢階梯制をとる場合が少なくないが、典型的には政治・儀式を長老層、軍事・協働を若者組という様に世代分業を基礎としたところの強固な年齢階梯制村落が古代に存在したかどうかは、要素は認められるとしても疑問である。また、性別原理による秩序化も考えられ、男子結社の存否は不詳だが、共同体の分業体系を規定していたことも考えてよいだろう。

この共同体的結合の余り強くない親族的・地縁的村落がいくつか統合されて地域社会としての部族を形成したと考えることができる。村落を越えた通婚もここでほぼ完結しうる様な地域社会であり、本来一定の領域を持つものである（後の小首長層の基盤となる社会が想定されうる）。だが、古代では首長制的支配領域が鮮明な反面、部族・村落的な結合が事実として希薄であるが、首長制成立前には明確に存在していた可能性もあろう。首長制段階になると、この部族的系譜をひく地域集団が（時には村落の場合もあるが）部民集団として政治的な分業編成の単位とされたものではあるまいか。そうすると、部民集団は地縁的集団に他ならず、〇〇部と名付けられた同一部姓集団は、成立上決して単系血縁の集団ではあり得ない。当然ではあるが、同姓か異姓かということはただちに父系血縁であるかどうかを意味するものではない。従って、同部姓といっても実際に血縁関係の存在するのは極めて限られていて、恐らく郷戸内成員をさほど上まわるものではなかったろう。勿論、同祖・同族意識も存在しなかったはずで、親族意識は同姓自体にはなくて、その中の一部の血縁者と母方親族及び同籍された場合には「寄口」（同・異姓に関係なく）と記された姻族の一部を含んだ双方的拡がりをもっていたに違いない。その構成・範囲は、各家族の居住形態によって様々な偏差を示したものとみられる。

律令制下では父姓継承の原則と父籍編付の基準にもとづいて編戸されているため、「戸」はあたかも父系親族集団の如き印象を与えているが、構造的には父系出自に規定されていたかどうか問題があり、むしろ父―男子、母―女子という帰属方式[87]即ち並行出自の要素が認められ、それを前提として父系的に編成された可能性も考えられよう。古代には、男系を基軸としつつそれに女系が併行する傾向がなきにしもあらずだからである。改めて郷戸の構造分析をしてみる必要があるものと思われる。

五　奴婢所有と「家父長」権

古代に家父長制的な家族を主張する門脇禎二によれば、八世紀の郷戸は「家父長制的世帯共同体」の諸形態を示してはいるが、先進地域の山背国愛宕郡出雲郷では、家内奴隷制が形成されつつあり、「家父長制的世帯共同体」の内部矛盾が激化して「家父長制的家内奴隷制家族」も増えつつある、とされる[88]。即ち、山背国計帳に見える郷戸に、古代における家父長権や家内奴隷制の発達を認める説である。また、隷属的労働力（寄口・奴婢）の増加は、「家父長制的世帯共同体」の解体した零細家族または破片的家族成員を補給源とする、という。果して、出雲郷の郷戸主・房戸主は家父長として奴隷主的性格を強めつつあったのであろうか。この様な従来の通説は、史料解釈に問題のある説といわねばならない。

その根拠の一つにあげられている神亀三年山背国愛宕郡出雲郷雲下里計帳を検討してみよう。前欠で不明ではあるが戸主出雲臣某の戸には残簡部に三三人の戸口が載せられている。房戸は二つ以上から構成されており、その内の一つが出雲臣宿奈麻呂の戸である。この房戸（戸口一八人）の末尾部及び奴婢記載を次に掲げよう[89]。

従父弟出雲臣国麻呂、年参拾肆歳、正丁　頤黒子　侍

母秦前賀久美売、年陸拾肆歳、老女　右頬黒子

秦前結売、年伍拾壱歳、丁女　額黒子

秦前大結売、年参拾肆歳、丁女

秦前稲結売、年参拾肆歳、丁女　上件二口　和銅四年逃播磨国志磨郡

出雲臣伊須賀売、年肆拾肆歳、丁女　左頬黒子

日下部酒人連小足売、年漆拾陸歳、耆女　和銅二年逃播磨国

奴麻呂、年参拾陸歳、

婢忌日売、年参拾玖歳、項疣

黒売、年肆拾参歳、

宿奈売、年参拾玖歳、　上件四口随小足奴婢播磨国在

まず、奴婢は一括して各房戸の末尾に記されることになっているが、この出雲臣宿奈麻呂戸には前掲の如く四人の奴婢が見られるものの、引用を省略したその直前の房戸には一人も奴婢がおらず、直接宿奈麻呂の戸口に連続している事実についてである。この郷戸は前欠とはいえ、三十数人もの戸口が書き上げられているわけであるから、この前の房戸とは主戸、即ち戸主出雲臣某自身の房戸と考えてさしつかえあるまい。戸口構成から見ても、前欠部には戸主及び妻など若干名が欠落しているに過ぎない、と類推されうる。二房戸の郷戸に間違いがなければ、主戸には奴婢が存在せず、郷戸主はまさに無所有であったことが知られるわけである。一方、後の房戸に見える奴婢もまた房戸主の

所有ではなかった。「上件四口、随小足奴婢播磨国在」と載せていて、これは日下部酒人連小足売に注して「和銅二年逃播磨国」と見えること、及びこの房戸には他に「小足」の名前を持つ該当戸口は存在しないことから、先の主人小足と小足売は同一人物であろう。当時の史料には、女性名の末尾に付す売・女・刀自を略す場合もしばしば見うけられ、同郷雲上里計帳においても出雲臣都恵都岐売の婢について「都恵都岐婢」と略しているからである。従って、奴婢四人とも七六歳になる日下部酒人連小足売が所有していたことになる。ところで、この小足売は、親族関係も記されず、日下部酒人連の姓は唯一の戸口で、しかも戸の末尾に記載されている耆女である。現存の計帳には「寄口」の注記がほとんど見られない様であるが、小足売は計帳上では明らかに寄口の存在である。その点は、従来でも門脇禎二『日本古代共同体の研究』一八〇頁や原島礼二『日本古代社会の基礎構造』四七六頁のそれぞれの表に寄口・寄女として引用されていることからも明白である。この寄口の逃亡に四人の奴婢は付き従っているわけであるから、実質的な主人権も小足売が握っていたとみてよいだろう。

さて、この様に考察してくると、この戸が「家父長制的家内奴隷制家族」を志向する運動法則のもとにある、などという解釈は到底成り立たないであろう。否、その説を否定する事例であるとすらいえる。戸主・房戸主及びその家族にあっては奴婢一人すら所有する者がなく、反対に、隷属度が強いといわれる異姓寄口の、しかも七六歳になる老婆が逃亡しなければならぬ身でありながら、四人もの奴婢を所有しているという事実、一体これは何であろうか。従来の説に従えば、隷属民を従えてますます強化しつつある家父長が無所有でしかなく、一層従属度が強くなった隷属民が逆に奴婢を所有している、という奇怪極まりない解釈におちいるのである。これは、大前提とされる戸主＝家父長、寄口＝半隷属民、奴婢所有＝家父長制支配、という認識の破綻をいみじくも物語っている。ちなみに、門脇はこの四人の奴婢を「所属不明」としているが、(90)氏の立場では当然のことといえよう。そうでなければ論が成り立たなくなってしまうからである。

以上の如く、奴婢の存在自体が必ずしも家父長権の発達を示すものとは考え難い。奴婢の中には、事情によっては賤民と記された家族員も含まれており、その場合は家族意識を共有し、親子・兄弟として日常生活を過ごしていたことは疑いあるまい。また、「家内奴隷」ではなく、家外で独立家族生活をおくり、農耕に従事していた奴婢も少なくはなかったはずである。厳密な家内隷属民の存在、その主人権の所有者、家長権の存否、イエの成立、等を総合的に考慮した上でなければ「家父長制」云々を主張することはできないのである。ここでは、その疑問を一例あげてみたわけである。古代の家族論や籍帳の分析においては、安易に家父長制という概念を使用すべきではなく、その権限の内実をまず検討してみることが必要とされているのではないか。

おわりに

以上、五節にわたって日本古代の家族論について新視角を提示してきた。本稿で論じた対象は農民層の家族であって、首長層は初めから視野に入っていない。また、弥生～奈良時代は変化が見られるであろうにもかかわらず、一括して古代社会として論じてきた。それは、現在求められている課題が細かな変化を解明することではなくて、社会的体質を理解した上で根本的に解釈し直すことにあるからで、そのためには巨視的・構造的・類型的に古代の特質を把握することこそが重要である、と考えたからである。なお、鎌倉時代にも「親類」「縁者」的結合として双方的親族構造が強く認められるのであるが、古代と異質で変質した内容であることは別の機会に論じることにしたい。

注

（1）藤間生大『日本古代国家』第一章（伊藤書店、一九四六年）。

（2）石母田正「古代家族の形成過程」（『社会経済史学』一二の六、一九四二年）。

（3）門脇禎二『日本古代共同体の研究〔第二版〕』（東京大学出版会、一九七一年）。他に、塩沢君夫『古代専制国家の構造〔増補版〕』（御茶の水書房、一九六二年）、吉田晶『日本古代社会構成史論』（塙書房、一九六八年）、原島礼二『日本古代社会の基礎構造』（未来社、一九六八年）など。

（4）布村一夫「籍帳における父系的兄弟的家族共同体」（『歴史学研究』四二九号、一九七六年）。なお、同「家族共同体理論の批判」（『思想』三一八号、一九五〇年）も参照されたい。

（5）明石一紀「エンゲルスの『家族』概念」（『歴史評論』四三八号、一九八六年）・「人間の生産と家族の理論」（『歴史評論』四五〇号、一九八七年）・「書評・江守五夫著『家族の起源』」（『歴史評論』四五一号、一九八七年）。

（6）津田左右吉「上代の家族生活」（『古事記及び日本書紀の新研究』所収、洛陽社、一九一九年）。

（7）高群逸枝『母系制の研究』（厚生閣、一九三八年）・『招婿婚の研究』（大日本雄弁会講談社、一九五三年）。他に、洞富雄『新版　日本母権制社会の成立』（早大生協出版部、一九五九年）がある。

（8）関口裕子「日本古代家族の規定的血縁紐帯について」（井上光貞博士還暦記念会編『古代史論叢』中巻、吉川弘文館、一九八三年）など。氏の家族論は、「古代家族と婚姻形態」（『講座日本歴史』2、東京大学出版会、一九八四年）に整理されている。

（9）安良城盛昭「班田農民の存在形態と古代籍帳の分析方法」（『歴史学研究』三四五号、一九六九年）。浦田明子「編戸制の意義」（『史学雑誌』八一の二、一九七二年）。明石一紀「房戸制の構造と課役制」（『続日本紀研究』一九〇・一九一号、一九七七年）・「日本における里制と編戸制の特質」（歴史学研究別冊『民族と国家――一九七七年度大会報告――』、一九七七年）。更には、杉本一樹「編戸制再検討のための覚書」（『奈良平安時代史論集』上巻、吉川弘文館、一九八四年）がある。

(10)　吉田孝「律令制と村落」(岩波講座『日本歴史』三巻、一九七六年)、後に改稿して、『律令国家と古代の社会』(岩波書店、一九八三年)に収録された。
(11)　米山俊直「家族と家の社会人類学的研究序説」(京都大学『人文学報』二一、一九六五年)。
(12)　例えば、森岡清美編『社会学講座三　家族社会学』第2章(東京大学出版会、一九七二年)などを参照されたい。
(13)　中根千枝『家族の構造——社会人類学的分析——』第一部(東京大学出版会、一九七〇年)。
(14)　単系血縁組織と大家族との関連性については、中根以前にも、古野清人(馬淵東一と共筆)「古代家族」(『家族制度全集史論篇　家』河出書房、一九三八年)、牧野巽「家族の類型」(『社会学大系　家族』国立書院、一九四八年)で指摘されている。
(15)　江馬三枝子『白河村の大家族』(三国書房、一九四三年)。
(16)　村武精一「社会人類学における家族・親族論の展開」(『家族と親族——社会人類学論集——』未来社、一九八一年)を参照されたい。
(17)　日本社会の双方的親族構造の源郷を、「海上の道」を延長してフィリピン・インドネシア方面に求める視角と、中国南部・インドシナ半島に求める視角が出されている。恐らく、重層しているものであろう。
(18)　馬淵東一編『人類の生活——文化と社会——』(社会思想社、一九七八年)。田中二郎『砂漠の狩人』(中公新書、一九七八年)。蒲生正男「アラスカ・エスキモーにおけるバンドの構造原理」(『民族学研究』二八の二、一九六四年)。
(19)　大林太良「縄文時代の社会組織」(『季刊人類学』二の二、一九七一年)。
(20)　小林和正「出土人骨による日本縄文時代人の寿命の推定」(『人口問題研究』一〇二号、一九六七年)。
(21)　村武精一『家族の社会人類学』第Ⅰ部第3篇(弘文堂、一九七三年)。また、中根も日本の家の原型をこのイバン族に推測している(前掲書、一一四〜九頁)。
(22)　古代では男女を通じて用いられたコノカミの用語法、或いは近世まで東北地方を中心に散在していた「姉家督」制は、原始時代の「初生子相続」的な慣行の残存と見ることも可能であろう。
(23)　春成秀爾「縄文社会論」(加藤・小林・藤本共編『縄文文化の研究八　社会・文化』雄山閣、一九八二年)。

(24) 大林、注(19)論文。水野正好「集落」(『考古学ジャーナル』一〇〇号、一九七四年)。大塚和義「縄文時代の葬制」(『史苑』二七の三、一九六七年)。林謙作「縄文期の葬制 第二部」(『考古学雑誌』六三の一、一九七七年)。丹羽佑一「埋甕集団の構成と婚姻システム」(『奈良大学研究紀要』九号、一九八〇年)。

(25) 河村望「家族と共同体」(『歴史評論』四二八号、一九八五年)では、原始社会の古い時期は「集団婚」・妻訪婚・双分氏族・家族未成立・母系制・交叉イトコ婚規制であったとして拙稿を批判している。ところが、旧石器時代と同じ経済構造にある移動的狩猟・採集民族の調査報告から類推されるものとは隔たっており、生業形態との関連性がない空想の産物といえる。また、古代日本にもその痕跡と考えなければならぬ事例が認められているわけではない。現在の研究水準からは、「神話」・信仰にはなりえても科学的・実証的な学説とは到底みなし難い。なお、理論的な私見は別に注(5)諸論文で発表しておいた。

(26) 江守五夫『母権と父権』(弘文堂、一九七三年)。G・P・マードック(内藤完爾監訳)『社会構造』第八章(新泉社、一九七八年)。洞富雄『庶民家族の歴史像』(校倉書房、一九六六年)。

(27) ただし、前社会が父系制であれば母系制への直接的移行は困難となり、双方制を生み出すにとどまるようである。

(28) 佐々木高明『稲作以前』(NHKブックス、一九七一年)。

(29) 岡正雄「日本文化の基礎構造」(『日本民俗学大系』二巻、平凡社、一九五八年)。

(30) 大林太良『日本神話の起源』(角川新書、一九六一年)。

(31) 倭人伝の民族学的検討は、大林太良『邪馬台国』(中公新書、一九七七年)参照。

(32) 甲元真之「弥生時代の社会」(『古代史発掘四 稲作の始まり』講談社、一九七五年)では、弥生時代の親族に地域類型の視角を導入し、日本を四地帯に分けた上で、第二地帯(北東部九州〜山陰)を「双系制」、第三地帯(瀬戸内東部〜畿内・濃尾地方)を父系的出自の社会、としてとらえている。しかし、墓地遺跡の整理・分析の方法に問題があるようである。

(33) 井上光貞『日本古代史の諸問題』(思索社、一九四九年)。

(34) 喜田貞吉「無姓の百姓」(『史林』一四の三・四、一九二九年)。平野邦雄『大化前代社会組織の研究』第六編(吉川弘文館、一九六九年)。朝鮮でも、新唐書東夷伝新羅条には「王姓金、貴人姓朴、民無氏」と見え、農民が無姓であったことがわかる。

(35)　津田左右吉『日本上代史の研究』第一篇第三章（岩波書店、一九四七年）。

(36)　阿部武彦『氏姓』（至文堂、一九六〇年）。本書はまた、双分組織を想定しようとしたり、族外婚を伴う二重単系出自集団が存在していなかったことを指摘しており、興味深い。

(37)　吉田孝「天皇と姓」（黒木・村武・瀬野共編『家の名・族の名・人の名』三省堂、一九八八年）。

(38)　これについて、松下見林『異称日本伝』上一に、「今按、（略）倭王姓阿毎者、無稽之言也。（略）本朝風、天子無姓、天子孫子、称王氏」と述べている。

(39)　牧野巽「東亜における氏族外婚制」（戸田貞三博士還暦記念祝賀会編『現代社会学の諸問題』弘文堂、一九四九年）。

(40)　熊野聡『北欧初期社会の構成』（滋賀大学経済学部研究叢書、一九八四年）。

(41)　だが、これは小父・小母の意を示す名称であるから、いわば半世代型ということもできる。

(42)　マードック、前掲書、第八章。

(43)　この古記には、「釈親云。兄（之子）弟之子相謂為従父兄弟。案従父姉妹亦同」と記していて、読みようによっては従父姉妹を姉之子と妹之子の関係と理解しているかのようである。仮にそうであれば、両者は父系と母系の二種の平行イトコについての指示名称を述べていることになるが、そうではないようである。そもそも従父姉妹とは父の兄弟の娘のこと（和名類聚抄）であり、両者は同じ父系平行イトコの性別の相違でしかないからである。

(44)　マードック、前掲書、第八章。

(45)　渡部義通『日本母系時代の研究』（白楊社、一九三二年）。品川滋子「イモ・セの用法からみた家族・婚姻制度」（『文学』二七の七、一九五九年）。

(46)　『馬淵東一著作集』第三巻、第一部（社会思想社、一九七四年）。馬淵東一「沖縄研究における民俗学と民族学」（『民間伝承』一六の三、一九五二年）。

(47)　注(44)論文を参照。

(48)　大林太良「古代の婚姻」（『古代の日本』二巻、角川書店、一九七一年）。

(49) 飯田優子「姉妹型一夫多妻婚」（江守五夫編『現代のエスプリ　日本の婚姻』至文堂、一九七六年）。
(50) 江守五夫編『現代のエスプリ　日本の婚姻』解説（至文堂、一九七六年）。
(51) 坪内良博・前田成文『核家族再考――マレー人の家族圏――』（弘文堂、一九七七年）。
(52) 布村一夫「正倉院籍帳における親族呼称」（『歴史学研究』二二二号、一九五七年）・「古典と文化人類学」（『歴史評論』一八六号、一九六六年）・「籍帳親族名称についての訂補」（『歴史学研究』四六〇号、一九七八年）など。南部昇「古代戸籍の基礎的考察（正）」（『史筵』四号、一九七三年）。青木洋子「甥姪覚書」（『国文目白』三号、一九六四年）。
(53) 洞、注(7)著書、第四章第二節。松本芳夫「古代における近親婚について」（『史学』二八の一、一九五五年）も参照のこと。
(54) ウェスターマーク（江守五夫訳）『人類婚姻史』第四章（社会思想社、一九七〇年）。泉靖一編『住まいの原型』I、解説（鹿島出版会、一九七一年）。
(55) 例えば、関口裕子「律令国家における嫡妻・妾制について」（『史学雑誌』八一の一、一九七二年）など参照のこと。しかし、寺内浩「日本古代の婚姻形態について」（『新しい歴史学のために』一八五号、一九八六年）は、対偶婚を強調する説を批判している。また、松本芳夫「古代における夫婦別居制」（『史学』一四の一、一九三五年）も参照されたい。
(56) 系譜関係のたどれる単系血縁集団がリニージであり、系譜関係は不明でも同祖先であることが認知されているいくつかのリニージの構成体が氏族である。合同（複合）家族は、この（小）リニージを母体として形成される。
(57) 大林、注(48)論文・「民族学からみた日本人」（『遺伝』二二の一、一九六六年）。
(58) 伊東すみ子「奈良時代の婚姻についての一考察」（『国家学会雑誌』七二の五・七三の一、一九五八〜九年）。江守五夫「母系制と妻訪婚」（『国文学・解釈と鑑賞』二五の一四、一九六〇年）。一九五七年に、洞富雄は前掲書（旧版）ですでに一時的妻訪を想定はしていた（二〇六頁）。
(59) 大林、注(48)論文。
(60) 大林太良『東南アジア大陸諸民族の親族組織』（ぺりかん社、一九七八年）。
(61) 大林、注(48)論文。

(62) 岩田慶治『東南アジアの少数民族』(NHKブックス、一九七一年)。
(63) 綾部恒雄『タイ族——その社会と文化——』第五章(弘文堂、一九七一年)。
(64) 綾部前掲書、第五章。水野浩一『タイ農村の社会組織』(創文社、一九八一年)。他に、岩田慶治「インドシナ半島北部におけるタイ諸族の家族と親族」(『民族学研究』二九の一、一九六四年)などがある。
(65) 馬淵、注(18)著書。
(66) 櫛木謙周「日本古代における雇傭関係の歴史的特質」(『歴史評論』四二〇号、一九八五年)において、「魚酒」史料の解釈の再検討を行なっており、「農耕が小家族の個別労働を基礎にしながら、魚酒というモノを媒介としてつながり合う関係にあったが、経営を自立化させた富豪層は、かかる関係を利用して労働編成を行った」と述べている。
(67) 大林、注(31)著書、第五章。
(68) 中川善之助「末子相続」(『家族制度全集』史論篇5、河出書房、一九三八年)。内藤莞爾『末子相続の研究』(弘文堂、一九七三年)。
(69) 竹田旦『「家」をめぐる民俗研究』(弘文堂、一九七〇年)。
(70) 大間知篤三『八丈島——民俗と社会——』(創元社、一九六〇年)・「伊豆利島の『足入れ婚』」(『民族学研究』一四の三、一九五〇年)。
(71) 蒲生正男・坪井洋文・村武精一『伊豆諸島——世代・祭祀・村落——』(未来社、一九七五年)。村武、前掲書、第Ⅱ部。
(72) 岡田謙『未開社会に於ける家族』第五章(弘文堂、一九四二年)。
(73) 例えば、吉田、前掲論文を参照。
(74) 村武、前掲書。中根、前掲書、第一部。
(75) 緒方和子「『今昔物語』における婚姻関係」(『女性史研究』二集、一九七六年)。西村汎子「『今昔物語』における婚姻形態と婚姻関係」(『歴史評論』三三五号、一九七八年)。
(76) 吉田、前掲論文。
(77) 江守五夫『日本の婚姻——その歴史と民俗——』(弘文堂、一九八六年)。

(78) 関口裕子「古代家族と婚姻形態」(前掲) ほか。
(79) 石川栄吉「サモア」(泉靖一編『住まいの原型』Ⅰ、鹿島出版会、一九七一年)。
(80) 菊地靖「アランガン族の家屋共同体」(早大理工学部『人文社会学研究』一六号、一九七八年)。
(81) 坪内・前田、前掲書。
(82) 水野前掲書。既に、鷲見等曜『前近代日本家族の構造』(弘文堂、一九八三年) は、平安時代の家族論で高群説を批判する際に、この「屋敷地共住集団」説を導入し利用していた。見落していたことを謝する。
(83) 北原淳「タイにおける『屋敷地共住集団』と集落の社会史」(『アジア経済』二六の一一、一九八五年)。
(84) 都出比呂志「農業共同体と首長権」(『講座日本史』一巻、東京大学出版会、一九七〇年)・「原始土器と女性」(女性史総合研究会編『日本女性史』一巻、東京大学出版会、一九八二年) など。
(85) 福井勝義『焼畑のむら』第七章 (朝日新聞社、一九七六年)。
(86) 石川栄吉「原始農耕民族におけるムラと共同体」(『人文地理』一〇の六、一九五九年)。
(87) これについては、和歌森太郎『国史における協同体の研究』上巻、第二章 (帝国書院、一九四七年)、伊東、前掲論文、武田佐知子「子女の帰属に関する一試論」(『史観』九八冊、一九七八年) などに諸解釈が見られる。
(88) 門脇、前掲書、第五章。塩沢、前掲書も同主旨であるが、これを「家父長的奴隷制家族」と規定している。
(89) 竹内理三編『寧楽遺文』上巻、一五五頁 (東京堂、一九六二年)。
(90) 門脇、前掲書、一八〇頁。

〔追記〕 本章の旧稿は、本書の収録論文の中で最も古いものであるため、現在からみて不備な点も多く、全体に加筆して意を尽くすことにした。旧稿の論旨を変えることなく、注を含めて補強したにとどまっている。ただ、旧稿の「夫方居住的な独立居住婚」といった表現は正確に「独立的な夫方居住婚」等の表現に改めた。たとえ父子別居であっても、夫の実家の近隣に新居を構えれば夫方居住婚とよんで構わない、と理解したからである。また、「古代・中世家族論の問題点」(『民衆史研究会会報』二三号) に補説として発表した部分を、今回新しく第五節として付け加えることにした。

なお、古代のイヘと女性をめぐる私見については、別に「古代の婚姻・家族関係・女性」（シリーズ家族史第四巻『家と女性——役割——』三省堂、一九八九年）を執筆して発表しておいた。併せて御一読願えれば幸いである。研究動向としては、杉本一樹「日本古代家族研究の現状と課題」（『法制史研究』三五輯、一九八五年）が便利である。関口・吉田・明石の三説を中心に、現在の古代家族像を立体的・全体的に浮かび上らせる手法を用いて今後の課題を提示し、その一方で広い目配りをみせている。

第二章　古代・中世の家族と親族

問題の所在

我が国は、米国とならんで他に類を見ない程家族研究の盛んな国であるが、こと歴史学の分野においては立ち遅れが際立っている、というのが現状である。確固たる家族論はいまだ構築されていないといってよい。

しばしば家族理論の基礎とされてきたのは、約一〇〇年程前に著わされたF・エンゲルス『家族・私有財産・国家の起源』第四版であろう。本書の家族論の部分は特に問題の多い記述で、一九世紀のヴィクトリア王朝期の学問的水準に依拠しているため、当時とは比べものにならない膨大で精密な民族調査と親族理論をもつ社会人類学から批判されてきた。また、モルガンの社会進化論と史的唯物論の家族理論を強引につぎ合わせたり、体質の異なる民族の家族像（例えばローマ人とゲルマン人）から家族の変化をとらえたりすることによって、多くの矛盾と混乱を内包しているかなり粗雑な著書といえる。その上、家族自体を歴史的産物とみ、かつ経済単位とする前提も一考を要する。これは家族とは何かという根本命題と関連するが、前者は未開の無階級社会にも一般的に存在することが多くの調査によって確認されているし、後者は家族のもつ経済的機能が必ずしも本質といえないことは我々の家族関係・結合からも容易に推察されよう。要するに、家族のもつ経済的機能は一側面であって、社会のもっとも基本的単位である家族は、経済史・唯物論では処理し難い多面的で重要な機能をかかえているところに、この理論化の困難さがある。家族の一般的な理論は別稿で詳論するとして(1)、本稿が問題とするのは、個別日本史における家族・親族論である。

日本の古代〜中世の家族論は一九三〇年代後半から『起源』の適用と証明という形で構築されてきたが、現在ではこの歴史像に対して多くの疑念がもたれている。同じ家族論に立ちながら正反対の見解を導き出したのが高群逸枝の婚姻史体系であったが、一九七〇年半ばから、古代史において家族・婚姻・相続・氏・親族・所有形態などの研究が盛んとなり(2)中世史においてもイエ・親族の研究が広がり始めている(3)。これらの研究者の中心が、一九七七年一〇月に東歴研の部会として出発した前近代女性史研究会の参加者であることも、特徴となっている。この最近の研究成果によると、『起源』の家族論に依拠してきた科学的歴史学の通説や高群説とは相違する家族像が浮かび上がり、また実証主義制度史家の古典的な「家」普遍存在説とも異質な学説を形成している。ここでは、近年の研究を中心にしつつ、家族・家・親族論の分野では最も理論水準が高くて緻密な分析を行なってきた家族社会学・社会人類学・法制史学の立場から、古代・中世の家族・親族研究における概念・視角・方法・成果の再整理をしてみたい。帰納的分析によって発展段階的な日本前近代家族論を構築することが目的である。

従来、科学的歴史学にあっては、家族形態を扱う場合はほとんど奴隷制・経営論に従属せしめてきたといっても過言ではないが、そのために家族・親族のもつ独自的で興味深い問題をみな捨象してきたといってよいであろう。そのため、抽象的でひからびた用語のみが飛び交っている状態である。これまでの経済史（とりわけ経営論）から家族・親族構造論を分離・独立させて研究することが、より豊かな歴史像を再構成するためにも必要なことであろう。経済構造に矮小化されない家族・親族研究の大きな意義を認めねばならない。このテーマは日本社会論と密接な関係があるので、まず、家族・親族の日本的特質をしっかり押さえ、その上で歴史的な発展の段階論を組み立てたいと思う。これは、非生産的で不毛なマルクス主義訓詁学を乗り越える、新しい科学的歴史学の創造・「歴史学の再生」にとって不可欠の作業である。隣接諸科学との学際的研究を抜きにしては、動脈硬化に陥っている科学的歴史学の活性化は絶対にあり得ない。

一　古代・中世家族論の問題点

1　科学的歴史学の通説的理解

戦後の家族論に大きな影響を与えたこの学説は、最初に石母田正・藤間生大・松本新八郎によって提出され[4]、その後、多様な修正的見解が出されて[5]大筋において通説化したものである。この立場は、次の点に基本認識があろう。まず、奈良時代の戸籍・計帳に載せられている「戸」を家族の実態を反映しているものととらえ、奴婢の所有などから戸主の家父長的性格を跡付ける。九〜一〇世紀にそれが再編され変質して「名」に表現される経営実態に発展し、領主層・名主層・一般農民の三形態が抽出される。更に、一四世紀に「名」が分裂し再編されて次の家族・経営形態を生み出すに至る、という把握である。この様な方法・認識に立つならば、家族論を基礎付ける最も重要な研究は八世紀の籍帳に見える戸口の構成分析ということになり、家族史料に乏しい中世はその延長・発展した家族構成として推測されてきたわけである。最近では、鬼頭清明『律令国家と農民』（塙選書）がこの立場で新しい研究をも摂取する姿勢を見せているが、基本的枠組においては変わりがない。

さて、これらの学説では、古代〜中世を含めて細かな点を除き大別すると、三つの家族概念を用いて歴史把握を試みている。しかも、それぞれの概念について整理してみると、次の如き諸解釈が提示されてきたのである。

Ⅰ「家族共同体」「世帯共同体」「複合家族」（しばしば「家父長制」を冠する）

(イ)　数個の夫婦を含む経済単位としての複合家族

(ロ)　数個の独立的単婚家族からなる複合経営体の家族

(ハ)　数個の独立経営の小家族からなる労働組織としての複合家族

Ⅱ「家父長制的家内奴隷制家族」「家父長制大家族」

(イ)　家長の直系親族と半自由民・隷属民とからなる大家族

(ロ)　家長の直系親族・隷属民と独立家族的な半自由民とから構成

(ハ)　家長の家族と若干の家内隷属民とからなる大家族

Ⅲ「（独立）単婚家族」「小家族」

(イ)　家長の直系親のみからなる家族

(ロ)　夫婦とその子供からなる家族

以上の様な家族の分析方法と使用概念には、次に述べる如く根本的な欠陥・問題が存在している。最初に方法論の問題を取り上げよう。既に周知の様に制度体たる戸・名の擬制的性格が多角的に証明され、実態を反映しているとする認識自体の成立が疑問視されている。更に、制度体が国家・領主による賦課・収取或いは計量を目的とした均等編成にもとづく単位であることも、「編戸制」「均等名体制」として解明されてきた。とくに、籍帳分析において、郷戸=大家族、房戸=小家族と想定し、夫婦同別籍から単婚家族化を説き、寄口・傍系親を家父長に隷属化している半自由民とみなす、という視角は、籍帳の記載形式を踏まえて一つ一つ検討してみるならばそれぞれ信じ難いものがある。戸口が親族関係にあることは明らかでも、実際の存在形態がどうであったかは、籍帳の記載から直接導き出すことは困難であるといえよう。厳密な籍帳史料の内在的批判（編戸制論）を進めつつ、実態解明の分析方法を模索しているのが現状である。ところで、たとえ擬制的性格を持っているとしても、戸・名は何らかの実態を反映しているのではないか、と見る向きもあろう。しかし、もはやこれだけの擬制の諸側面が実証されてきている以上は、その立論・主張のために籍帳・名田関係史料以外から必要な傍証を求めることが不可欠であろう。いずれにしても、籍帳以外の史料を用いて復原される家族の存在形態こそ、その当否の鍵を握るものである。また、九世紀・一四世紀の制度体の分解をもって家族構成の変化をとらえるという視角も、前述の点からいって成立し難く、根本的に再検討すべきことである。(6)

次に理論概念の問題についてであるが、先に掲げた三種の家族概念によって明らかな如く、各人それぞれが多種多様な概念解釈を行なっていることに気付こう。なかでも、Ⅰの(ロ)・(ハ)説やⅡの(ロ)説のように、「家族」の中に独立家族・経営単位が内包されるといった、納得し難い解釈もかなり流布している。これらは家族形態と経営体・労働組織との混同によるものであろう。また、吉田晶の如く、一方では郷戸構成の流動性という貴重な指摘をしながらそれの性格を「家父長的世帯共同体」であるとし、流動性と小家族的結合はこの家族構成の本質的な属性である、などという見解も出されている。(7)「世帯共同体」が「家父長的」性格を持ちうるとすること自体理論的に問題もあるが、複合家族である限り、その本質的な属性は成員権の固定化された非流動性と単一家計による同居的集団でなければならない。ここでもやはり、家族の概念規定とその内容とが矛盾をきたしているのである。以上の様な混乱・矛盾が一般化している主因は、概念に忠実たらんとすれば事実にそむき、事実に忠実たらんとすれば概念と乖離する、というジレンマからきており、つまるところ『家族・私有財産・国家の起源』の概念と日本の実態とが相応しないことに由来しているものである。この混乱を断つためには、使用している家族諸概念をまず厳密な社会科学の概念として整理することが必要であり、非科学的・思惟的な概念乱用を排除せねばならない。その上で日本の実態との適否を再検討することが本筋である。無原則な概念の拡大適用こそ、我々は慎まねばならないであろう。

2　「家父長制」の諸解釈

家族の構造や性格規定と密接な関係にあるのが家父長制の問題で、前近代史の諸論文には「家父長的」という語が氾濫している。ところが、この用語には科学的歴史学・法制史・女性史・社会経済史のそれぞれによって使い方が異なっているばかりでなく、それぞれの内部でも相違・対立がみられる(8)。諸説一致している点があるとすれば、近世に家父長制が存在していたという点位であろう。農民層を中心に主な対立点を列挙してみても、①古代に家父長制が成立していたか否か、②中世は家父長制の最盛期か萌芽期か、③もし中世に未確立であるとすれば近世のどの時期に家父長制が成立したか、④「近代家父長制」なる概念は成立するか、等の重大な問題がある。これらについてそれぞれ学説整理をすると相当な量に上るわけで、日本における家父長制の成立をめぐって大幅な見解の相違があり、今もって未解決のままである。

この原因は明白で、それぞれが主張する家父長権の論拠の多様性にある。古代ローマの家父長権は家長の家族・隷属民に対する生殺与奪権に本質があったのであるが、日本史においては単純にはとらえきれない。研究者各人がそれぞれ論拠としてあげている点を次に列挙してみよう。主なものとして、①隷属民に対する支配、②傍系親の従属化、③単婚家族（＝家父長制家族の認識）の存在、④女性の相続・財産権の否定・制限、⑤家督・家長権の確立、⑥親権を超越する家長権の絶対性、⑦家産・家業の父系単独相続、⑧家族成員の人身売買、⑨家成敗権の存在、⑩一夫多妻制、⑪私的所有の成立、⑫夫に対する妻の経済的従属性、⑬父系直系家族、等をあげることができよう、これら十数箇所の諸現象・事実が皆一体性をもって歴史上に出現し同時進行したものであれば、さしたる問題とはならないであろう。ところが、列挙した中には家父長権の論拠として疑わしいものもかなり含まれているし、歴史的事実の上では成立・出現の時期にも相当な開きが認められるのである。これによって研究者による家族史のイメージは極端な相違を見せることになる。最も基本的な対立は、隷属民支配に基礎をおく古代・中世史と家長権に基礎をおく近世史との立場上のギャップであろう。

日本史における「家父長制」概念の混乱と不統一は、家族の構造原理を解明する際に大きな阻害要因となっている。家父長権概念の乱用を避けて限定的に使用することが、いま必要とされているであろう。

3　家・イエの新研究

以前は、古代・中世史の分野において、家の語を使用することはあっても、それ自体の性格を考慮する研究はみられなかった。というのは、制度史家による房戸＝「家」説にあっては近世の伝統的イエをそのまま古代に溯源させて想定していたに過ぎなかったし、社会学では、(9)「単一の家」(房戸)と「同族団」(郷戸)及び「複合の家」(郷戸)を想定したが、これも後世の概念を適用して解釈したといってよい。また、科学的歴史学による郷戸=家説に至っては、それを個別経営体とみなして経営論一般に解消させてしまっていたからである。即ち、イエそのものを研究対象とする問題意識に欠けていたといわざるを得ない。ところが近年、新しく家をめぐる三つの研究視角が提出されている。

その一つは、「家」歴史的形成説ともいうべき見解である。それは、吉田孝が提唱した、古代における農民のイヘは流動的・不安定でまだ社会単位としては成立しておらず、官人層にはウヂの内部に社会経済的機能をもつ家が成立してくるけれども継承の対象とはなり得ていない、とする学説である。(10)また、院政期頃から貴族層には家業として継ぐ対象の家の存在が認められ、(11)中世の百姓層にあっては自立性・安定性をもつイエが成立するに至るが、下層農民の場合にはそれが破砕された状態にある、(12)という。要するに、古代〜中世を近世的な「家」制度に先行する家の形成段階として把握する斬新な視角であるといえよう。さて、二つ目は、イエ=中世家族論の研究であって、イエの構造を研究対象にして中世家族の具体的な存在形態を解明しようとする立場である。領主層と百姓層のイエに分けて家族の結合原理・構成範囲・相続などを究明し、古代の第一次的イエと中世の第二次的イエの相違、中世におけるイエの変化、等にも論及されている。(13)この研究は着眼力にもすぐれ中世的な特徴・現象をよく把握したものといえよう。だが、古代の家族研究との連続性に欠けており、親族とイエとの混乱がみられ、構造原理の規定に疑問があるなど、納得し難い点も見うけられるので、そのまま受け容れるわけにはいかない。次に、三つ目として、石井進のいうイエ支配論がある。(14)中世前期の在地領主層において、①家・館・屋敷、②直営田(隷属民による佃)、③外縁部の地域単位(庄・郷・保)という同心円的な支配構造がみられ、その中核に独立・不可侵のイエが存する、というものである。③がイエ支配に含まれる対象かどうか論議があるが、問題は①（ないし②）の内部構造であり、家族や家父長制・家長権との関連である。他のイエ研究の視角と結びつけて、①の内部の構造原理及び歴史的性格を明らかにする必要がある。

さて、イエ研究の以上の成果[15]としては、イエ自体に歴史性・発展性があること、家父長制一元論ではない内部の構造原理を抽出しようとしたこと、イエを支配・経営の主体としてとらえたこと、の三点が注目される。イエは経営論と家族論の媒介項となる組織・機構であって、私的所有の発達によって成立する「社会の経済的単位」（『起源』にいうところの個別 family）との密接な関連が予想されうるのである。従って、イエの性格を原始共同体・本源的所有の解体の中から成立する自立した経済単位として、理論的にとらえなおしてみることが要求されるであろう。

4 双方社会論

科学的歴史学では、かつて母系制社会が存在していたであろうが日本古代は既に父系制へ移行した段階であるとみなして、父系原理を疑うことなく大前提として家族論が展開されてきた。積極的に母系制を研究した洞富雄が[16]、この認識を裏付けたものである。この通説に対してアンチテーゼを提出したのが高群逸枝であって、大和〜南北朝期は母系原理が根強く残っている過渡期であるとみなし、平安期前後の「招婿婚」段階規定・「女系大家族」の存在を基礎にして「父系母族」論を主張したのである。[17]通説を覆すにたる詳細な内容をもっていたが、つねづね関口裕子が悲憤を表明してきたように、科学的歴史学は批判することもなく黙殺を続け通し、歴史学界で耳を傾けたのは一部の良識ある実証的研究者のみであった。この様な非融合的見解が並立する状況にあって、客観的には両方を統一・止揚するジンテーゼとして出現したのが、戦後の社会人類学の成果を古代史に導入した双方（＝「双系」）社会論であった[18]といえよう。日本は東南アジアと類似した双方＝非単系的な社会基盤の上に父系を発達させようとした社会であって、時代を溯る程、民衆に近づく程、双方（非単系）原理が一層強く機能している、とみる立場である。この双方社会論によって、父系・母系では説明のつかぬ古代〜中世の不可解な親族構造の問題は、解決の糸口が与えられたことになる。従来、父系血縁集団ともみられていたウヂ・一族などの非単系的・両面的な血縁結合の証明も、この立場からのみ解決されうるのである。

排他的な単系血縁原理が弱い非単系社会について、かつてマードックは、平行＝ハワイ型名称体系を有しているポリネシア的な二者択一系型と直系＝エスキモー型名称体系を有しているエスキモー的な双方型とに類別している(19)。日本や東南アジアの基底にあるのみなされているとは後者により近い社会類型である。そこで、この様な類型を対象として、私なりに理解している双方＝非単系社会の一般的特徴を指摘してみよう。①経済基盤は牧畜を除いて一通りみられるが、狩猟・採集・焼畑に顕著で、また畑作は父系的、稲作は母系的な偏向をもっている。②直系＝エスキモー型の場合は親族名称にふさわしく小家族形態を基本としている。ハワイ型に近づくと、親族関係にある数家族が居住集団を形成する。③氏族・リニージ（単系血縁集団）・複合家族・族外婚制が欠如している。双方親族関係が大きな社会的機能をもっているが、時には父系的な非単系血縁集団も組織されうる。④明確な婚姻居住規制がなく、独立居住婚も多い。相続制は男女に対する分割相続を基本としている。財産権は個人的所有を原則としている。⑤父権が未発達な家族構造をもつ。⑥血縁に劣らず地縁原理も強く機能している。⑦血縁原理が拡散的で凝集性に欠け、ヒエラルヒーを構築しがたいため、アジア的専制国家の如き高度な支配体制・中央集権的な社会組織が発達し難い。以上が、理解しているところの一般的特徴である。

この双方社会論によって、従来の単系制を大前提としたシェーマである母系→父系(この説自体すでに否定されてはいるが)や或いは氏族共同体→家族共同体→村落共同体といった移行の理論が、日本などには適用できないことが自明となるに至ったのである。そこで、双方原理を踏まえた共同体論・家族論・親族論の新たな展開が必要とされるのであり、その発展段階的な理論化が要請されよう。その方法は、実証的事実の積み重ねからの帰納法によるべきであろう。また、日本になぜ中央集権的な社会体制が成立しえたのか、ということも新たな問題となってくるが、これは支配者層における強い父系出自観念の存在と関係してこようが、もはや本稿の対象外となる大きな課題である。

次節以下において、これ迄指摘してきたそれぞれの問題についての基礎的な整理を行ない、問題点の深化と課題の所在を明らかにする。

二　家族の諸形態と日本家族

1　家族類型の概念

世界の家族には様々な構成・形態が見られるものの、社会学者によって何種類もの分類が試みられてきた。一応、夫婦の組合せから次の四種類の基本型に整理するのが妥当なところであろう。[20]

Ⅰ　合同家族・同族家族・複合家族・家族共同体・世帯共同体・拡大家族。

Ⅱ　直系家族。これに未婚の傍系親が加わると傍系家族・株家族。

Ⅲ　夫婦家族・核家族・単一家族・個別家族・基本家族・小家族。

Ⅳ　複婚家族

この他にも夫を欠く変種の構成もあるが、特定の社会において期待されかつ支配的である家族の理念型というものは、以上の四類型のいずれかに整理することができる。

次に、よく混同される家族と家との相違について述べておきたい。(21) 家族は、性と生殖と子供の養育（これが特に重要である）及び精神的安定を本質的機能とした共同生活を営もうとしている最小の親族組織である。家族員は、親子・夫婦としての日常的な権利義務関係が保障されている範囲である。経済的には消費生活を基盤としているので、一般には近親者の世帯としてあらわれる。これに対して、家は、家長の家族を中心に実際に同居して家計を共にし、財産を維持管理して持続的な生産・経営を行なっている組織・社会単位である。従って、家の成員には同居使用人・家内隷属民・非血縁寄宿者も含まれることになり、時には同一ヤシキ内に住んで共同経営を行なっている他の家族・世帯を含むこともあり得る。

以上の家族概念の整理を踏まえて、(22) ここでは従来の歴史学で多様されてきた家族通念を検討してみよう。

(1)　「家父長制大家族」説

これは、古代ローマに典型的な如く、家長の小家族（或いは直系家族）と家族成員外の家内隷属民とから構成されている経営体を指している。それ故、正しくは大規模な家父長制的「家」（或いは家父長制的家内奴隷制の家）というべきである。たとえ、多数の家内隷属民をかかえていようとも、それを「大家族」とよぶのは誤りである。

(2)　「家族共同体」「複合家族」説

この概念の古典的規定は、コヴァレフスキー『家族および財産の起源と発展の概要』を新たに受け容れたエンゲルス『家族・私有財産・国家の起源』第四版にみられる（岩波文庫本、七八頁）。ここに見られる家族の構造・性格についての具体的表現によると、家族共同体は疑いなく先述のI型を意味しており父系拡大家族・合同家族に他ならない。そこで、この家族の成立条件と特質をあげて検討してみよう。私見では次の諸点が考えられる。①兄弟（或いは姉妹）の均分相続制のもとで、共同相続者が家産を不分割とした場合に成立する（「家族共産制」）。従って、家族内に個人的所有は存在しない。②「世帯共同体」の別称が示す如く、一般的には同居して寝食を共にし、単一家計を行なう消費単位である。勿論、単一の経営体・家を構成する。③単系の血縁集団（リニージ）を母体とし、それに配偶者が加わって家族を組織している。そのため、夫方居住婚か妻方居住婚の規制が不可欠であり、そうでないと単系血縁の同居は実現されない。④家族は最小の外婚単位でもあるから、家族共同体の親族範囲即ち少なくともイトコ以上に及ぶインセスト・タブーの社会的存在が大前提となってくる。⑤家族内部にあっては、単系血縁にそった世代関係によって、伯叔父母と甥姪の間では「親子」の、イトコ同士では「兄弟姉妹」の、それぞれ親族呼称を適用する作用が常に働いている。以上の五条件は、この家族の基本的特質であるが、日本の古代～中世の史料及び研究にもとづけば、どれ一つ取り上げても否定的とならざるを得ない。家族共同体・複合家族が存在した徴候が確認されず、逆に成立しない条件がそろっている。日本史でこの家族概念を社会規定的に用いることはとうてい無理なのであって、乱用を続けるならば科学の名に値しないものとなる。

(3)　「単婚家族」説

歴史学において単婚家族の語はしばしば使われているが、ほとんど複合家族の対概念として、個別家族（夫婦家族）

の形態を意味する概念として用いられている。これは学術用語として問題である。単婚家族の対概念は、社会学ではⅣ型の複婚家族であり、エンゲルスにあっても原則的には集団婚・対偶婚（及び複婚）家族である。要するに、単婚とは法的に配偶者が一人に固定された婚姻形態を意味するのであって、大家族・複合家族の形態とは何ら矛盾するものではない。従って、小家族とは次元の別な概念である。ところが、『起源』では、婚姻形態における単婚への移行と家族形態における個別家族の成立とを結びつけて同一化する理論構成をとったため、個別家族を単婚家族とも言い換えて叙述され、それによって混同が発生したものである。即ち、一夫一婦婚制の結合による家族一般を示す語（単婚家族）が、あたかも一組の夫婦による家族を意味する語（夫婦家族・個別家族）であるかの様に誤解され、混乱に気付かぬままにいつの間にか複合家族の対概念にすり替えられてしまっている。そもそも、単婚（家族）と個別家族とは次元の異なる概念であり、成立を同一化したエンゲルスの理論自体にも問題があるのであって、原則にたち帰って正確な社会科学の概念に従うべきと考える。

(4)　「小家族」説

単婚家族とならんで複合家族の対概念として使用されている語に小家族がある。この語は、社会学では人数制限の規定を与えて使用したりするが、一応家族構成を示す概念としても用いられる。その場合には、Ⅲ型の家族類型に限定されよう。しかし、Ⅱ型の直系家族を含めることはない。ところが、日本史では、夫婦家族と大家族に含まれるべき直系家族とを合せて「小家族」と表現している場合が多い。これは用法として不正確であるばかりでなく、日本においては、歴史上、複合家族の存否などよりも、この両者（Ⅱ型とⅢ型）の厳密な区別と発展的移行こそが重大な問題として存在しているのである。従って、小家族概念の限定的使用は、研究上においても必要不可欠の分析概念といえよう。

以上、検討してきたところでは、歴史学における家族の基礎概念の混乱ははなはだしいものがある。整理した結果、今後の家族分析においては、家族と家との区別、小家族と直系家族の峻別、とともに、しばしば「複合家族的構成」などと表現されている数家族の結合形態の性格解明・本質規定（例えば血縁集団か否か）こそが、大きな研究課題となってくるのである。

2　日本家族の特質

民族によって家族関係・形態が様々であることは人類学によって知られ、それによると、経済体制・生業形態の相違よりもはるかに多様な変化を示している。これは経済構造によって形態が変わりうるとしても、民族的な特質・基層文化はほとんど不変のまま背後に横たわっているからである。そこで、外国と異なる日本の家族特有の体質を確認し、家族史の基底に据えることから始めねばならない。

家族関係は、親子・夫婦・兄弟姉妹を基本的要素として組み立てられているが、それらの関係は皆対等で同じ比重が置かれているのではなく、社会的体質によってその内のどの関係を強調した結合かに大きな差が認められている。例えば、単純にいうと、父子か兄弟の関係を排他的に強化した結合は父系原理となって父系社会を生み出すし、その反対なら母系原理となって母系社会を生み出すのである。これは、歴史的環境よりも地域的環境によるところが大きい、と考えられている。まず、ゲルマン系の欧米社会[23]を見てみよう。ここでは、幼児期からの厳しい父性のしつけと親との別寝によって自己を確立させ、親から子の分離・独立を要求して互に自立し合い、依存関係を忌み嫌う。一方、持続的な夫婦愛を必要条件とする契約的な夫婦関係が強調され、夫婦単位の行動・社交が行なわれて（夫権的な）夫婦一体性が認められる。即ち、夫婦結合を原理とする家族（婚姻家族）である。次に、中国社会は、[24]妻の人格が夫に吸収させられた形での夫婦一体性が存在するものの、重要なのは父子一体性である。父子は「分形同気」とされて生命の連続、人格の一体と考えられ、まさに男子は父の分身そのものである。その結果として、対等・平等な兄弟一体性もあらわれてくる。従って、相互依存関係にもある父子結合を原理とする家族（血縁家族）である。次に、インドのヒンドゥ社会は、[25]兄弟関係を基本とする家族が一般的であるが、逆に姉妹関係を基本とする家族もある。いずれも単系制社会だが、それぞれ姉妹或いは兄弟との関係を排除はせず、親密な間柄を保っている。性別分業が発達して母性のしつけが行なわれ、ヨコの結合が特徴でしばしば合同家族をつくる。親子結合も強いがとくに相互依存的な兄弟（或いは姉妹）結合を原理とする家族（血縁家族）といえる。

以上、比較のために欧米・中国・インドの代表的な三事例を紹介したが、これに対して日本の家族関係はどの様にとらえられるであろうか。我が国の場合は、[26]時代によって変化があるにしても、夫婦・兄弟・姉妹の一体感は明らかに弱く、「夫婦は他人の集まり」「兄弟は他人の始まり」の如く、最も身近かな「他人」としての感覚すら存する。一方、親子には切っても切れない血のつながりが強調されている。父母が子を媒介として結合していることは、夫婦と幼児が「川」の字になって寝る習性や「子はかすがい」「子宝」の語にも表象され、夫婦が互に「お父さん」「お母さん」と子供中心に呼び合うことからも理解できる。また親子二世代夫婦の同居志向や相互依存関係があることは明白である。近親婚禁忌も古代にあっては親子関係のみであった。まさに、親子中心の結合原理をもつ家族に他ならない（血縁家族）。これは、具体的には父子関係と母子関係の組合せであるが、経済的には夫婦別財の相続慣行と関連性がある。勿論、父子は社会的・継承的な関係であり、母子は自然発生的な関係で、質的に同じわけではない。まず夫婦として出発しながら、出産後は母子中心となり、そのままの状態（子が妻の「人質」にされた状態）で父が加わる形に構造変化し、かつ夫婦間も安定化する、という図式で示される。更に、日本の夫婦間には、インド程ではないにしろ家のウチとソトによる性別分業意識が存在しており、(27)父親が家庭内での役割（父性のしつけ、家計管理ほか）をもたず、しばしば母性のしつけに父親不在とが合わさってべったりした母子一体感が生じやすい。朝鮮・イタリア程ではないものの母性社会(28)としての特徴がみられる。この結果、日本人の国民性とされている、対人関係における「甘え」・恥の文化、世間体を気にする行動規範、プライバシーの確立が不十分、といった（母性的体質に起因する様な）性格が有機的な関係をもって再生産され続けている。従って、母子一体性は、嫁と姑の対立をひき起す要因であるばかりでなく、「家」・家業が喪失して小家族の孤立化、仕事と家庭の分離がそれぞれおこると、現代の様な家族崩壊の問題が発生する根本原因を潜在させている。

要するに、日本の家族は、父子関係と母子関係とから構成されるヨコに拡大しない親子結合によって成立する小家族を基本としているが、親子の夫婦は容易に結びつき（とりわけ母と子夫婦の組合せ）、時には二世代の夫婦が同居して直系家族化しうる構造原理をもっている、ということである。この特質（基層文化）を大前提として日本の家族史を考察せねばならない。

3　前近代の家族形態

今の所、学界では通説のない古代・中世の家族形態を中心に、概括的な見通しを立ててみよう。実証はまだ部分的にしかなされてはいないことであるが。

古代～中世の家族は、史料上において極めて類似した形態が想定されうる。例えば、万葉集・今昔物語・鎌倉幕府法その他において、家内隷属民の存否にかかわらず、親族のイエ成員・家族的表現は常に「妻子」ときには「父母妻子」であって、ここに当時の一般的な家族意識を認めることができる。即ち、いわゆる複合家族的意識の存在は認め難い。また、古代の諸史料から検出されるところでは、兄弟姉妹関係にある複数の夫婦は皆別居して生活しており、親子二世代の夫婦が同居している例も稀である。若夫婦が仮住まいの如く、一時的に親の夫婦と同居生活を続けることは決してあり得ないことではないが、しかし条件があれば必ず分出する原則があったと考えて誤りない。更に、男女分割相続が一般的であったとすれば、相続地が分散していない限り、農民の兄弟姉妹関係にある複数の家族が近隣に居住するのは自然なことである。それと同時に、夫方或いは妻方居住規制といった強力なものが存在せず、居住形態は多様でしかも一夫婦自体が居住を変えたりするので、父系または母系の排他的な集団居住（即ちリニージの成立条件）は実現不可能であったことである。

以上の様な全体像・輪郭を裏付けてくれのが、近代にまで各地に残っていた次の民俗慣行である。民俗慣行のうち婚姻事例などは省略して相続事例をここで取り上げよう。これは大別して分割相続慣行と単独相続慣行とに分類される。武士層においては中世末期に、農民層においては近世後期に、それぞれ前者から後者へと体制的に移行することが歴史学でも証明されているところである。それ故、民俗の諸慣行は、分割相続制が父系相続的・「家」的な近世的変質をとげていることに配慮しさえすれば、それを歴史的事象として把握することが可能となろう。そこで、次に諸事例[29]を整理して論理的序列のもとにならべてみよう。但し、地域差はここでは第二義的と考えたい。

Ⅰ　分割相続慣行（「末子相続」「選定相続」「隠居分家」方式）

①　婚姻或いは出産を契機にして、子夫婦は親元から独立する（別家する場合と母屋を譲られる場合とがある）。生涯、二世代の夫婦は別居を貫く。

②　独立した一子夫婦が、父と死別した老母をひきとり、同居・扶養する。

③　老夫婦が独立した一子夫婦を選んで呼び寄せ、複世帯の家を構成する。

④　親夫婦が手元に年少或いは気に入りの一子夫婦を残して家を継承させる。初めは複世帯であったが、後に単世帯となる。

Ⅱ　単独相続慣行（「長子相続」「姉家督」方式）

①　長子夫婦を新造に住まわせるか、親が隠居屋に移る。親は生前処分後も隠居分の土地を確保し、別世帯をなして生活する。

②　親夫婦と長子（婿養子）夫婦が同居して初めから単世帯の家を構成する。しばしば、不婚の傍系親を扶養する。

この段階的な配列によって知られる如く、親子夫婦の関係を理論化すると、別棟・別財・別カマドの小家族分立のもとで親と子息夫婦・娘夫婦が不定でルーズな結びつきでしかなかったものが、親夫婦と一子夫婦とが複世帯ながら同一の家を構成する様になり、ついには同棟・同財・同カマドの直系家族を成立させて長男夫婦と同居結合するに至る、という歴史的過程が浮き彫りにされてくる。古代～中世の農民にあっては、多くはⅠの①・②更には③の段階に止まっていたと思われるが、しかし、分割相続制自体も近世にかけて変質し、男子均分的傾向（女子には土地以外を分与）へ移行したり、女子には一期分的な分割相続をともなう惣領制的相続が行なわれる、という変化が考えられるので、これらとからみ合って家族の形態を規定していたであろう。

それでは、近世以前の日本では、個々の小家族が孤立的に存在していたかというと、必ずしもそうではない。古代では数個の竪穴住居址群にみられる如く、しばしば双系的親族関係にある二～四家族が流動的な居住集団的結合を形成していたと考えられる。しかし、その性格・機能は親子関係中心・相互扶助的であろうと想像するより他はない。或いは、それ自体が明確な集団（成員権の共有）をなさない結合形態に過ぎないからこそ、あいまいな性格であるのかも知れない。だが、農民的土地所有・屋敷地の成立を前提としている中世になると、結合はかなり持続性をもってくる。処分状・譲状を見ると、年老いた親が子供らに所領の一括分割処分を行なっていることが明らかであるが、実際にはそれ以前に既婚の男女は次々と親から分かれて別家族を形成していたであろうことも、これまでの検討から疑いのないところである。ということは、分割処分されるまでの期間、分立した夫婦は将来の相続予定分の親の所有地を独立耕作していたものであるらしい。そうすると、親が正式に処分するまでの間は、親による総括的土地所有と子夫婦による分割占有という土地を媒介とした小家族の結合が推定される。この背後には、後述する様に、中世の強い親権が機能していたことは疑いない。子夫婦は親のヤシキ地に別棟して集住する場合が多かったであろうから、鷲見等曜がタイの事例を適用して提唱した「屋敷地共住集団」[30]（ヤシキ地居住集団）が成立することになる。これは、親家族とそれから分立した子家族とが、図示したように個別に結びつく集団で、まさに親子結合による小家族の集合形態であって、子家族同士も対等に結合して一体化する「複合家族」と異質な構成であることはいうまでもない。この子供とは、相続権とヤシキ地内居住とによる成員権をもつ男子及び女子（婿）が該当する。中世史料にあらわれる狭義の「一家」とは、この様な結合形態の集団を指しているものと考えられる。ここにおいて、イエが一家（居住集団）を示すか各家族単位に相当するかは難しいところで、恐らくはイエ概念は両者に対して重層的に用いられたものではなかったろうか。しかし、この様な居住集団を形成するのは上層農民であって、下層農民は分割する土地もなく小家族で不安定な生活をおくっていたものであろう。さて、この一家＝ヤシキ地居住集団は、子同士が相互に結合しているわけではなく、親による分割処分で経済的機能を失い、親の死亡で一体観念も消滅してしまう。従って、結合の核を失った居住集団は分解・自然消滅し、各子ごとの家族がそれぞれ単一のイエを構成して孫家族を分出させ、新たなヤシキ地居住集団（一家）の母体となってその再生産が繰り返されていく。[31] 中世社会の「在家」等の賦課単位は、親子結合的なヤシキ地居住集団を基礎にして成立し、それを制度的に固定化したものではなかったろうか。

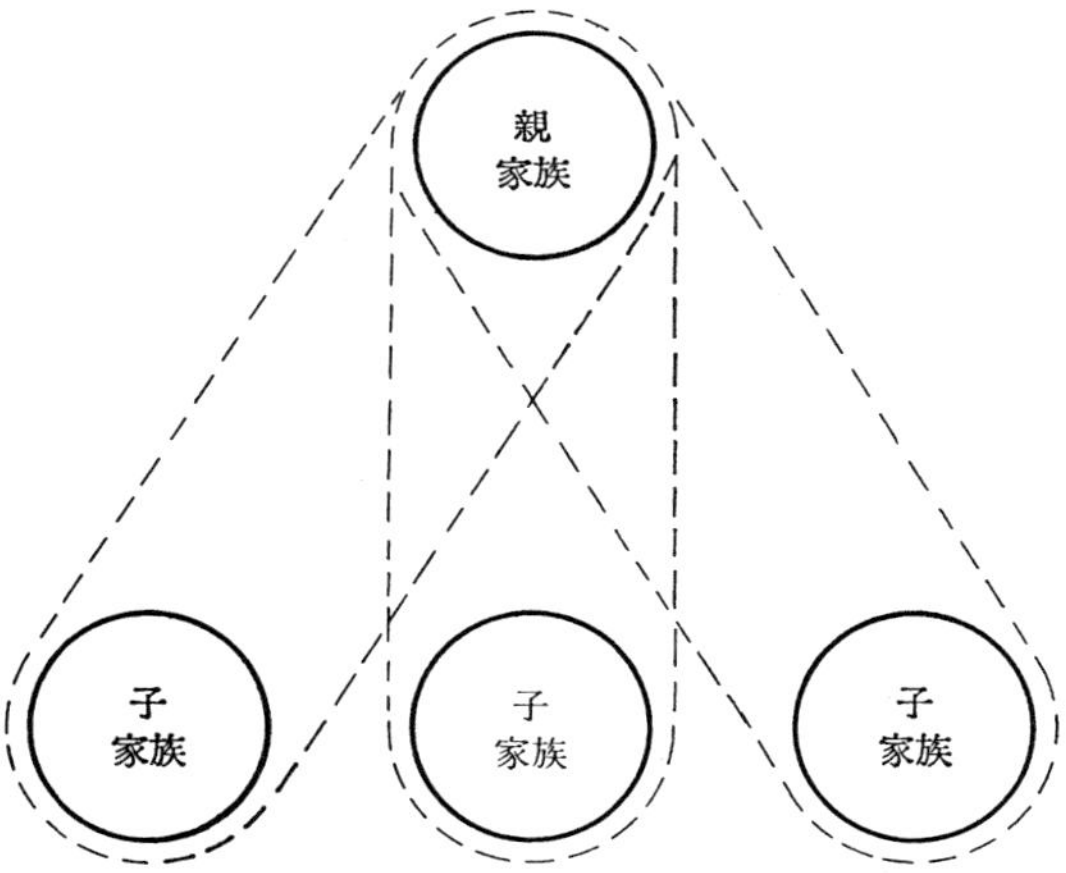

近世初期の農民に、親の死後も持続して総領の家族が兄弟の家族を土地を媒介にして本分家的に結合させている居住集団が確認される。[32] この親子結合の変質した形態を総領制的なヤシキ地居住集団として、中世とは段階的に区別すべきである。近世後期の単独相続制・直系家族の成立によって、分割相続制を基礎としたヤシキ地居住集団は姿を消すことになるのである。

三　家と親族構造

1　史的唯物論における family 論

エンゲルス『家族・私有財産・国家の起源』は史的唯物論の family (familie, famille) 理論を展開した代表作であるが、多くの論理的混乱をかかえている。また、エンゲルスが補強・証明に利用したモルガンの社会進化論（集団婚説・母系先行説・牧畜段階論ほか）は、既にその根底から覆されており、コヴァレフスキーの世帯共同体論、バッハオーフェンの母権論などと共に、現代の社会人類学の成果にとって代えられるべき内容である(33)。これら自体は、史的唯物論の骨子にかかわることではなく、例えばモルガン説が否定されたところで史的唯物論が成立し得なくなる性質のものでもない。しかし、ここでは『起源』の諸問題について深入りすることが目的ではなく、「家族」観を検討することにある。

史的唯物論における family の位置付けは、それを確立する晩年のマルクス・エンゲルスの諸著作においても、当時の民族学研究の摂取と影響によって、微妙にゆれ動いている。それは『起源』においても例外ではなく未完成といってよい。その問題点は次の様なものである。まず、史的唯物論の原則からいけば群から氏族の段階に至る無階級の原始社会にあっては、共同の所有・生産・消費が行なわれる共産制的世帯の社会であって、まだ family は存在していないはずである。それが生産手段の私有化によって、個別の所有・生産・消費を行なう family が成立し、階級社会の基礎的な経済単位として存在している、と理解されねばならない。この本質論にとって苦慮したのは、民族学において共同所有のもとにある氏族段階においても family が存在するという事実の指摘であった。マルクス・エンゲルス共にこれを取り入れざるを得ず、ここに理論化の最大の困難が存在したと考えられる。『起源』では、モルガン的な family 理解を全面展開しながら、史的唯物論的な family 理解もまた顔を出し、用語にも不統一があらわれている。この経済単位とモルガン的家族とのズレに対して、二つを統一しようとしたエンゲルスの理解こそ、『起源』序文に見える二種類の生産論（労働にあらわされる物質の生産、家族にあらわされる種の繁殖）であった。しかし、唯物論は窮極的要因を物質の生産一元論におくことにあり、種の繁殖はそもそも理論外でエンゲルスの混乱でしかないことは、青山＝江守・玉城論争でほぼ明らかとなっている。(34) また、現在の人類学では、モルガン説は否定されたけれども、氏族のみならず群（バンド、ホールド）段階にも family が存在し、家族が個別の消費単位（世帯）的な機能をもっていることは常識化し、その存在自体の超歴史性は否定すべくもない。動物社会学にあっても、ヒトの成立は家族の成立を意味すると考えられている。では、私有財産の発達にともなって「社会の経済的単位」として成立すべき family とは何か、この史的唯物論的理解が再び問われねばならない。

私は、根本的な問題点は family 概念の混同にある、と考えている。一九世紀は勿論、以前は family の語に家族とイエとの二種の概念が存在していることに気付いてはいなかった。日本では長い間、二種の概念を区別せず family を機械的に「家族」と翻訳してきたが、ヨーロッパの family（或いはギリシアの oikos）とはそもそも歴史的存在としてのイエ（しばしば「農民世帯」などと直訳されている）を指す概念であって、いわゆる家族の概念に定着するのは近代になってからであり、ヨーロッパの農民の family と日本の農民のイエとは本質において変わらず、family はむしろイエと訳すのが正当である、(35) という。そうすると、モルガン・人類学で使用されている family とは現在的用法の家族概念であるが、史的唯物論が対象とすべきfamilyこそはまさに歴史的用法のイエ概念でなければならないのである。要するに、歴史上のfamilyの語は、正確にいうと家族概念も含みうるものの、イエを主体とした概念であった、ということになる。

即ち、私有財産の発達によって成立する個別の所有・生産の単位であるところのfamilyは、「家族」ではなくて経済組織たるイエを指す概念である。従って、「社会の経済的単位」としてのfamilyは家族的経営体としてのイエのことである以上、階級社会の成立を説いたエンゲルスの著作は、社会進化論による家族の起源に重点が置かれてしまっているものの、唯物論の真意を汲み取って正しく訳すれば、『イエ・私有財産・国家の起源』となるのである。本書は、実は、私有財産・国家とならんで、(家族との混乱はあるにせよ)イエの歴史的形成とその死滅の必要性とを解明しようとしたものに他ならない。それ故、家族自体は共産主義社会となったところで消滅するわけではなく、もしそう思ったとすれば全くの誤解なのである。

以上の理論的整理によって、史的唯物論の立場での現在的課題は、日本において私的所有の発達にともなってイエが成立することを、中世史のイエ論を生かしつつ、解明することにある。

2　本源的共同体から家へ

日本におけるイエ成立史の要点を整理して、論理的見通しを述べてみよう。

農業を基盤とした原始共同体の場合は、本源的土地所有と潜在的経営の主体であるが、双方社会では氏族が欠如しているために、集団的所有が存在するのであれば、村落こそが氏族に代って共同体的機能を持つことになる。しかし、土地占取の本源が自然発生的な血縁紐帯に求められうる以上は、双方血縁関係と地縁集団（村落）との観念上の統一が最低限必要となってくる。この両者の関係は、人類学においても一つの研究テーマとなっていた。それで、この原始共同体の理念型をつくってみると、次の様になろう。(36) ①地域内婚傾向による双方血縁の集住化、②移転による容易な村落成員権の獲得可能性（多様な血縁原理の適用）、③成員間で、土地の在来神または神格化した村落創始者（或いはその従者）を祖先とする擬制の同族的観念と伝承の共有、④この農業神＝祖先神に対して村落が祭祀集団として機能、⑤始祖の傍系親ないしは従者の子孫とされる一般成員に対し、直系子孫とみなされる継承者が司祭者を世襲、⑥特権的な司祭者が首長化し、更に上級の共同体の祖と系譜的に結びつけられていく、といった性格の非単系・擬制血縁村落である。勿論、現実にはこのモデル通りであるとは保証し難いし、小集団がいくつか集まって村落を構成した可能性も強いが、とにかく共同体的所有であったとすれば、以上の様な原理が何らかの形で機能していたものと考えられる。後に、部民集団が○部ごとに同祖観念を形成する動きも、この様な村落の基盤があったからであろう。また、部族は双方社会にも理論的に存在しうるものであるが、日本での具体的なあり方は不詳である。この本源的共同体のもとにあって個々の家は埋没していたままであった、と理解される。

古代のイヘは、原始共同体の再編・変質を基盤とする首長制支配のもとにあるため、農民層においては本質的には原始社会の存在形態と大差があるわけではない。一応、イヘは家族的な日常生活の共同体・居住空間としてあるが、世帯としての経済的機能を余り出ず社会の経済単位としては未成立である。その理由は、相互不干渉の夫婦別財による家産の未成立、占有耕地の不安定性、移転の多い住居の流動性、対偶婚による不安定な婚姻結合、妻訪・複婚・実家に子を残した再婚等による家族構成の不明瞭性、にもとづくものである。即ち、耕地・住居・家族がそれぞれ不安定・流動的であって、ましてやそれら三者の「家」的一体性などは望むべくもない。このイへは、臨機的な生産単位ではあるものの、耕地の管理・生産を継続的計画的に行ないうる組織にはほど遠く、個別経営が未熟な状態にあったことを物語っている。これら家族間の居住集団的結合も多様でルーズなものであったとみなされる。経営機能も、イへ・居住集団的結合・共同体と重層的・補完的に作用していたのではあるまいか。

これに対して、中世のイエは、百姓＝名主層において安定した自立的経営として存在しており、社会の経済単位として成立している。十一世紀を転換期として作手などにみられる農民的土地所有権の体制的確立、「住人」に表現される有力農民の住居の固定性、夫婦別財ではあるが相互に代理的管理的機能を認め合った家産的共同運営、単婚化による婚姻結合の安定性、親権の強化、等が顕著に認められ、経営体としてのイエの成立条件があらわれる。この様に経済単位として確立し、独立したイエ支配権をもっていたとしても、いまだ近世的な継ぐべき「家」が存在しているわけではなく、いわば親子限りのイエというべきであって、世代が変われば分解・分立を繰り返す。即ち、親子結合のヤシキ地居住集団を形成し、重層的なイエである「一家」とヤシキ地とが相対的な関係にある。小百姓・在家・散田農民層にもイエは存在したものと考えるべきであるが、ヤシキ地居住集団を形成しない小家族形態も少なくはなく、自立性はかなり弱かったであろう。なお、百姓の一家は、或いはその分出した小百姓のイエによって構成されている、と考えるべきなのかも知れない。また、この中世のイエは、劣弱な親族を扶養する義務が何ら存しなかったことも注目すべき特質である。

近世の「家」(制度化されたイエ)になると、家業・家産・家督・家名・家長権といったものが農民層にも体制的に確立し、太閤検地によって完全な農民的土地所有権を実現させ、永続的・世襲的・制度的な社会・経済単位として確立されるに至った。本百姓として小経営が広汎に成立している。イエの親子結合は超世代的に拡大されて祖先と子孫の結合となり、先祖代々の一系性をもつ「家」となってくる。それは家系と屋敷との一体性・連続性、一子継承と結びついた祖先祭祀、においても確認される。親子関係によるヤシキ地居住集団も変質して兄弟関係の惣領制的結合の集団となり、ついには本分家関係による同族団を生成せしめる。それはまた、家筋の成立ならびに直系家族の志向と軌を一にするものでもあった。なお、相続対象者が徐々に限定されて長子単独相続へと向かうに従い、未婚傍系親・老人・病弱者・厄介者を扶養する義務が生まれてきたものと思われる。

3　支配者層の組織化

日本の様に中央集権的な支配体制を確立するためには、たとえ双方社会ではあっても血縁原理による強固な支配者層の結集・社会組織・秩序化が必要である。そのために、前近代社会にあっては、政治的地位の継承に相応する父系原理を基本として、一祖の子孫によって組織される血縁集団を形成しようとする。それが即ち、古代では首長層のウヂ、中世では領主層の一族・党の組織化であった。沖縄の郷士層にみられる門中もまた同様である。ゲルマン人の貴族層の氏族もまた同じらしい。(37) これらの成立は、それぞれ形態を異にしてはいるが、自然発生的というよりも意図的・政治的な編成によっている。しかし、社会体質として父系血縁集団の組織化が困難であることは、ウヂにおいてすら母系の排除を達成するのに長い時間がかかったことにもうかがわれよう。

ウヂの諸研究(38)にもとづけば、七世紀以前においては、首長の系譜関係、在地性、朝廷の職掌を条件とした非単系的で漠然とした親族範囲であり、双方原理が強く機能していた、と考えられている。それが、天武朝を境に再編成され、律令の官人出身母体となって父系原理が強制される一方、在地性が失われてくる。八世紀にあっては、狭い父系的集団ではあっても、その結合を強めるために父系近親婚を繰り返すなどによって背後は双方血縁関係で支えられていた。ようやくウヂが変質して「父系氏族」となるのは平安初期のことで、祖神と一体化した「氏神」の成立、父系近親婚の後退、等となってあらわれてくる、とされる。このウヂの中から、貴族の家が成立してきて政治・経済的活動の主体となっていく。「父系氏族」となる平安時代にあっても、集団機能はクラン・ゲンスとは大きな開きがあり、ましてやそれ以前は、系譜観念を基本とした父系的な非単系血縁集団であった。このウヂに限らず一族更には集団的結合に過ぎないと思われる党、これらは排他的な父系結合原理が弱いため、祖・出自の系譜関係を改変したり、子が母方の集団に帰属したり、族内婚を選好して双方的結合となったり、他の一族の婿となって両方に帰属し同一人物が二面性をそなえたり、同族外から容易に養子を迎えたり、といった現象がしばしば出現するわけである。

また、本来血縁集団は「血の復讐」や政治的利害・行動を共にすべき属性をもつが、実際には、保元の乱に端的にみられる如く父子・兄弟・叔父甥がそれぞれ敵味方に分かれて争うような限界性を有していた。一般に、父子は同一行動をとるが、兄弟が別行動に走る例は少なくはない。これは第二節で述べた日本の親子結合的特質とも関連してこよう。単一権力や被支配者には統一行動・対応をとるが、権力が分裂した局面ではしばしば家単位か個人の判断にゆだねられている（とくに惣領制確立以前）。それはまた、政変において、たとえ反乱首謀者の兄弟であろうとも参加していなければ譴責をのがれられた、ということと表裏をなしている。この様に、血縁構造原理のみならず、それの依存している政治権力との関わり合いでの集団機能、及び内部で強く作用している親子結合原理の意義、等の解明も必要となってこよう。

4　親族構造

血縁集団を実現させた支配者層と違って、農民層には初めから氏族など存在しなかった。日本には、二重単系制・三分組織・交叉イトコ婚規制・分節化したリニージ体系、等々の複雑な親族体系がなく、いわば単純・素朴な親族構造の社会であったといわれている。日本的特質としては、村落次元にあって常に父系的な同族関係と双方的な親族関係との二つの親族意識が併存していた、と考えられる。ここでは、父系的な親族は両者が重複する部分が多くなる。親族は勿論のこと同族も近世半ばまでは集団化が達成されず、両者共に関係概念に止っていた。だが、時代（及び地域）によってそれぞれ構成・機能・性格が異なっている点に注目されるのであり、その背景・原理の究明が課題となっている。

古代には、ヤカラ（族）とウカラ（親属）・ハラカラとが存するが、前者は同族、後者は親族と考えられる。農民においてヤカラの意識は弱いものであったろうが、何らかの機能を持っていたのではあるまいか。また、ウヂとその母体となったと思われるヤカラとの関係も未解決である。律令には日本的な服忌親と中国的な五等親の二種の親族規定がみられる。この服忌親こそ伝統的なウカラを反映していよう。唐制的な養老令と相違して大宝令では服忌親のみならず五等親も姻戚をほとんど含めない、直系的な血族主義の親族構成であった(39)。ここに親族の古代的特質を認めることができる。

中世になると、親族結合の興味深い研究が発表されているが、その分析概念・方法に多くの問題がある。鈴木国弘(40)の如く、「家族＝親族形態」（?）とか一族と親類を同一次元の組織（女系・姻戚を含むか否かの相違）と考えた上での「族縁共同体」論（?）、更には一族の独自的機能を無視した上での「親族ネットワーク」への一般的解消、等に理解し難い概念使用があらわれている。鈴木説の根本的な欠陥は、親族の集団的概念と関係概念との混乱であり、また、日本において父系に対置する親族として双方ではなく母系を設定したことによる。一方、坂田聡の場合には[41]、一族と姻戚に区別した分析を行なっている。私は、父系・一族・集団的と双方・親類・関係とに明確に分けて分析すべきであると考える。退座令に象徴される親類縁者は、自己中心的な双方的親族関係の概念であり、親族集団（いわんや共同体）を組織する原理をもち合わせていない。成員権が存在しないから無限に横に連鎖状に広がっていく性格をもつ。ただ、双方社会では、有力者を中心としてその親類が集団的・求心的に結合する場合があることも事実なのであるが、それも先の原理を踏まえた上での考察でなければ厳密性を欠く。一族は、祖先中心的な父系的同族関係の概念であり、これは成員権を共有しうるため親族集団の成立が可能である。親類は父系血縁・母系血縁・姻戚を含む範囲であるから、一族と重複する親族が存在するが、両者は別な機能をもつものとしなければならない。要するに中世においても、同族関係と親類関係との二本立てで立体的に親族構造を解明しなければならず、決して論理分析上は混乱すべきではない。その際、親族概念をあらわす用語はしばしば狭義と広義とが混用されており、広義の場合は区別なく親族関係一般を指すことが多いので、分析には注意を要しよう。農民層においても親類縁者とともに同族関係を想定すべきである。この中世の特質は、舅・婿・相舅などの姻戚及び烏帽子親などの擬制血縁が含まれる親類縁者の性格にある。

近世になると、農民層にも擬制父系の血縁原理が貫徹している家筋が成立し、本分家関係が発生して同族団が形成される。これは擬制父系親族集団（或いは「同族的家連合」）である。親族の概念は多様であるが、服忌親的な「近親」、五等親的な「遠類」、姻族を指す「縁者」、に大別される傾向をもつ。「親類」は近親（時には遠類も含む）を一般に指している。[42] 近世の特質は、本分家関係による同族団の存在と個人的関係というよりも家関係的に機能する親類の性格とにあろう。

さて、古代〜近世の親族構造の変化は、どの様に理解されようか。双方的親族の場合は、古代では血族中心であったが、中世の「親類縁者」の成立によって多くの姻戚が含まれる様になり、近世ではそれが家関係的に機能するようになる、といえよう。一方、父系的同族にあっては、近世で初めて家筋の確立による「家」の組織化がなされた点が注目されよう。古代の親族は血族的概念であって欧米の kindred に類似し、現在の日本の様な親類・親族・親戚の同質化（混用）は、中世の「親類縁者」概念の成立にあると考えられる。また、親族結合の原理は、古代が「血」筋、中世が「縁」関係、近世が「家」筋、という様に変化していることが特徴である。この背後にある要因の解明が大きな研究課題となってこよう。ちなみに、私は夫婦の帰属方式の変化が根底に横たわっていると考えている。

四　日本の家父長権

1　ローマ・中国との比較

日本の家父長概念を明らかにするため、古代ローマや中国における家父長権と比べてみることにしよう。[43]
強大な家父長制を発達させて古代奴隷制に君臨したローマ社会の家父長権は、一二表法によって専制的・絶対的な家長の奴隷及び妻子に対する生殺与奪権であることを知りうる。初期のその権限は、統一的な唯一の家長権であって、その内に父権・夫権・主人(=奴隷支配)権・準奴隷支配権・所有権を包括したものである。ただ、これは一時的・特殊的な形態であり、後に諸権に分化して更に国家権力の発達にともなって家長の専制権力は弱められていった。なお、この奴隷財産を語源とする familia は、勿論家族を指すものではなく、政治的・経済的・宗教的な機能をもつ組織であって、いわば小国家的ともいえる「家」である。

これとしばしば対比される中国の家父長権は、強い宗族の族長権のもとにあって、家長権自体の権限は弱いものであり、とくに兄弟や伯叔父が家長の場合にはそれが明白となる。むしろ「分形同気」とされる父子の人格的一体性に基づく父権が顕著であり、妻の人格が夫に吸収された形での夫権も存在する。「同居共財」の家では、父子同財・夫婦同財によって主人権・所有権を人格に付随させている父権(及び夫権)こそが家父長権の基礎であって、父が家長となった場合に家父長制が典型的に現出することになる。

これと正反対なのが母系制下の家長制である。インドのナヤール社会では、(44)同母の兄弟姉妹による複合家族がみられ、徹底した妻訪婚のために父権・夫権の存在など論外である。最年長の男(伯叔父ないし兄弟)が家長となり、強力な家長権をもって家内を統制し、家産の所有権、土地に付属した隷属民に対する主人権を実現していた。

さて、諸社会を概観すると以上の如くであるが、次に問題点のみを整理しておこう。①単一の家父長権は古代ローマのしかも初期に限られた特殊な形態であって、諸権が一体となって成立することは一般に考え難い。日本でも、その基礎となる諸権限を個別に検討しなければならないだろう。②諸権限は社会によってそれぞれ存在が多様ではあるが、共通性・関連性のあるものを類別することはできる。一応、A父権・夫権、B家長権、C所有権・主人権、の三種に分類するのが妥当であろう。③家父長権の中核をなすのはAないしBである。Cの権利は、ナヤールの如く家産となることによってBに従属するか、中国の如く父系相続（及び同財制）によってAに付属するか、のどちらかによって家父長権の一部となり得たものと考えられる。④従って、A・Bの欠如（家産・父系相続・同財制の未成立）のもとで、Cの単独（私的所有の存在、奴隷の存在）による家父長権の成立というものは想定し難いであろう。⑤ローマの様な主人権の意義は特異であって、古典古代社会以外では決定的な意味を持ち得ない様に思われる。

以上の整理を踏まえて、次項で日本の家父長権をめぐる諸問題を検討することにしよう。

2　日本の家父長制の問題点

家父長権をめぐる諸権利のうち、日本でとくに問題となるのは、Aの父権、Bの家長＝戸主権、Cの主人権、の三つであろう。というのは、夫権は父権の発達に準ずるとみてよいからであり、所有権は主人権程には重要ではなく、家長権の内に含まれていく運命にあるからでもある。まず、主人権を手初めに、その性格を考えてみよう。[45]

主人（隷属民支配）権の存在は、中世を盛期としてその前後に認められる。既に指摘した様に、主人権自体があたかも家父長権の中核をなすというものではなく、その一要素に過ぎないことを忘れてはならない。中世では、所有権とともに家産としてイエ支配権の一部をなしている。当時は、たとえ親族であろうとも、一時他のイエで生活扶助を受けたならば、家主に隷属させられる慣習が存した。下人として支配される正当性は、「扶持」を受けたことにあるから、主従制的支配ではあってもそれ自体は家父長制的支配ではない。家父長制的関係は、家内における幼少からの継続的な日常生活の共同を不可欠の原理としている。M・ウェーバーは、家父長制支配を家内隷属民に限定しており、土地に付属した隷属民を家産制的支配として別なカテゴリーに入れている。[46] この家内隷属民に対する主人権は、領主層には一般的に存在していたとみてよいが、百姓層には否定的であろう。以上は、イエ・家産・家長権の存在する段階であるが、それらが確立する以前では、たとえ「家内隷属民」がいたとしても弱い主人権であって、家父長権とは直接結びつくことなく成立し得たものと思われる。

家長＝戸主権は、一般に、祖先祭祀権、家族の人事管理権（婚姻・養子・扶養の許可、懲戒の処分）、対外的な家代表権（賦役・行事・寄合・その他）、家業・家産の経営所有権、等をその内容とする。(47)家長権がイエの発達と軌を一にすることはいうまでもない。武士層では、中世の惣領制の解体による庶子家の家督の成立を端緒とし、戦国期の当主権の確立を経て、江戸前期に至り、主君の家臣に対する権力介入を背景として、親権を超越する絶対的な当主権が完成する、と理解されてきた。しかし、近年では石井進によって、中世前期を中心に在地領主層の家主によるイエ支配権が主張されている。これは、いわゆる家長権・所有権・主人権などが含まれた概念であって、いわば諸権利を含む「家父長権」に匹敵し、まさに領主のイエと先述のローマ初期の不可侵な独立権力を築いた家父長制的「家」とが類比されよう。ここで問題としている家主権に相当するのは、家屋敷に対する絶対的な支配権である。しかし、家主は家族外のイエ支配権を握っていたとしても、家族の人事管理権は親権のもとに置かれていたのであるから、親の家族支配と家主のイエ支配という二重性の支配構造が指摘されよう。家の当主が家族内部に絶対的な支配権を握るようになるには、近世を待たねばならなかったのである。一般に、共同体から家が独立・自立してくる場合には、過度期（形成期）において対外的に強い排他的な家長権の強調（対内的には未成熟であろうが）が想定されうる。イエ支配権はこの一つであろう。

農民層の場合は、親権を超越する絶対性こそ持ち得なかったものの、近世において「家」の管理運営をまかされた家長権の存在を認めねばならない。これは主婦権をともなうものであった。この日本の特質は、ローマの様に家長個人が自在に権限を発動できたのではなく、「家」を維持する方針に従う限りで権限を行使し得たに過ぎず、最高権威は法人的な「家」であって、家長はその代理的管理人としての性格が強い、といわれる。これは、歴史的に親の代理人的な総領の性格・権限を発展させたことに起因しよう。「家」は家長個人のものではなく、先祖や親達からの預かりもので、無事に子孫に伝えることが最大の義務と考えられたからである。問題は、中世の百姓層に家長権が存在したかどうかであるが、祖先祭祀権や家族の人事管理権などは認め難いものの、中世の「百姓」身分の公的権限は一種の戸主権というべきものであって、家代表権と萌芽的な家産の経営所有権を認めることができる。弱い家長権（イエ支配権を持つにしろ）が想定されてよい。

父権は、父による親権の独占的行使権と理解するならば、夫権と同様に近世武士層を除いては日本に確立しなかった、といえよう。時代によっては、父に親権が偏りを見せつつも、母の親権もかなり強いものを持っていたからである。例えば、嫁に対する姑の干渉・指導も、「お義母《かあ》さん」とよばれる立場からなされる一種の親権の発動である。また、日本の家族の特質である親子結合（更には母子一体感）や夫婦別財の伝統からも、父母双方が権限を有するのが当然といえる。従って、日本においては父権ではなく、親権として考えねばならない。親権が著しく強化されるのは院政期であって、悔返し、勘当、離縁の承諾、婚姻の同意などの諸権限があらわれてくる。後家となった母が、たとえ隠居していても亡夫と同様の権限をふるっている。更に、総領制支配も、庶子に対して制裁権をふるえるのは「親の命に反く」時に限られており、親の代行としての総領権であったという。まさに、親権（及び親子結合）を背景とした支配であった。子は親の扶養を受けるので服従し、孝養をつくすことによって財産を相続しえたからである。さて、この親権は家主のイエ支配権・家長権をも上まわるものであって、近世の農民においても同然である。以上のことから、日本における「父権」の確立は父母双方の親権の強化という形態をとってあらわれた、と理解すべきである。

ところで、家父長権は諸権利の相互関係によって統一的に把握されなければならないが、日本の場合、古代・中世と近世との異質性をどう乗り越えるかが鍵である。検討してきたところでは、封建社会(中世〜近世)を通じて一貫しているのは親権の強さであり、これに家長権が加わって日本的家父長権の骨格が成立したもの、と考えられる。親が家長となった場合にこそ、強い家父長権が発揮されるわけである。残念ながら、ここでは古代〜近世の階層別の詳論を述べる余裕はないが、ただ、中世のイエ支配権に日本における「家父長権」の成立をみることができる、という点だけを指摘しておきたい。

ところで、日本の家父長権は、女性の側からみると置かれた立場で大きく相違している。概して、女子・嫁の権利は極めて抑圧されたものとなるが、母親・主婦としての権利はそれなりに認められており、妻の権利はいわばその中間に位置するであろう。この二面性こそ、父権・夫権の確立し得なかった日本の家父長制の特質であって、権力構造が母(=姑)を含めた親権、及び主婦を補佐役(家計管理ほか)とした「家」の代理人的性格の家長権に、基礎を置いていたからである。

おわりに

これ迄、日本前近代家族・親族論の基礎的問題を私なりに整理して述べてきた。これによって、現在の研究水準及び今後の課題が見通せるであろう。学説は多種多様であるが、一定の方向づけをしてきたからである。まとめとして、基本的な課題をいくつか提示しておくことにしよう。

(1) 経済構造・経営と即応関係にあるイエの性格を、古代～近世の通史的比較研究によって発展段階的に理論構成する必要がある。

(2) 古代～近世前期における小家族の結合形態を、制度体・賦課単位との関係で具体的に実証し、従来の「複合家族」説を克服せねばならない。

(3) 各時代の社会関係を根底において生み出している家族結合・構造原理の変化・特質が分析されねばならない。その際、家族の日本的特質（親子結合・母性原理）をどの様に組み込んでいくかが問題となる。

(4) 家父長制支配・家父長権について、諸民族のあり方を比較研究しておく必要がある。各民族によって大きな相違があり、従来の家族構造を無視（或いは誤解）した隷属民支配権一元論ではとらえられない。とくに、日本的特質を把握した上で、使用すべき概念である。

(5) 各時代にみられる父系的同族関係と双方的親族関係とについて、それぞれの範囲・構造・社会的機能を解明すべきであり、現在も研究は不充分である。この研究は、共同体・村落の結合原理・特質の解明にも役立つであろう。

(6) 理論的には、『家族・私有財産・国家の起源』を中心とした史的唯物論における family 概念を再検討しなければならない。エンゲルス自身の理解、及び翻訳とから「家族」と信じて疑わなかったわけだが、ここに大きな問題がある。家族概念とイエ概念の検討と共に、(48) 史的唯物論の深化をはかる必要があろう。

以上、六つにまとめた点が、他に地域差の問題などもあるが、現在前近代家族・親族史を研究する上での、最も基本的な課題であると指摘できるであろう。

注

（1）明石一紀「人間の生産と家族の理論」（『歴史評論』四五〇号、一九八七年）・「エンゲルスの『家族』概念」（『歴史評論』四三八号、一九八六年）。

（2）例えば、鷲見等曜・関口裕子・西野悠紀子・吉田孝・義江明子・服藤早苗・西村汎子・倉塚曄子・緒方和子ならびに明石一紀の研究があげられる。

（3）宮川満・鈴木国弘・網野善彦・五味文彦・飯沼賢司・峰岸純夫・坂田聡・田端泰子らの研究があげられよう。

（4）中世の古典的な家族論としては松本新八郎「名田経営の成立」（『封建的土地所有の成立過程』伊藤書店、一九四八年）が著名であるが、内容的には藤間生大『日本古代国家』第一章第五節（伊藤書店、一九四六年）の方がはるかにすぐれ、その骨子は永原慶二説などに継承されている。

（5）古代では、塩沢君夫『古代専制国家の構造〔増補版〕』（御茶の水書房、一九六二年）、門脇禎二『日本古代共同体の研究〔第二版〕』（東京大学出版会、一九七一年）、吉田晶『日本古代社会構成史論』（塙書房、一九六八年）、原島礼二『日本古代社会の基礎構造』（未来社、一九六八年）など。中世では、高尾一彦の平安・鎌倉期の経営構造論及び石母田正・黒田俊雄・永原慶二・戸田芳実らによる安良城盛昭説批判が契機となっている。後者において、農奴・封建的小経営には「単婚家族」のみならず若干の奴隷をも含む「家父長制複合家族」であってもさしつかえないことが明らかにされている。その反面、問題なことにその後の科学的歴史学では、経済構造における家族構成研究の積極的意義が薄らいでしまい、専ら経営論中心の研究に陥ってしまった。以後、中世家族論が低迷する根本的な原因となる。

（6）「名」の分解に関しては、稲垣泰彦「中世の農業経営と収取形態」（岩波講座『日本歴史』六巻、一九七五年）に指摘されているが、私は同じことが「戸」の分解に関してもいいうる、と考えている。

（7）吉田晶、前掲書、第二章第五節。

（8）鎌田浩「家長制的家支配の原理」（『幕藩体制における武士家族法』成文堂、一九七〇年）・「近世の家秩序と家長制概念」（『社会科学の方法』五の六、一九七二年）、石井紫郎「『いえ』と『家父長制』概念」（『社会科学の方法』四の一二、一九七一年）、大竹秀男『封建社会の農民家族〔改訂版〕』（創文社、一九八二年）・「徳川封建制下の『家』」（仁井田陞博士追悼論文集『前近代アジアの法と社会』勁草書房、一九六七年）。なお、家父長権の争点は、『比較家族史研究』二号（一九八七年）に詳しく整理されている。

（9）有賀喜左ェ門『日本上代の家と村落』（『東亜社会研究』一輯、一九四三年）・「日本の家」（日本人類学会編『日本民族』岩波書店、一九五二年）。また、和歌森太郎『国史における協同体の研究』上巻（帝国書院、一九四七年）は、郷戸＝族縁共同体、房戸＝実態家族、とみる。

（10）吉田孝「律令制と村落」（岩波講座『日本歴史』三巻、一九七六年、後に『律令国家と古代の社会』Ⅲ章、岩波書店、に再編収録）。

（11）曽我良成「官務家成立の歴史的背景」『史学雑誌』九二の三、一九八三年）、関口裕子「日本古代の豪貴族層における家族の特質について」（『原始古代社会研究』五・六、一九七九・八四年）など。

（12）大山喬平「中世社会のイエと百姓」（『日本史研究』一七六号、一九七七年）、黒田俊雄「中世における個人と『いえ』」（『歴史学の再生』校倉書房、一九八三年）。ただし、大山は百姓のイエの内実については何も語っていないのが問題である。また、黒田は、イエ＝完全家族形態という前提認識に立った上で、イエの成立と家族の成立とを混同しているところに大きな誤りがある。家主のみのイエもあれば、未開社会にも「完全家族形態」は認められる。

（13）鈴木国弘「一族共同知行論」（鎌田純一博士還暦記念会編『歴史学論叢』同記念会刊、一九七〇年）・「中世の親族と『イエ』」（『歴史評論』三四一号、一九八一年）・「中世前期の家族＝親族形態とその意義」（『日本史研究』二四二号、一九八二年）。飯沼賢司「中世イエ研究前進のための試論」（『民衆史研究』二三・二四号、一九八二・三年）・「『職』とイエの成立」『歴史学研究』増刊号五三四、一九八四年）。飯沼説は、すぐれた分析視角をもち中世イエ論の水準をいくが、しかし、第一次的イエの理解や幕府法＝東国・公家法＝畿内の二元論には、（視角はともかくとしても）内容には従いえない。他に、五味文彦「女性所領と家」（女性史総合研究会編『日本女性史』第二巻、東京大学出版会、一九八二年）、田村憲美「『追捕』覚書——平安末〜鎌倉期の百姓・イエ・逃散——」（『民衆史研究会会報』二〇号、一九八三年）、倉持重裕「太良荘における名主家族と名主職」（『歴史学研究』五〇六号、一九八二年）、宮川満『家族の歴史的研究』（日本図書センター、一九八三年）などがある。

(14)　石井進『日本の歴史12　中世武士団』(小学館、一九七四年)。また、勝俣鎮夫「中世武家密懐法の展開」(『戦国法成立史論』東京大学出版会、一九七九年)、大山前掲論文もこれと関係する。
(15)　中世の詳細な研究史としては、飯沼賢司「中世イエ研究の軌跡と課題」(『歴史評論』四二四号、一九八五年)が多角的な視野から整理しており、便利である。
(16)　洞富雄『新版日本母権制社会の成立』(早大生協出版部、一九五九年)・『庶民家族の歴史像』(校倉書房、一九六六年)。
(17)　高群逸枝『招婿婚の研究』(大日本雄弁会講談社、一九五三年)・『日本婚姻史』(至文堂、一九六三年)。
(18)　単なる双方制の指摘であれば、牧野巽「日支親等制の比較」(『民族』三の六、一九二九年)・「財産と相続」(『解釈と鑑賞』二一の一〇、一九五六年)、或いは大林太良「古代の婚姻」(『古代の日本2　風土と生活』角川書店、一九七一年)に既にみられるが、大林論文に示唆をうけて積極的に双方制論を古代史に導入して具体的に展開したのは、鷲見等曜「平安時代の婚姻」(『岐阜経済大学論集』八の四、一九七四年)、吉田孝、前掲論文(一九七六年)、明石一紀「日本古代家族研究序説」(『歴史評論』三四七号、一九七九年)をそれぞれ初出論文とする三者によってである。この双方社会論の関係は、最初は鷲見論文、影響力を持ったのは吉田論文、体系化づけたのは拙稿、という位置付けとなろう。
(19)　Murdok, G.P. "Cognatic Forms of Social Organization," in Social Structure in Southeast Asia. (G.P. Murdok. 1960ed.) Viking Fund Publications in Anthropology, No. 29.
(20)　森岡清美編『家族社会学』(有斐閣、一九六七年)、同編『社会学講座3　家族社会学』(東京大学出版会、一九七二年)、大橋・増田共編『家族社会学』(川島書店、一九六六年)ほか。
(21)　最近の社会学・人類学では、分析概念としての家族に疑問が出され、代りに家の有効性が主張される傾向にある。
(22)　人類学の家族論については、村武精一編『家族と親族』(未来社、一九八一年)を見られたい。
(23)　欧米と日本の家族の比較を論じた文献は数多い。入手しやすいものとして、川本彰『家族の文化構造』(講談社現代新書、一九七八年)、松原治郎編『現代のエスプリ別冊　家族の社会学』(至文堂、一九八三年)、増田光吉『アメリカの家族・日本の家族』(NHKブックス、一九六九年)、有地亨『フランスの親子・日本の親子』(NHKブックス、一九八一年)、千石保『いつ〈日本人〉になるか——日米母子調査にみる育児と文化——』(小学館創造選書、一九八四年)等をあげておく。

(24) 滋賀秀三『中国家族法の原理』(創文社、一九六七年)、仁井田陞『中国社会の法と倫理』(清水弘文堂、一九六七年)。

(25) 中根千枝『家族の構造』(東京大学出版会、一九七〇年)、C・M・カパディア(山折哲雄訳)『インドの婚姻と家族』(未来社、一九六九年)。

(26) 注(23)の全文献、及び山村賢明『日本人と母』(東洋館出版、一九七一年)、河合隼雄『家族関係を考える』(講談社現代新書、一九八〇年)。

(27) 日本は、性別分業原理・役割分担がかなり明瞭な特質をもった社会の一つだと思う。それ故、この観点を導入した女性史総合研究会編『日本女性史』(全五巻、東京大学出版会)の編集は一歩前進といえる。

(28) 母性社会として位置付けることは、義江明子「高群逸枝の思想と家族婚姻史研究」(『歴史評論』四〇七号、一九八四年)においても視座におかれている。

(29) 民俗慣行については、明石注(18)論文の注に引く関係文献に依拠している。

(30) 鷲見等曜『前近代日本家族の構造』(弘文堂、一九八三年)、水野浩一『タイ農村の社会組織』(創文社、一九八一年)。

(31) その後、この私見が引用されて、北原淳「タイにおける『屋敷地共住集団』と集落の社会史」(『アジア経済』二六の一一、一九八五年)において論証されている。

(32) 鷲見、前掲書。

(33) 例えば、『家族の起源』再構成の試論として、江守五夫『母権と父権——婚姻に見る女性の地位——』(弘文堂、一九七三年)がある。

(34) 江守五夫『家族の起源』(九州大学出版会、一九八五年)。

(35) 川本、前掲書、清水昭俊「家」(ぷぉるく叢書『仲間』弘文堂、一九七九年)。

(36) ここでは、特に、石川栄吉『南太平洋——民族学的研究——』第Ⅲ章第二節(角川書店、一九七九年)、馬淵東一「波照間島その他の氏子組織」(『馬淵東一著作集』第一巻、社会思想社、一九七四年)、福井勝義『焼畑のむら』第七章(朝日新聞社、一九七〇年)を参考としている。

(37) 熊野聡『北欧初期社会の構成』第Ⅲ章(滋賀大学経済学部研究叢書、一九八四年)では、ゲルマン人のジッペが父系氏族であったとする古典的学説の崩壊を指摘し、それが双方的親族関係の概念であることを確認し、歴史時代に入って貴族の門閥化の手段として父系血族が強化される事実を強調している。

(38) 西野悠紀子「律令体制下の氏族と近親婚」(『日本女性史』一巻、東京大学出版会、一九八二年)・「律令体制と氏族」(『日本史研究』二五九号、一九八四年)、義江明子『日本古代の氏の構造』総論(吉川弘文館、一九八六年)、吉田孝前掲書、平野邦雄「″甲子宣″の意義」(井上光貞博士還暦記念会編『古代史論叢』上巻、吉川弘文館、一九七八年)・「八世紀″帰化氏族″の族的構成」(竹内理三博士古稀記念会編『続律令国家と貴族社会』吉川弘文館、一九七八年)など。

(39) 明石一紀「大宝律令と親等法」(『日本史研究』二五八号、一九八四年)・「続・日本古代の親族名称」(民衆史研究会編『民衆運動と差別・女性』雄山閣、一九八五年)。

(40) 鈴木、前掲論文。奇怪な「家父長制家族共同体」概念を提示するなど、自己流の解釈に問題は多い。前近代女性史研究会「古代・中世の家族・親族論の現状と課題」(『日本史研究』二五六号、一九八三年)の服藤論文が、的確な鈴木説批判をおこなっている。

(41) 坂田聡「中世村落における親族結合」(『日本史研究』二五七号、一九八四年)。

(42) 近世の親族については、中田薫「徳川時代の親族法相続法雑考」(『法制史論集』一巻、岩波書店、一九二六年)、鎌田、前掲書、を参照した。

(43) ローマと中国については、青山道夫「家長の法的地位」(『講座家族』二巻、弘文堂、一九七四年)、玉城肇「親子関係と社会」(『家族問題と家族法』Ⅳ、酒井書店、一九五七年)、仁井田、前掲書、滋賀、前掲書。

(44) 中根、前掲書。

(45) 以下の記述は、宮川、前掲書、和歌森太郎「家長権・主婦権の習俗」(『講座家族』二巻、弘文堂、一九七四年)、五味、前掲論文、飯沼「中世イエ研究前進のための試論」(前掲)、鎌田、前掲書、大竹秀男『「家」と女性の歴史』(弘文堂、一九七七年)、石井紫郎前掲論文、中根千枝『家族を中心とした人間関係』(講談社学術文庫、一九七七年)などを主に参考にしている。田端泰子『日本中世の女性』(吉川弘文館、一九七七年)も参照されるべきである。

(46) M・ウェーバー(世良晃志郎訳)『支配の社会学』Ⅰ巻(創文社、一九六〇年)、一四三～四・一五六頁。

(47) 鎌田「家長的家支配の原理」(前掲)。

(48) 明石一紀「エンゲルスの『家族』概念」(前掲)で検討した。

〔追記〕 最近、村上泰亮・佐藤誠三郎・公文俊平『文明としてのイエ社会』(中央公論社、一九七九年)の批判的継承をめざして、平山朝治「イエの構造・歴史・哲学(一)」(東京大学教養学部『社会科学紀要』三八輯、一九八九年)が発表された。日本史の研究成果を意欲的に摂取した力作であるが、イエを日本文明の典型としてその特性を評価する。イエを日本固有のものではなく普遍的・分析的概念と見る私とは視角が異なる。文明諸社会におけるイエの共通性・一般性を前提とした上で、それの日本的特質をさぐるのが正しい方法ではあるまいか。私説も俎上に載せられているので、別な機会に批判してみることにしたい。

第二部　古代親族法

第一章　大宝律令と親等法
——服紀条・五等親条の意義——

問題の所在

古代の親族秩序の基本となる親等法は、日本の母法たる唐においては、令ではなく礼に規定された五服親制によって示されている。五服親制は、極めて広汎な親族範囲を喪の服装の種類と期間とによって、斬縗三年・斉縗（三年・杖期・不杖期・五月・三月）・大功九月・小功五月・緦麻三月の五等級に分けたもので、それぞれ正服（血縁者）と義服（非血縁者）とに大別されている。この内、特に重要なのは、斉縗杖期・不杖期の親族で「期親」とよび習わしていて、日本の二等親に相当するものである。これに対して、我が国では令に規定されてしかも二種の親等法が存在している。喪葬令の服紀条では喪服の期間で五等の親族に分けている点では唐礼と共通した親族法であるが、服装による差は見られず、正服・義服の区別もなく、範囲も狭い近親のみを対象としているのである。また、儀制令の五等親条は、かなり広汎な親族を範囲にしているとはいえ、服喪とは無縁に親疎を五段階で表現した純粋な親等法である。形式においても内容においても日唐に大きな差違が認められている。

唐律令においては五服親制ですべての親等を規定していたのに対し、養老律令では五等親条と服紀条の二種が混用されて規定されていたわけである。この二つの親等法が当時の社会にどのように機能していたのか、ということについては、以前から研究されてきた。とくに、牧野巽・中田薫による唐五服親制との相違や両条の比較研究(1)によって、養老令の五等親条は唐礼の五服親制を踏襲したもので夫方親族・傍系親を大幅に削除して成立したものであること、一方、形式上は唐礼の影響のある服紀条こそ親等法に独自性がみられ、日本古来の親族制度を反映したものであることが明らかにされている。他にも研究はあるものの(2)、この両氏によって日本固有の親族構造の実態が直系血族的・双方的という特徴をもつことが知られるようになったのである。

だが、制度的考察についてはまだ未解決の問題が残されている。それは、(1)何故、日本令においては二つの親等法が併用されていたのか、不可解なままである。どちらかに統一したり折衷するのが自然ではあるまいか。(2)とくに、服紀条は日本固有の親等法であることのみ強調されているが、それにしても仮寧令にしか適用されていないのであれば、同条は大した意味を持ち得ない規定となるのであって、わざわざ同条を別に規定した成立意義が不明なままである。(3)二つの親等法が律令体系の構造のなかでどのように機能していたのかが明らかではなく、それぞれの適用例を検討する必要があろう。これらの課題をとくためには、養老律令と異なっていたと思われる大宝律令に溯って、二つの親等法のあり方を考察しなければならないと思われる。従来の研究は、余りにも養老律令と大宝律令の規定とを同一視してきたきらい(3)があるのである。

一　大宝律令諸条の親等規定

1　大宝令文

養老令において、親等規定のみられる一八ヵ条のうち、仮寧令の四ヵ条と喪葬令服紀条を除けば、残りは皆五等親制に基づいている。服紀条はわざわざ仮寧令の若干条のために親等法を設置したことになり、疑問が生じる。大宝令においても同一であったとは断定し難い。そこで、まず、古記によって親等規定の部分を復元することから始めよう。大宝令表1において、養老令に見える親等用語を掲げ、それに対応する大宝令文を下に付した。古記の内容から推定される部分は、(イ)〜(ホ)と頭注して以下に論拠を提示する。

(イ)　戸令聴養条

養老令には「凡無レ子者、聴レ養下四等以上親於二昭穆一合者上、即経二本属一除附」とある。この古記に「問、昭穆若為二分析一。答、伯叔是也。穆謂二子列一、兄弟子・従父兄弟子是也」と見えるが、この従父兄弟子は有服親に含まれていず、大宝令でもやはり四等親と考えられている。従って、本条の大宝令文も四等親を含む規定であったとみなしてよい。

(ロ)　戸令奴姧主条

養老令には「凡家人奴、姧二主及主五等以上親一、所レ生男女、各没官」とある。この古記には、強姧の場合の子の帰属をめぐって次の問答が載せられている。

表1　令条における親等規定

条　文	養　老　令	大　宝　令
戸令　戸逃走条	三等以上親	三等以上親
戸令　給侍条	二等以上親	不明（同一カ）
戸令　聴養条	四等以上親	(イ)（四等以上親）
戸令　奴奸主条	五等以上親	(ロ)（七日服以上親）
戸令　化外奴婢条	二等以上親	(ハ)（二等以上親）
選叙令同司主典条	三等以上親	三等以上親
選叙令一等親条	な　し	(ニ)（一等親）
宮衛令宿衛近侍条	二等以上親	二等以上親
儀制令太陽虧条	二等以上親・三等親	三等親
儀制令五等親条	五等親・一等・二等・三等・四等・五等	等親・一等・二等・三等・四等
仮寧令職事官条	三月服・一月服	不明（同一カ）
仮寧令无服殤条	本服三月・一月服・七日服	本服三月
仮寧令改葬条	一年服・五月服・三月服・一月服・七日服	不明（同一カ）
仮寧令給喪葬条	三月服以上	三月服以上
喪葬令服錫紵条	本服二等以上親・三等以下一年・五月・三月・一月・七日	(ホ)（本服五月以上親）一年・五月・三月・一月・七日
喪葬令服紀条	二等親	不明
獄令　流移人条	五等内親・三等以上婚姻之家	不明
獄令　鞫獄官司条	二等以上親	不明
獄令　至配所条		不明

注　1、大宝令の親等用語は原則として同条古記からの復原による。
　　2、間接的に古記から復原されうるものには（　）を付してある。
　　3、選叙令一等親条は養老令では削除されている。

各没官。一記云、強奸亦没官。此記文為㆑未㆑尽。問、諸条有服親准㆓四等親㆒、未知、此若為㆓処分㆒。答、此条准㆓凡人㆒也。問、主及諸親家人奴不㆓相知㆒奸訖後始知悉所㆑生子、若為㆓処断㆒。答、案㆓名例律㆒云、（略）即准㆓凡人法㆒合㆑従㆑良也。

まず、問題となるのは傍線部の解釈である。これは、有服親とは四等親に相当す（るので親族の特別法を適用すべきであ）るが、此条の有服親の場合は（強奸・不相知奸の所生子の帰属について特別規定を設けていないので）凡人の一般法（戸令為夫妻条など）に従って処分すべきである、の意と解される。そこで問題となる「主及主五等以上親」の該当語句は、大宝令では「有服親」すなわち服紀条の親等で規定されていたことは明らかである。具体的な語句については、古記に「主及諸親」としか記していないので不明であるが、「有服親」とか「諸親」という表現からみて服を有するすべての親族を指すと考えられること、書き改められた養老令では「五等以上親」と最下等の親等で規定していること、から判断して、大宝令では「主七日服以上親」と表現されていた可能性が大である。[4]

(ハ)　戸令化外奴婢条

養老令には「若是境外之人、先於二化内一充レ賤。其二等以上親、後来投レ化者、聴二贖為一レ良」とある。この古記に引く一云には「文限二一等親一也。三等親不レ合レ聴レ贖」と見えるので、大宝令でも「一等以上親」と規定されていたことが知られる。

(ニ)　選叙令一等親条

同令為人後条の集解には、

古記云。≪一等親条。問、一等親被レ戮、上条父祖被レ戮、為分別。答、上条父祖被レ戮子孫不レ得二任用一。此条子被レ戮父不レ得二任用一、祖得二任用一也。宿衛及近侍之官、謂上条侍衛之官一種也。問、以レ女任二内侍司一不。答、不レ合≫

と見えて、一等親条（傍点部）なるものを注釈している。養老令に一等親条はなく、大宝令にのみ存した条文であったらしい。この注釈部分≪　≫内は金沢文庫本では朱引き抹消されており、養老令注釈としては不必要なもの故に、金沢文庫の成立段階で削除されたようである。本条と類似の条文も二、三あるが、それらとは別な条文として存在していたことを確かめておこう。大宝令にも癲狂酗酒条があったが養老令とは若干相違して「凡経二癲狂酗酒一、及父祖被レ戮者、不レ得レ任二侍衛之官一」の如くであった。[5] 古記のいう一等親条と類似しているが明らかに別条であったことは、同条古記に「上条」（＝癲狂酗酒条）と「此条」との区別を注解していることによって知られる。父子を意味する「一等親」と「父祖」とが重複するものであったため、養老令では癲狂酗酒条にまとめられて「父祖子孫被レ戮者」の如き表現となったものである。なお、類似の条文は宮衛令宿衛近侍条にも見えるが(6)、同条古記によると養老令と同様の条文が復原されるのであって、一等親条はこれとともにまた別に独立した条文であったのである。

(ホ) 喪葬令服錫紵条

養老令には、「凡天皇、為二本服二等以上親喪一、服二錫紵一、為二三等以下、及諸臣之喪一、除二帛衣一外、通二用雑色一」とある。この古記には、

本服、謂天皇即位則絶レ服、則准下有二心喪一之時上、服二錫紵一、退則脱耳。錫紵、謂黒染之色、若自不レ臨者不レ服耳。A然案レ礼、天子絶二傍朞一。今験二令文一、本服三月以上則明、令意於二父母一亦絶二服期一也。(略) B問、以三文称二本服一、何知レ絶二服期一也。答、若不レ絶二服期一者、文称レ臨二五月以上服親喪一、可レ云二本字不一レ合レ称故。絶二服期一可レ知也。

と見える。利光三津夫は、この傍線部Aを引いて「本服二等以上親喪」に相応する語句を大宝令では「本服三月以上親喪」に作っていたことは疑いがない、として復原している(7)。しかし、この断案は誤りであろう。というのは、傍線部Bによると、条文ではもし仮に服紀を絶たぬものであれば「臨五月以上服親喪」と称するはずで「本(服)」の字を冠したりはしないが、本条では「本服(五月以上親喪)」と称していることから服紀を絶っていることが知られる、という注釈を下しているからである。傍点を付した五月以上の語句は、文意から容易に推察しえよう。これによって、本条の大宝令文は「凡天皇、為二本服五月以上親喪一、服二錫紵一」であった、と考えざるを得ない。では、先に戻って利光が論拠とした傍線部Aの「本服三月以上」は何を意味しているのか。この古記は難解であるが、次のように解されよう。礼によると、中国では即位した天子は直系の期親以上(祖父母父母子嫡孫)の場合にのみ喪に服するが、傍系の

期親に対しては服を絶ってただ心喪するだけである。そこで、この「傍朞」に相当する親族が何か我が令文を調べてみると、服紀条ではほぼ三月服に相当し、かつ本条では「本服〇月以上親」と表現することにならえば、中国の「傍朞」にあたる心喪の親族は実は「三月以上親」ということができる。従って、その中に含まれる直系親の父母も我が国ではまた服紀を絶つことになるのである、という内容であろう。要するに、傍線部Aの「本服三月以上」の語句は決して条文を引用したものではなく、日本における心喪の範囲について、礼を案じた上で大宝令を調べてみた結論として述べている個所であった。ちなみに、唐の傍系期親である伯叔父母・姑・兄弟姉妹・夫之父母・妻などは、服紀条では三月服とされているのであり、「本服三月以上親」はこれを根拠として机上で導き出された注釈にすぎなかったといえよう。ところで、大宝令においては、天皇の本服三月以上親は服紀を絶って心服するのみであったにしろ、本条の規定では五月以上親の場合に限って錫紵を服するということであるから、本服三月親に対しては心喪はしても錫紵を服するわけではなかった[8]、ということになろう。

以上により、親等規定を復原しうる大宝令の条文は一三カ条である。他に不明のものが六カ条存する。

2　大宝律文

次に、大宝律の諸条における親等規定を検討する。唐律においても唐令と同じく五服親制で一元的に規定されているが、養老律のこれまでに確認されている諸条はすべて五等親条に依拠したものである。しかし、大宝律においてはかなり相違していたことが予想される。条文の復原は僅かな個所しかなされていないが、断片的な復原ではあっても大宝律の原則を把握することは不可能ではない。そこで、表2に令と同じく養老律の親等用語を掲げ、(イ)〜(ト)の大宝律復原を行ないたい。

(イ) 名例律六議条

養老律には「一曰、議親。謂皇親、及皇帝五等以上親、及太皇太后皇太后四等以上親、皇后三等以上親」とあるが、これについては早く、佐藤誠実が三代実録貞観一三年一〇月五日条に引く桜井田部連貞相の議、「古律同条云、議親、注云、謂皇親及太皇太后皇太后本服七日以上親、皇后本服一月以上親者」を掲げ、更に喪葬令服錫紵条古記にも同文が載せられていることを指摘して、大宝律と養老律の異同を述べている。(9) 今にして思えば、これは重要な意味をもつ復原であった。

(ロ) 名例律贖条

養老律には「其於二二等以上尊長及外祖父母夫々之父母一、犯二過告殺傷一応レ徒、若故殴レ人至二癈疾一応レ流、男夫犯盗、謂徒以上、及妻妾犯レ姦者、亦不レ得二減贖一」とある。これについて、小林宏が政事要略糺弾雑事巻廿二の議請減贖事に見える「古答云、(略) 其於二祖父母父母伯叔父姑兄姉及外祖父母夫々之父母一、犯二過失殺傷一応レ徒云云」を引き、大宝律では「二等尊長」の語句の代りに親族名称が具体的に列挙されていたであろうことを指摘している。(10) 親等規定こそ見られないが、五等親条の適用が避けられていたことがわかるのである。

(ハ) 名例律相隠条

養老律には「凡同居若三等以上親、及外祖父母外孫、若孫之婦、夫之兄弟、及兄弟妻、有レ罪相為レ隠。(略) 其四等以下親相隠、減二凡人三等一」の如くある。この大宝律文について、小林は選叙令同司主典条古記に「曽祖従父兄弟兄弟子曽孫為二三等一。以外雖二相隠親一、不レ在二避限一」と見えることから、三等以上親の外にも相隠親が存在したことが

表2　律条における親等規定

条文	養老律	大宝律
名例律　不道条	四等以上尊長	不明
名例律　六議条	五等以上親・四等以上親・三等以上親	(イ)(本服七日以上親)(本服一月以上親)
名例律　贖条	二等以上尊長	(ロ)(祖父母父母伯叔父姑兄姉夫之父母)
名例律　贈位条	三等尊長・四等尊属	不明
名例律　犯死罪非八虐条	二等親	不明(同一カ)
名例律　自首条	二等親	不明
名例律　相隠条	三等以上親・四等以下	(ハ)(三等以上親)
名例律　称二等親祖父母条	二等親	不明
名例律　僧尼犯罪条	二等親・五等親	不明
職制律　聞父母夫喪匿条	二等以下尊長	不明
職制律　私役使所監臨条	五等以上・三等以上	不明
戸婚律　娶違律条	二等尊長	不明
廐庫律　殺五等以上親馬牛条	五等以上親	不明
賊盗律　謀殺祖父母条	五等以上尊長	不明
賊盗律　謀殺主条	二等親	不明
賊盗律　執質条	五等以上親	不明
賊盗律　非死罪条	二等親	不明
賊盗律　私和条	二等親・三等以下親・二等以上親	不明
賊盗律　厭魅条	二等尊長	不明
賊盗律　残害条	五等以上尊長	不明
賊盗律　穿地条	五等以上尊長	不明
賊盗律　恐喝条	五等以上親	不明
賊盗律　盗五等親財物条	五等親・四等以上・二等以下卑幼	不明
賊盗律　売二等卑幼条	二等卑幼	不明

闘訟律	家人奴婢過失殺主条	二等親・五等親	不明
闘訟律	殴五等親家人奴婢条	五等親	不明
闘訟律	誣告流罪以下条	二等尊長・二等親	(ニ)(三月服尊長)
闘訟律	告二等尊長条	二等尊長・三等尊長・四等・五等	(ホ)(三月服尊長)
闘訟律	告五等四等卑幼条	五等四等卑幼・三等以上・二等親・三等親・四等以下親	(ヘ)(七日服卑幼)
闘訟律	教令人告事条	五等以上親	不明
捕亡律	知情蔵匿罪人条	四等以下親	不明
断獄律	聞知有恩赦故犯条	四等尊属	不明
雑律	奸良人条	五等以上親・二等以上親	(ト)(七日服以上親)

注 1、養老律文は、律令研究会編『訳註日本律令　律本文篇』上下（東京堂）によって掲示した。
2、雑律奸良人条は伊藤勇人の復原案によった。
3、養老律未復原の条文は親等規定が想定されうるものでも本表から除外してある。

知られ、養老令文とほぼ同じであったろうとする。(11) その可能性は十分にあろう。

(ニ)　闘訟律誣告流罪以下条

(ホ)　同律告二等尊長条

(ヘ)　同律告五等四等卑幼条

この三カ条は関連し合うので、一括して検討する。ここで決め手となるのは(ホ)であり、この条が鍵を握っている。闘訟律告二等尊長条の養老律文は、「凡告二二等尊長外祖父母夫夫之祖父母一、雖レ得レ実、徒一年。其告事重者、減二所レ告罪一等一。（略）其相侵犯、自理訴者聴。下条准レ此」とある。この条に関して、利光は、喪葬令身喪戸絶条古記に「其祖父母々々有者、雖レ有二別籍異財一、更不レ令レ加二検校一。外祖父母亦同。何者、五月服以上親、存日、侵二損其身一、不レ得二告言一故」とあるのを指摘し、闘訟律告祖父母父母条及び告二等尊長条の取意文である、とした。(12) しかし、

「五月服以上親」の表現は古記編者の読みかえであると判断したにとどまり、結局、条文の復原を放棄してしまったのである。この読みかえがどのようにしてなされたのか、という点を考えてみるならば、告二等尊長条の疏文に「謂二等以下五等以上、或侵㆓奪財物㆒、或殴㆓打其身㆒之類、得㆓自理訴㆒」とあることが注目される。これを裏返しにして読み換えてみると、「一等親、侵㆓損其身㆒、不㆑得㆓自理訴㆒」の如き文章が得られるのである。先の喪葬令身喪戸絶条古記の取意文も同じ方法によって表現されたものとしか考えられない。即ち、古記を裏返しにすると「三月服以下親、侵㆓損其身㆒、得㆓告言㆒（＝得㆓自理訴㆒）」となり、大宝令文が浮かびあがってくる。詳論は別稿に譲るが、(13) これを手掛りに復原される告二等尊長条の大宝律文は、

凡告㆓三月服尊長及夫㆒、雖㆑得㆑実、杖一百（以下）。（略）其相侵犯、自理訴者聴。下条准㆑此。

の如きものである。原文が存せざるが故に憶測のともなう復原案であるが、大宝律では告三月服尊長条であったことは疑いないと考えられる。

さて、告三月服尊長条が認められるならば、次条にあたる(ハ)の告五等四等卑幼条の親等規定も五等親条によるものではあり得ないことになる。(ホ)と(ヘ)はともに告言規定でその上それぞれ尊長と卑幼という親族内の対応関係にある条文なのであって、表裏一体の規定だからである。養老律では「凡告㆓五等四等卑幼㆒、雖㆑得㆑実、杖六十。三等以上、逓減㆓一等㆒（下略）」という文章であったが「告五等四等卑幼」の語句は、(a)有服親の最下等が七日服であること、(b)名例律六議条の「四等以上親」は大宝律では「本服七日以上親」となっていたこと、(c)告言条の文では「四等五等」「五等四等」「四等以下親」と一括して最下等の親族として表現していること、などから、「告七日服卑幼」の語句であったとみて間違いないものと思われる。

また、(ニ)の闘訟律誣告流罪以下条も、以上の(ホ)・(ヘ)両条と一体の条文である。誣告とは人を罪に陥れるために虚偽の告言をすることで、内容に虚実の相違はあるが、告言の行為の一種であることに違いはない。従って、卑幼に対する誣告の規定は、別条を設けることなく告五等四等卑幼条に付随規定として制定されている。そして、尊長に対する誣告規定が誣告流罪以下条に見え、その養老律文は「誣二告二等尊長外祖父母夫夫之祖父母一、及家人奴婢誣二告主之二等親外祖父母一者、雖レ引レ虚、各不レ減」という注文である。本条の誣告以下に載せた尊長の語句は、告二等尊長条と全く同じ親族表記である。それ故、大宝律では告三月服尊長条と同一の親族表記をとっていたであろう、と類推される。

(ト) 雑律姦良人条

この養老律文は、伊藤の復原によると、[14]「凡奸二良人一者徒二一年半。強者流。折傷者絞。其家人其奴奸二主及主（之）二等親（若）二等親之妻一者絞。婦女減一等。強者斬。（即）奸二主（之）五等以上親（及）五等以上親之妻一者流。強者絞」となる。この案は妥当と考えられるので、これを踏まえて大宝律文を検討しよう。本条は戸令奴姦主条の「凡家人奴、姦二主及主五等以上親一、所レ生男女、各没官」と密接な関係にある。家人奴が主人及びその親族を姦した場合、家人奴に対する刑罰規定が姦良人条であり、生まれた子の帰属規定が奴姦主条である。後者の大宝令文について第一節で検討したが、主親の親等表現は明らかに服紀条によるものであって、「主及主七日服以上親」である可能性が強いことを指摘した。従って、これと対応する大宝律の姦良人条も同様の親等表現でなければ齟齬をきたすことになる。養老律の「主五等以上親及五等以上親之妻」の語句は、大宝律では服紀条の親等表現、更に言えば最下等の七日服以上親という表記であった、と考えるのが自然であろう。[15]

以上、大宝律で親等規定の復原・推測しうる条文は六ヵ条に過ぎず、二六ヵ条は推測もままならない実情である。

3　小括

大宝律令の親等規定が五等親条によるか服紀条によるか、各条文の復原的考察を行なってきた。ここでは次節以下のために概括しておきたい。

大宝令の諸条では、五等親条の規定によるもの八ヵ条、服紀条の規定によるもの四ヵ条である。残りは不明であるが、養老令と同文とみてもさしつかえなさそうな条文で、参考までに分類すると、五等親条によるもの四ヵ条、服紀条によるもの二ヵ条である。大勢としては、大宝令制の親等規定のうち、五等親規定が⅔・服紀親規定が⅓とみて間違いなかろう。養老令と比較するならば、戸令奴姧主条・喪葬令服錫紵条は服紀親規定であったものが五等親規定に改編されたことになり、養老令よりも大宝令の方が服紀親条を重視していた傾向がうかがわれる。大宝令では必ずしも例外的・特殊的規定ではなかったのである。

次に大宝律の諸条だが、養老律三三ヵ条がすべて五等親条であったのに対し、確認されたのは一ヵ条のみで、五ヵ条は服紀条によると考えられること、一ヵ条は親族名称列記の記載であったこと、他の二六ヵ条は不明のままである。この不明の中に、五等親条によって規定されていたのではないかと憶測される条文は若干ある。(16)しかし、服紀条によっていた可能性の強い条文の方が圧倒的である。それをここで述べておこう。

前項で闘訟律告二等尊長条が服紀親規定であったことを指摘し、同律告五等四等卑幼条・誣告流罪以下条も同じ規定でなければならない、と推定してきた。これは更に演繹しうる性質を含んでいる。親族の内部における尊長と卑幼、妻と夫方親族、家人奴婢と主（及びその親族）、それぞれの間にきびしい秩序を設け、卑幼が尊長に危害を加えようとする犯罪には厳罰をもって処する、というのは日唐に変わりなく律を貫いている精神である。この親族内部の犯罪規定の一つが先に検討した告二等尊長条であり、これは服紀親等で表現されていたわけである。尊長・卑幼間の親族犯罪における律規定は、「告（言）」「誣告」にとどまらず「謀殺」「殴・傷」「詈」「詛」「奸」なども同趣旨で一連の親族犯罪規定として体系付けられているといえよう。それ故、復原されうる条文がたとえ一、二カ条であろうとも、その親等法（服紀条）を同趣旨の他の諸条の大宝律文に想定するのは、強ち無理なこととは言えないだろう。後の第二節の2で指摘するように、賊盗律謀殺祖父母条は親等規定でこそなかったものの大宝律の名称は服紀親の規定を前提とした内容であって、これも傍証とすることができる。大宝律では一部を除き、服紀親規定が多数を占めていたであろうことは想像に難くはない。利光は「大宝律においては養老律等親制にかえて、親族範囲を画するに服紀制が多く使用せられていた」のではないか、と仮説を提示したが[17]、まさに慧眼という他はない。更には、大宝律では日本的親等法たる服紀親規定が多数を占め、それが養老律では中国的な五等親規定に書き改められたということは、大宝令と養老令の関係と同じく、律もまた日本的な規定を唐律に近づけたものであったといえよう[18]。

さて、大宝令では五等親規定が$2/3$程度を占めるものの、大宝律では服紀親規定が多数を占めていたと考えられ、親等表現のみられる条文の絶対数は未復原も含めると律は令の二倍（三八ヵ条）にはなろうから、大宝律令総体における親等規定はむしろ服紀条の方が優勢だったという傾向が指摘できる。令集解の注釈を見るならば、五等親条の養老令注釈書の引用個所は二六カ所以上を数えるが古記は僅か二カ所に過ぎないのに対して、服紀条では養老令注釈書を総計しても二〇カ所なのに古記になると二六カ所の引用が認められる。このことは、大宝律令では五等親条が軽視されていた代りに服紀条が大きな存在意義を有していたことを如実に物語っている。その最も大きな相違は、令条ではなく律条における親等表現に求められよう。

大宝律令では五等親条よりも服紀条の親等法が重視され、とくに大宝律との密接な関係が推定されるのである。

二　五等親条・服紀条の大宝令文

1　儀制令五等親条の復原㈠

五等親条は、大宝律令の体系においても、固有の親等法を究明する上でも服紀条より軽視されていることは否めない事実であるが、養老律令では仮寧令を除く全親等規定の基準となった重要な令条である。ここではその大宝令文の復原を行ないたい。なお、参照のために養老令制の親等図を掲げておいた（図1）。まず、養老令における五等親条を次に掲げる。名称ごとに付した番号は親等ごとの記載順を示している。

凡五等親者、(1)父母、(2)養父母、(3)夫、(4)子、為一等、(1)祖父母、(2)嫡母、(3)継母、(4)伯叔父、(5)姑、(6)兄弟姉妹、(7)夫之父母、(8)妻、(9)妾、(10)姪、(11)孫、(12)子婦、為二等。(1)曽祖父母、(2)伯叔婦、(3)夫姪、(4)従父兄弟姉妹、(5)異父兄弟姉妹、(6)夫之祖父母、(7)夫之伯叔姑、(8)姪婦、(9)継父同居、(10)夫前妻妾子、為三等。(1)高祖父母、(2)従祖々父姑、(3)従祖伯叔父姑、(4)夫兄弟姉妹、(5)兄弟妻妾、(6)再従兄弟姉妹、(7)外祖父母、(8)舅、(9)姨、(10)兄弟孫、(11)従父兄弟子、(12)外甥、(13)曽孫、(14)孫婦、(15)妻妾前夫子、為四等。(1)妻妾父母、(2)姑子、(3)舅子、(4)姨子、

(5)玄孫、(6)外孫、(7)女聟、為五等。

同条の古記から復原される大宝令の名称は、「従祖」「従孫」(兄弟孫)のみであるが、中田薫は選叙令同司主典条古記に、

案二儀制令一、父子為二一等一。祖孫伯叔兄弟為二二等一。曽祖従父兄弟、兄弟子、曽孫為二三等一。

とあることから、二等親の姪と四等親の曽孫が、大宝令では共に三等親の「兄弟子」と「曽孫」であったことを指摘している。[19] また、滝川政次郎は喪葬令服紀条古記から、「舅・姨」の名称を「舅・従母」の表現であったと復原した。[20] 復原の現状は以上にとどまるが、他は養老令と大差なしとするわけにはいかない。例えば、「姨子」は当然「従母子(或いは従母兄弟姉妹)」としなければなるまい。

また、玄孫の親等が問題となってくる。大宝令では、直系卑属の親等法に相違があって、子が一等、孫が二等、曽孫が三等、であったとすれば、次にくる玄孫は五等ではなく四等とされて然るべきであろう。傍系卑属も兄弟を二等、兄弟子を三等、従孫を四等としており、世代が一つ下るごとに一等を下げているのである。養老令では曽孫を四等と規定したために玄孫が五等とされていたわけで、曽孫が三等である限りは玄孫も四等であったに違いなかろう。

次に、養父母の名称の存否である。後述するように、大宝令の服紀条に「養父母」の語が存在しなかったことは、滝川が明らかにしたところである。[21] それ故、五等親条においても存否を疑ってみる必要があるだろう。服紀条の親族範囲において、同条には存在しないが五等親条に規定されている名称もある。それは「妾」で、理由は「凡妾為レ夫服一年、夫為レ妾無二報服一」(延喜治部省式)に端的に知られる如く、親族ではあるが夫が服する程の存在ではない、という唐礼的発想から除外されたものである。一方、五等親条は親族相互の対応関係(例、伯叔父姑と兄弟子)=反報関係を

図1　養老令制の親等一覧

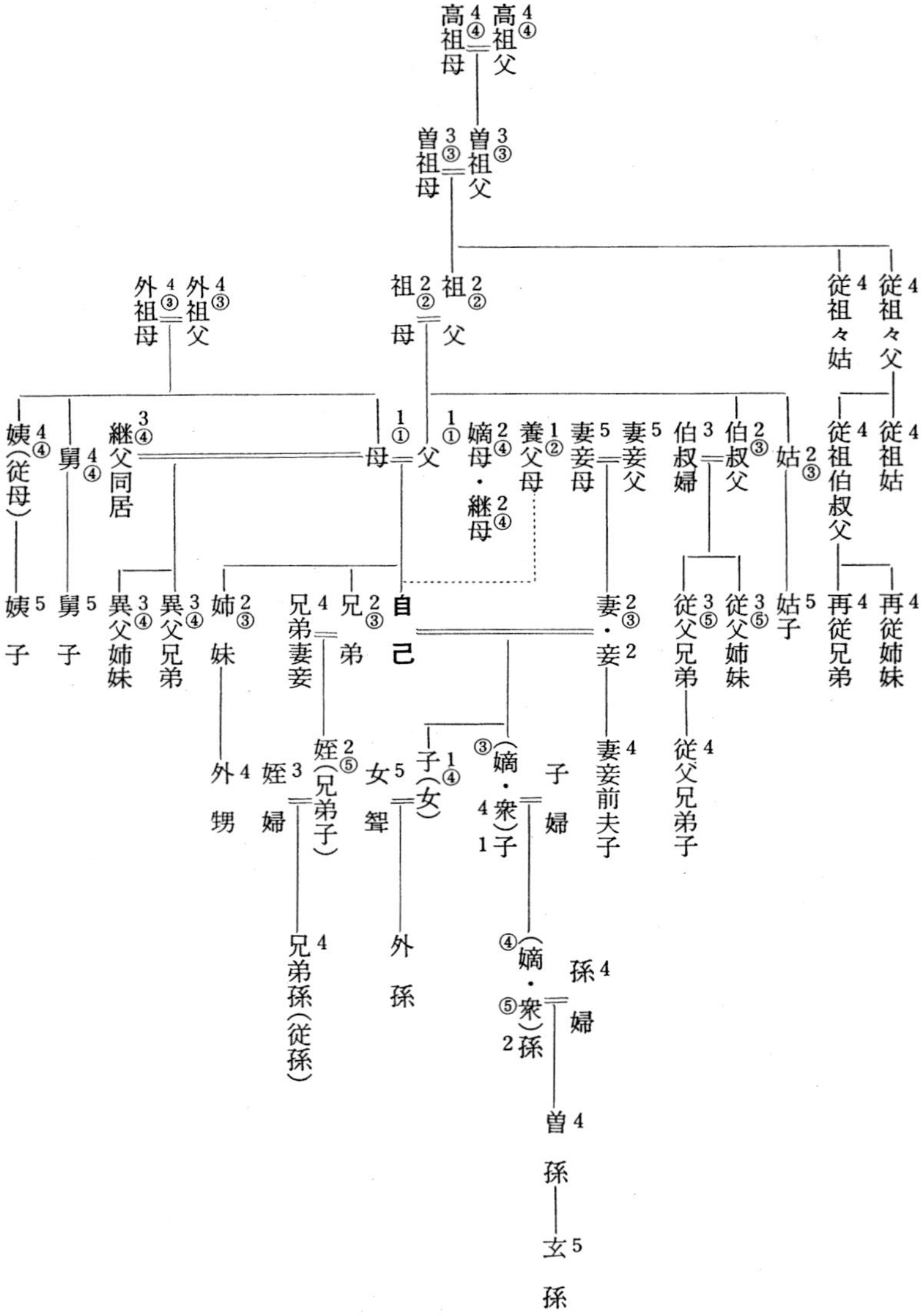

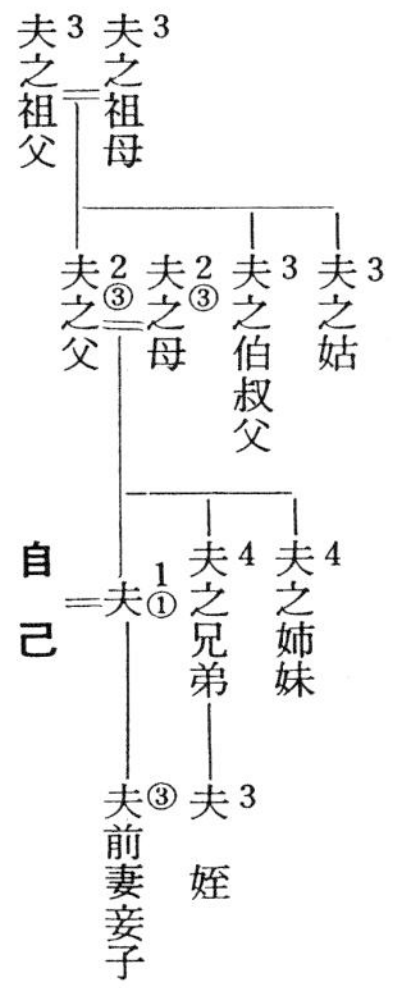

注　数字は五親等条の親等、丸数字は服紀条の期間の等級を示す。

原則とするので、夫との対応関係にある妾は妻と同じく規定されることになる。それ故、律令の諸条では「妻妾」として実際に使用されている事例もいくつかあげられる。ところが、問題としている養父母のケースはこの妾と同一には論じられない。大宝令の服紀条に載せていないのは服喪の対象外だったからではなく、同条古記には一年服と解しているのであるから、別な理由を与えねばならない。それは、「養父母」という親族名称自体が大宝律令には存在しなかったからではないかと思われる。服紀条・仮寧令職事官遭父母条の「養父母」はなかったが、古記では共に「所レ養」の表現があり、戸令応分条の「養子」についても中田復原案には見られず[22]、後宮職員令親王及子乳母条でも仮にあったとしても[23]「所レ養子」の語であった。律には何条か見うけられるが大宝律文の復原はなされていない。明記された条文がこれ迄に確認されず、必要な場合には「所レ養」という表現を用いているところから、大宝令には養父母・養子の名称が存在しなかったもの[24]、と考えられる。以上によって、五等親条にも「養父母」の語がなかった可能性は極めて強いとみられる。

次に、視点を変えて、五等親条における親族名称の記載順（配列法）を検討してみよう。それは表3にも明らかな如

表3　律令における名称記載順

尊卑	親姻	直系傍系と世代		名例律悪逆条		(大宝)名例律贖条	名例律請条	賊盗律謀殺祖父母条		賊盗律売二等卑幼条		賊盗律告五等四等条	戸令嫁女条		戸令欧妻祖父母条
尊属・同世代	内親	直系	祖	1		1	1	1					1		1
			父	2		2	2	2	1, 2				2		2
		傍系	祖												
			父		1, 2	3, 4	3, 4		3, 4				3, 4		4, 5
			同		3	5	5		5				5	3	6
	外親	直系	祖		4	6		3					6		3
			母												
		傍系	祖												
			母											1, 2	
			同												
	姻戚	夫方	配偶		5	7		4							7
			親族		6	8		5, 6							
		妻方	配偶				6								
			親族												
卑属	内親	子	直系				7				1	1			
			傍系				8				2				
		孫	直系				9					2			
			傍系							1					
	外親	子	直系												
			傍系												
		孫	直系												
			傍系							2		3			
	子孫の配偶者											4			

注　1. 各条ごとに親族名称の記載順を番号であらわし，分類して表示した.
2. 尊属血縁者の配偶者は，中国的に血族に付随するものとして処理した.
3. 日本も唐も律令上の記載順はほとんど同じである.

く、律令の諸条では名称を列挙する場合はアトランダムに載せることなく、一定のルール・秩序に従って配列する原則が認められるようで、この点に着目して分析してみたい。この親族秩序は、親等法とはまた別な原理で、表示の如く尊卑・内外親と姻戚・直系傍系・世代・長幼といった序列にもとづく、ということに気付いた。

表3を見ると、配列順のそぐわないものが二ヵ所あり、戸令嫁女条の「次及二舅・従母・従父兄弟一」と、同令殴妻祖父母条の「殺二傷外祖父母・伯叔父・姑・兄弟姉妹一」である。ともに外親の舅・従母及び外祖父母が他の内親より前に載せられているのであるが、これは男系・女系の差よりも世代順の尊卑を優先させたことによる。条文によって

表4　養老令五等親条の名称記載順

尊卑・親姻・世代				一等	二等	三等	四等	五等
尊属・同世代	内親	直系	祖		1	1	1	
			父	1, 2	2, 3			
		傍系	祖				2	
			父		4, 5	2	3	
			同		6	4	5, 6	
	外親	直系	祖				7	
			同					
		傍系	祖					
			母				8, 9	
			同			5		
	姻戚	夫方	上		7	6, 7		
			同	3			**4**	
		妻方	上			9		1
			同		8, 9			
卑属	傍系	孫	内親				10	
			外親					
		子	内親		10	**8**	11	2
			外親				12	3, 4
		姻戚				**3**		
	直系	孫	内親		11		13, 14	5
			外親					6
		子	内親	4	12			
			外親					7
		姻戚				10	15	

注　1. 記載順の番号は先掲の五等親条に付した番号に従っている.
2. 血族の配偶者はみな血族に准じて分類してある.
3. 曽・玄孫も「孫」世代に，高・曽祖も「祖」世代に含めている.
4. 三等の（継父同居）は外親・直系・母世代とせずに，姻戚・母方・上世代とみなしてここに位置付けた. 内親・直系・父世代の継母（二等の3）とは扱いが異なっていたらしい.

はこのような例外もあるが、(25)律令上の記載順には表のような親族序列の原則があったとみてよいだろう。この点が確認されれば、本題の五等親条の養老令文の記載順を表4に示し、分析してみよう。

この表によると、尊属・同世代の配列秩序は律令一般（表3）と同じであるが、卑属の秩序は相違している。さて、表4の序列が原則であったとすると、三等親と四等親とに記載順の混乱が生じていることになる。三等の8（姪婦）と3（夫姪）及び四等の4（夫兄弟姉妹）の位置が不自然なのは、何らかの理由があるに違いない。序列の整っている記載に、あたかも後から挿入して混乱させているかのようである。先の表3の嫁女条・殴妻祖父母条の例外の場合はそれなりに別な序列が存在していたが、それとは質の異なる（序列のない）乱れ方なのである。そこで、問題となる三等・四等の親族について更に詳細な一覧表をつくって考察する必要がある。それが次の表5である。

この表をみると、夫姪・姪婦・夫兄弟姉妹がそれぞれ卑属なのに尊属の中に割り込んでいたり姻戚なのに親族の中にまぎれこんだりして、前後の記載順から浮き上っていることがよくわかる。そして、その理由は、アルファベットで表示した反報関係に従って便宜的にその位置に混入させたものであることも、見当がつこう。夫姪は伯叔婦と、姪婦は夫之伯叔姑と、夫兄弟姉妹は兄弟妻妾と、それぞれ相互に同等の服喪義務を存する反報関係にあり、両者が一組で一体となって記載されているからである。両者は反報関係にはあっても親族序列は全く別な存在であるが、片方にひぎずられて不相応な位置に載せられたことが知られる。従って、両者はそれぞれ一体の親族なので、いわば序列を乱した共犯者であり、共に疑われねばならない。これ以外にも、三等と四等に分かれたために幸いにも序列を乱すことなく単独でおさまってはいるが、夫之祖父母及びそれと反報関係にある孫婦も、これらの同類であって疑ってみる必要がある。これら、五等親条の親族記載の序列を乱す元凶とみなされる名称群には共通性があり、唐礼では「義服」

表5　三等・四等親一覧

名称	尊卑	親姻	反報	唐令喪服	服紀条	五等親関係古記	備考
〔三等親〕							
1 曽祖父母	尊	親	A	正服	○	○	
2 伯叔婦	尊	親	B	(二等親の)義服			有疑（2・3）
3 夫姪	卑	姻	B	義服(の二等親)			
4 従父兄弟姉妹	尊	親	C	正服	○	○	
5 異父兄弟姉妹	尊	親	D	義服(の一等親)	○		
6 夫之祖父母	尊	姻	E	義服(の二等親)			有疑
7 夫之伯叔姑	尊	姻	F	義服(の二等親)			有疑（7・8）
8 姪婦	卑	親	F	(二等親の)義服			
9 継父同居	尊	姻	G	(一等親の)義服	○		
10 夫前妻妾子	卑	姻	H	なし			
〔四等親〕							
1 高祖父母	尊	親	I	正服	○		
2 従祖々父姑	尊	親	J	正服		○	
3 従祖伯叔父姑	尊	親	K	正服			
4 夫兄弟姉妹	尊	姻	L	義服(の二等親)			有疑（4・5）
5 兄弟妻妾	尊	親	L	(二等親の)義服			
6 再従兄弟姉妹	尊	親	M	正服			
7 外祖父母	尊	親	N	正服	○		
8 舅	尊	親	O	正服	○		
9 姨(従母)	尊	親	P	正服	○		
10 兄弟孫(従孫)	卑	親	J	正服		○	
11 従父兄弟子	卑	親	K	正服		○	
12 外甥	卑	親	O	正服			
13 曽孫	卑	親	A	正服		○	
14 孫婦	卑	親	E	(二等親の)義服			有疑
15 妻妾前夫子	卑	姻	G	なし			

注 1. 尊・卑は同世代以上と下世代，親・姻は血族及びその配偶者とそれ以外の姻戚，の区別を意味する．
2. 継父同居は親とされていたか姻とみなされていたたは不詳．姻とした方が分析上は整合的である．
3. 反報は親族相互の対応関係で，同記号で示した．
4. 異父兄弟姉妹は血族だが唐礼ては義服とされていた．ここでは義父の子と解釈して処理した．

とされていてみな二等親の配偶者か配偶者の二等親である、という点である。その上、これらは服紀条や五等親関係の古記には一つも見られない名称でもある。そこで、これらの名称群はある時点で一括されて五等親条に編入された結果、最初の整然とした序列とは異質な反報関係による配列法が混入し、記載秩序を乱したものではないか、と想像されてくる。以上の表4・表5から得られた分析結果を次に考証していこう。

五等親条の跡説には、

伯(叔)前妻妾不レ入。又夫姪為二三等一。夫兄弟為二四等一事者、猶依二本令一而設法耳。

とあるが、これは夫兄弟より疎遠なはずの夫姪（兄弟子）が逆に近い親等なのは、唐令（唐礼を意味しよう）に従ったからである、という注釈である。気になるのは「猶依二本令一而設法耳」の語句で、管見の限りでは集解には他に例を見ない。日本令自体がほとんど唐令を基礎としており、五等親も唐礼を踏襲した内容であるのに、あらためてこの部分にのみ「本令に依る」と跡記が注しているのは特別な意味があるのに違いない。更に言えば、本来の令文では特に本令に従っていたわけではなかったが、後から本令によってこのような親等に改めたのである、という意が言外に含まれているのではなかろうか。夫姪を高く三等としているが、これはその基準となる姪自体が二等であったからで、夫姪はそれを一等下すことによって決定された親等とみてよい。夫方姻戚は親族より一等下げることは、父母（一等）→夫父母（二等）・祖父母（二等）→夫祖父母（三等）・伯叔父姑（二等）→夫伯叔父姑（三等）・子（二等）→夫前妻妾子（三等）、などによって知られる原則だからである。ところが、大宝令では姪（兄弟子）自体が三等と規定されていたから、もし夫姪も存在していたとすれば四等（以下）であったことになろう。中国と違って、日本では姪と夫姪とを同等に扱うということは、他の親等の特徴を見ても考え難いからである。従って、先掲の跡記の、唐礼に従って親等を定めたという

「夫姪為二三等一、夫兄弟為二四等一」という規定は、明らかに養老令の編纂段階に生まれたものである。これと同じことは三等とされている姪婦においても言いえよう。五等親条では血族の配偶者は必ず血族より一（〜二）等下げる原則がみられるから、姪婦は大宝令に存したとしても、やはり四等以下でしかなかったことは明瞭である。即ち、先に指摘した如く、五等親条の記載序列を乱している名称群は、養老令の編纂時に大宝令文を改変した過程で、序列の整った条文に割り込ませたことに起因するわけである。

これらの名称群は、大宝令にも規定されていて養老令で親等を移動させたものか、或いは大宝令には存せず養老令で新設されたものか、この二通りの可能性が考えられる。前者の例は他にも認められるが、その場合は記載序列が守られており、また問題となる名称群は五等親関係の古記などには一例も存在が確認されていないことから、私は後者であろうと考えている。そのことを次項で考察したい。

2　儀制令五等親条の復原(二)

五等親条において、相互に対応し合う反報関係にある親族は皆規定されていて、一方のみが親族から除かれるということはない。従って、存否の論証の際、一方の存在が否定されれば同時に他方の親族もまた否定しうる、ということになる。以下、疑わしき名称群について、大宝令での存否を検討する。

(イ)　伯叔婦・夫姪

(ロ)　夫之伯叔姑・姪婦

(ハ)　兄弟妻妾・夫兄弟姉妹

これら(イ)〜(ハ)は、律令における使用例も乏しく、大宝令での存否は鮮明に浮かびあがってはこない。また、大宝律における使用例は現在のところ不詳である。まず、戸令殴妻祖父母条には、

凡殴二妻之祖父々母々一、及殺二妻外祖父母伯叔父姑兄弟姉妹一、若夫妻祖父々母々外祖父母伯叔父姑兄弟姉妹自相殺、及妻殴二詈夫之祖父々母々一、殺二傷夫外祖父母伯叔父姑兄弟姉妹一、及欲レ害レ夫者、雖レ会レ赦、皆為二義絶一。

とあり、大宝令でも同文が存在した可能性は強い。しかし、本条に載せられているからといって、夫之祖父母・夫之伯叔父姑・夫兄弟姉妹の五等親条における存在を証することにはならない。なぜなら、同時に夫外祖父母や妻方親族など倒底五等親条には存し得ない名称も列挙されているからである。本条の令意は、男家（夫）の諸親族、女家（妻）の諸親族をそれぞれ明示したに過ぎないものであって、ここから、配偶者からみて五等親に含まれる「親族」であるとか、或いは夫ないし妻を冠した形での「親族名称」（熟語）が存在した、ということを導き出すことは出来ないのである。本条で存在の確認されうる名称は、夫家方・妻家方という修飾部分を除いた、祖父母・父母・伯叔父姑・兄弟姉妹・外祖父母のみ、ということになる。また、戸令応分条の大宝令文にも、本注に「若夫兄弟皆亡、各同二一子之分一、有レ男無レ男等」という語句があったらしい。[26] これは夫に生存の兄弟がいなかったならばということで、本人たる寡婦と「夫兄弟」とが何らかの権利・義務関係にあるような主体と客体といった相互の関係ではなく、ただ親族であった故夫のその「兄弟」を令本文の寡婦の立場に従って注記しているに過ぎない、といえよう。「夫」の財産相続を規定する際、法意をわかりやすくするために説明上「夫」の語を「兄弟」に冠したものである、といってよい。要は、律令にあっては、先の殴妻祖父母条に典型的な如く、五等親条の名称に「夫」字を冠して夫の親族を表示する場合はあるけれども、それが直ちに夫方親族の名称として五等親条に規定されていたことを意味するものではない、というこ

とである。五等親条の名称に容易に夫・妻を冠して造語し、法律規定に具体性を持たせることは十分にあり得ることだからである。

次に、名称の表現を検討してみよう。まず、「夫姪」「姪婦」という二名称の根幹となる「姪」の名称は、大宝令では「兄弟子」とされていたわけであるから、夫姪・姪婦の語は養老令で成立した名称に違いない。勿論、大宝令ではそれが別な表現で規定されていた可能性も全くないとはいえないが、ややこしい名称表記とならざるを得ない。また、「伯叔婦」の名称は、卑属の妻に用いる「婦」の語をあえて使って、(27) 伯叔母の唐的名称を避けていることに注意すべきである。大宝令にあっては、上下世代の傍系親にも直系親名称を准用する傾向が強く、伯叔父に限らず母の姉妹を従母、兄弟の孫を従孫、兄弟の男子は戸籍では従子、の如くである。それが養老令では、それぞれ姨・兄弟孫・姪に改変されているわけである。この動向から推察して、血族と姻族の相違はあるものの、「伯叔婦」の造語が行なわれたのは直系親名称の乱用を避けた養老令段階であったとみられる。では大宝令にあって「伯叔母」の如き規定が存在していたかといえば、その徴証は認められない。戸籍では伯叔父の妻を父の姉妹と同じ「姑」で指示していた。(28) れっきとした父の姉妹の名称（「姑」）を代用せざるを得なかったという事実は、まだ伯叔父の妻の名称表記が令制に規定されていなかったことを意味しているだろう。

このように、(イ)〜(ハ)の名称がそのまま大宝令の五等親条に存在していたことは否定され、新しい養老令的名称法に従っているものもあり、伯叔父の妻妾のように大宝令に存在しなかったと判定できるものも確認されるのである。

(ニ) 夫之祖父母・孫婦

孫婦の存否についてはあいまいなので、(29) ここでは夫之祖父母に絞って考察する。戸令殴妻祖父母条に妻之祖父母と

表6　日本律の二等親・尊長関係の記載形式

律	条文名	唐律	養老律	大宝律
名例律	①贈位条	Ⅰ(含)	Ⅰ(含)	不明
	②不道条	Ⅰ(含)	Ⅲ(無)	Ⅲ(無カ)
	③贖条	Ⅱ(有)	Ⅱ(無)	Ⅲ(無)
	④悪逆条	Ⅲ(有)	Ⅲ(無)	Ⅲ(無カ)
闘訟律	⑤親告流罪以下条	Ⅱ(有)	Ⅱ(有)	Ⅱカ
	⑥告二等尊長条	Ⅱ(有)	Ⅱ(有)	Ⅱ(不明)
	⑦妻妾詈夫之祖父母条	Ⅲ(有)	Ⅲ(有)	不明
賊盗律	⑧厭魅条	Ⅱ(有)	Ⅱ(有)	不明
	⑨謀殺祖父母条	Ⅱ(有)	Ⅲ(有)	不明
	⑩謀殺故夫条	Ⅲ(有)	Ⅲ(有)	不明

注　1、Ⅰ型の規定に、はその親等表記に夫之祖父母が含まれているかどうかを含・不含で注記した。
2、Ⅱ型・Ⅲ型の規定には、夫之祖父母の記載を有・無で注記した。
3、唐律でⅠ(含)・Ⅱ(有)・Ⅲ(有)の条文のうち、相当条文(同一条とは限らない)が日本律でも確認される事例のみを取り上げた。

共に「夫之祖父母」の語が見えるが、この例は名称の存否の論拠となり得なかったことは先に指摘したところである。ところが、律文には大量に「夫之祖父母」の名称が規定されているから、この養老律文を分析することによって、大宝律での名称の存否が解明され得るものと思われる。

最初に、分析の視角を提示しておこう。律文では諸条において親族規定をする場合、その表現には大別して三通りの表記形式がある。それは次の如くに整理することができる。

Ⅰ型　親等表記のみ(例「二等尊長」)

Ⅱ型　親族と名称の併用(例「二等尊長及外祖父母・夫・夫之祖父母」)

Ⅲ型　名称列記のみ(例「祖父母・父母・妻・子孫」)

ところで、唐律・大宝律・養老律の三者の間には、親族規定の形式を改変した条文がいくつかあり、その際に「夫之祖父母」を明記するかどうか、微妙な食い違いが生じていることを見逃してはならない。勿論、Ⅰ型の場合には名称記載が見られず親等のみの表現であるから、この名称が親等に含まれるか否かが問題となってくる。そこで、律の条文にあらわれた親族についての記載のなかから、「二等親(以上)」「二等尊長」「夫之祖父母父母」及び該当親族を表記した事例など、夫之祖父母の有無に関連する表現をひろい集め、表6に掲げてみた。それぞれの表現を先の三形式に分類し、更に（　）内に夫之祖父母の含不・有無を注記してある。ただし、表に載せた条文は、唐律でも夫之祖父母を含む親等表記であったりその名称を明記しているものの内、日本律でも存在の確かめられる条文に限っている。

表6によると、①〜⑩の例は名例律・闘訟律・賊盗律の三つに集中している。ここで問題としている夫之祖父母の有無を比較するならば、養老律では不統一が目立つが、おおむね夫之祖父母を除外する名例律とそれを明記する闘訟律・賊盗律とに大別される。そこで、この二つに分けて、大宝律における夫之祖父母の存否を検討してみよう。

先に、名例律を取り上げたい。養老律では、②不道条（賊盗律厭魅条疏にも引用）と④悪逆条は親等を用いないⅢ型形式の記載で「夫之祖父母」の名称を欠いている。大宝律でもⅢ型であったことは疑いないが条文は存在していない。しかし、大宝律の八虐の内容を示す政事要略糺弾雑事巻廿二の議請減贖事に引く古答によれば、夫之祖父母の名称は見られないのみならず、ほぼ養老律と同文であったことが指摘されている。(30) また、大宝・養老両律の性格からいっても、唐律のみならず大宝律にも夫之祖父母の語が条文にあったとすれば、養老律で削除するということはあり得ないだろう。従って、大宝律の両条にも「夫之祖父母」の名称を欠いていたことは疑いなく、養老律はⅢ型の文章をそのまま踏襲したとみてよかろう。更に、③贖条は、

（大宝律）其於祖父母父母伯叔父姑兄姉及外祖父母夫々之父母、云々、

（養老律）其於二等以上尊長及外祖父母夫々之父母、云々、

（唐　律）其於期以上尊長及外祖父母夫夫之祖父母、云々、

とあって、小林宏が指摘したように、(31) 養老律では二等親に夫之父母が含まれるので重復した規定となっている。これは、養老律編纂の際に、唐律の文体にひきずられて、「夫之父母」の語を「夫之祖父母」の如く末尾に付加したもの

であろう、(32)といわれている。重要なことは、なぜ唐律のまま「夫之祖父母」と記さずに重複をおかしてまでも祖の字を加えずに「夫之父母」にとどめたのか、という点なのである。これは、養老律では唐律の文章構造をできるだけ模倣しようとしてⅢ型からⅡ型の表記にかえたこと、にもかかわらず大宝律の如く「夫之祖父母」の名称を避けようとする意識が強く作用していたこと、の結果と考えざるを得ない。本条は八虐諸条と密接な関係にあるため、八虐に合せて夫之祖父母の語を除いて一貫性を保とうとしているのである。いわば、大宝律踏襲の八虐規定（内容）と唐律模倣の本条規定（文体）との矛盾から生じた混乱といえよう。

以上のように大宝律で名称列記型（Ⅲ型）の条文には夫の祖父母の語が存在しなかったことが確認され、養老律ではそのまま踏襲した条文は勿論のこと、贖条の如くに文型を改変した場合でも夫之祖父母の名称は欠落したままであったのである。

では、養老律で唯一夫之祖父母を含むⅠ型形式の①贈位条（名例律除法条疏にも引用）はどうか。ここには「即殴㆓告三等尊長、四等尊属㆒者、亦不㆑得㆓以㆑蔭論㆒」とあって、名例律では異色の親等表記が見られる。この母法たる唐律の「即殴㆓告大功尊長小功尊属㆒者、亦不㆑得㆓以㆑蔭論㆒」（以理去官条）を機械的に翻訳したことに由来するが、②不道条ではこれと同様の母法（不睦条）にもかかわらず「若殴㆓告及謀㆑殺㆔伯叔父姑兄姉外祖父母夫夫之父母㆒、殺㆓四等以上尊長及妻㆒」とⅢ型に書き改めており、なぜ①条が②条を見ならわずに条文間に齟齬をきたすⅠ型形式で表現しているのか不可解である。大宝律では他の名例律と同じくⅢ型であったものが養老律の編纂で混乱をおこしたことによるのか、すでに大宝律の段階で不統一にもⅠ型形式であったため養老律でもその形式を踏襲したことによるか、どちらかである。前者であれば（この可能性が強いが）大宝律では②不道条と同様の文体であったことは間違いないし、後者のⅠ型であれば第一節3で指摘したようにこの種の大宝律文は服紀親規定によっていたと類推されるから夫之祖父母は含まれる余地がない。要するに、どちらの形式であったにせよ、①贈位条の大宝律文には夫之祖父母が除かれていたと考えざるを得ないことになる。また、日本の名例律には「夫之祖父母」という名称を明記した条文は認められないことも意味する。

次に、これとは反対に養老律で「夫之祖父母」を明記している闘訟律・賊盗律の検討に移ろう。表6の⑤〜⑩条は、Ⅱ型・Ⅲ型の相違はあるが、皆夫之祖父母を載せており、これらの大宝律文でも同様であったかどうか、が問われている。この内、Ⅱ型形式の⑤誣告流罪以下条・⑥告二等尊長条・⑧厭魅条の三つは、大宝律でも同じⅡ型形式の表現とみてさしつかえないものである。即ち、親等と名称の併用による表記であるが、養老律では五等親規定によるものでも大宝律では第一節で検討した如くこれらは服紀親規定にもとづいていたと考えられるから、同じⅡ型とはいっても内容は自ずと異なってくる。例えば、⑥条の大宝律文は「凡告㆓三月服尊長及夫（夫之祖父母は不明）㆒云々」と復原されるのだが、養老律では改変されて「凡告㆓二等尊長外祖父母夫夫之祖父母㆒云々」となっている。このように、服紀条から五等親条の表現へ移行することは、親等の内容自体が異なるので、条文の親族規定全体の書き改めを必要とする。従って、Ⅲ型のように大宝律文をそのまま踏襲するわけにはいかない。ところが、新しく採用された五等親条は唐五服親制と共通する親等法であったため、養老律のⅡ型の条文作成に際して、唐律の条文の親等をただ取り替えるだけで、文章をそのまま模倣することが可能である。Ⅱ型に見える「夫之祖父母」名称は、この際に唐律をまねて新しく記載されたものではあるまいか。それは、大宝律の原型をとどめているⅢ型の条文（主に名例律）には「夫之祖父母」の語が存在しておらず、また服紀親の中に夫之祖父母は含まれていないことから、Ⅱ型の大宝律文においても当名称が削除されていたと考えられるからである。従って、養老律における名例律と闘訟・賊盗両律との矛盾（夫之祖父母の有無）は、養老律編纂における混乱の所産とみてよいだろう。

ところで、⑨謀殺祖父母条は「夫之祖父母」が明記されてはいるが、名例律の如くⅢ型形式の表記法に従っている。本条は大宝律でもⅢ型形式であったと考えてよいと思われるから、もし「夫之祖父母」を新しく加えたとすれば、名称列記の内容を踏襲せずに養老律で改変した唯一の事例となる。それを次に考察してみよう。賊盗律謀殺祖父母条の養老律文は、

凡謀₌殺祖父母々々外祖父母夫夫之祖父々母々₋者、皆斬。嫡母継母伯叔父姑兄姉者、遠流。已傷者絞。（下略）

とあって、これを唐律と比較してみると、(1)唐では「皆斬」の一段規定であったが、養老律では△印の「皆斬」と、印の「遠流」との二段規定となっていること、(2)唐の本注の犯姦以下の規定が養老律では削除されていること、の二点に大きな差違がある。条文に規定されている親族全体を親等法に還元してみると、二等以上尊長（父母・夫・祖父母・嫡母・継母・伯叔父姑・兄姉・夫之父母）及外祖父母・夫之祖父母、というⅡ型形式風の表現となる。即ち、条文でこそ二段に分けられているものの、先に検討した名例律贖条の「二等以上尊長及外祖父母夫々之父母」等と同様の範囲が規定されている。このことは、やはり⑨謀殺祖父母条も他の養老律文と同様に五等親条の原理で貫かれていたことを示しているものである。二段規定をとった理由は明らかではないが、いわば独特な日本的規定の様式であることから、この条文構造自体は日本的特徴の認められている大宝律文を踏襲したものとみてよいであろう。大宝律においても二段規定の様式であったとするならば、本条の復原はさ程困難なことではない。政事要略糺弾雑事巻廿二の議請減贖事に引く古答には、大宝律の八虐の贖不について、次の注目すべき注釈がみえる。

謀二殺曽祖父母伯叔父姑始（衍字）兄姉一者、為レ重レ於二過失傷一応レ徒、故不レ合レ贖。

まず、ここにはより重罪であるべきはずの謀殺祖父母父母等の名称が見えないが、先の養老律と同じく二段規定を想定すれば自ずと解決される。古答における贖不の論議の対象となっている八虐罪は、贖条によって知られる如く流罪以下に限られていたから、死罪の場合には論外で俎上に載せられるはずもない。従って、謀殺祖父母父母等尊長は前段の死罪（「皆斬」か）規定に比定することができ、また、古答に掲載の親殺曽祖父母等は後段の流罪以下（「遠流」か）に比定されるのである。ところが、後段の部分（、印部）の親族は養老律と相違し、二等尊長の「嫡母・継母」がなくて、代りに三等尊長の「曽祖父母」が規定されている。従って、大宝律の規定は五等親条の原理と矛盾しているのである。これに対し、服紀条を適用すると疑問は氷解する。即ち、三月服以上尊長（父母・夫・祖父母・曽祖父母・外祖父母・伯叔父姑・兄弟・夫之父母）の中に上記の親族は皆おさまってしまう。、印は後段規定にあたり、△印は恐らく前段規定に存したものと推察されるからである。しかも、適母・継母は一月服の尊長に過ぎないから、後段規定にも除かれていたことは当然なのである。このように、大宝律の条文は服紀条の原理で貫かれていたのであって、服紀条に存在しない夫之祖父母も削除されていたであろうことは想像に難くはない。また、改変された養老律は、二段規定という構造こそ踏襲してはいるものの、前段規定の部分は唐律の「謀二殺期親尊長外祖父母夫夫之祖父母父母一者、皆斬」の規定と、内容においては酷似している。唐律に従って改変した際に「夫之祖父母」を条文に記載したものであろうことは疑いあるまい。要するに、⑨謀殺祖父母条は大宝律においても養老律と同じⅢ型形式ではあったものの、内容的には服紀条の原理から五等親条の原理へと書き改められ、その際に夫之祖父母が加えられたのであって、その主旨においては親等を改変したⅡ型の条文（⑤・⑥・⑧）に相通じるものである。

以上のほか、⑦妻妾詈夫之祖父母条・⑩謀殺故夫条の養老律文には、Ⅲ型形式でかつ夫之祖父母が載せられていた。ただ、Ⅲ型とはいっても「夫之祖父母父母」とのみ表現されているに過ぎない。大宝律ではどの記載形式であったかは不明であるのみならず、条文の存在すら確認できてはいない。だが⑦・⑩条の存在を前提として論を進めるならば、夫之祖父母の部分を削除して「夫之父母」とのみ表記されていた可能性が強いと思われる。その理由は、まず、この「詈」「謀殺」といった親族犯罪の規定は、第一節3で指摘した如く大宝律では一貫して服紀親（夫之祖父母を含まず）規定に従っていたと考えられること。次に、同類の闘訟律・賊盗律の諸条も検討してきた如く、皆大宝律にあっては「夫之祖父母」の名称を削除していたこと。このような律文の一般的性格・原則が、⑦・⑩の二条にも貫かれていたと考えて何ら支障はないからである。

かくして、大宝律文にあっては「夫之祖父母」と明記した親族表現が存在し難いことになる。これは、直接には服紀条の原則に従ったことが大きな理由ではあれ、大宝律令における夫之祖父母という親族の存在意義を否定するに足るものである。大宝令の五等親条に夫之祖父母及びそれと反報関係にある孫婦が存在しなかったことの有力な証拠となるであろう。(33)

以上、二項にわたって五等親条の大宝令復原をめざして考察してきた。五等親条の養老令文を分析して名称配列・記載順序に混乱のあることを指摘し、その元凶である親族名称群（伯叔婦・夫姪・夫之伯叔姑・姪婦・兄弟妻妾・夫兄弟姉妹・夫之祖父母・孫婦）が養老令の編纂段階で秩序を混乱させたことをつきとめ、これらの名称は大宝令には存在せずにこの時に新しく編入されたからではないかと仮説を提示した。この名称群を個別に検討してみると、伯叔父の妻妾を指す名称が大宝令に存在しなかったことはほぼ確実で、夫之祖父母の名称も大宝律令の条文には削除されていたとみられる、など(イ)や(ニ)の名称を中心に存在を否定してきた。結論は、これらの名称群（二等親の配偶者、配偶者の二等親）は、一括して養老令で新しく五等親条に規定された可能性が強い、ということである。従って、これ迄の諸考察を踏まえて大宝令文を復原すると次の如くになる。

凡五等親者、父母、夫、子為二一等一。祖父母、嫡母、継母、伯叔父姑、兄弟姉妹、夫之父母、妻、妾、孫、子婦為二二等一。曽祖父母、従父兄弟姉妹(注)、異父兄弟姉妹、継父同居、兄弟子、曽孫、夫前妻妾子為二三等一。高祖父母、従祖々父姑、従祖伯叔父姑、再従兄弟姉妹、外祖父母、舅、従母、従孫、従父兄弟子、外甥、玄孫、妻妾前夫子為二四等一。妻妾父母、姑子、舅子、従母子（或は従母兄弟姉妹）、外孫、女聟為二五等一。

〔注〕　外甥が姉妹子とされ、五等であった可能性も存する。

これを唐礼的な養老令と比べると、中田の指摘した親等法のみならず、姻戚を大幅に削除した血縁主義の親族構造も注目され、大宝令にあっては服紀条と五等親条とが共通した特色を持ち、独自の日本的な親族原理を反映させていたことが知られよう。

3　喪葬令服紀条の復原

養老令の服紀条には次の如く見える。

凡服紀者、為二君、父母、及夫、本主一、一年。祖父母、養父母、五月。曽祖父母、外祖父母、伯叔父姑、妻、兄弟姉妹、夫之父母、嫡子、三月。高祖父母、舅、姨、嫡母、継母、継父同居、異父兄弟姉妹、衆子、嫡孫、一月。

衆孫、従父兄弟姉妹、兄弟子、七日。

本条の大宝令復原は既に滝川の研究がある。(34) 氏の指摘は三点あり、まずその当否から始めたい。第一点は、同条古記の父母の注に「爾雅釈親云、父為考、為母ㇾ妣。案生㆓我身㆒父母是也。俗云㆓知々於毛㆒也。僧子亦服解」とあって、わざわざ考妣の語を注した釈親を引いているから、父母の大宝令的表現であるとみなしている。しかし、他の同条古記を見ても爾雅釈親を引いて注釈する姿勢は一貫しており、たまたま釈親には父母の語句が考妣を注する説明となっていたから、父母の注にそれを引いただけのことだと思う。それは和名類聚抄にあっても「父・母」の説明に、やはり同じ釈親の注を引用していることからも知られよう。同様の例は、夫之父母の古記にも見られ、「釈親云、婦称㆓夫之父㆒曰ㇾ舅、称㆓夫之母㆒曰ㇾ姑、案生㆓夫之身㆒曰㆓夫父母㆒」とあることから、滝川の論法でいけば大宝令では夫之父母ではなく「舅・姑」と規定されていた、といわざるを得なくなる。令文の名称に関連する釈親の説明を機械的に引用したに過ぎないから、重要なのはその後に古記が注した「案云々」の部分であり、諸名称の古記においては必ず父母の語を用いて説明しているのである。唐礼喪服でも「父母」であり、仮寧令職事官条や賦役令免期年徭役条などの大宝令文も「喪為父母」「遭父母喪」と明記されていた。また、集解で古記を載せる場合、養老令と語句が相違すればまず最初に令文を掲げて然る後に「謂云々」と注釈を記すのが常であるが、「考妣謂云々」とはされていないのである。他にも論拠はあるが、滝川の説は誤りであって大宝令にはやはり「父母」と規定されていたと考えるべきである。

第二点は、同条古記に「問、所ㇾ養本生何為ㇾ服。答、並一年須服。何者、開元令云（略）」とあることや、賦役令免期年徭役条古記に「問、遭㆓父母喪㆒者、所ㇾ養本生有ㇾ別以不。答、所ㇾ養父母者免㆓朞年㆒。但於㆓本生父母㆒者且待㆓孝礼㆒。一云。（略）准㆓新令㆒、為㆓所ㇾ養父母五月服㆒也」とあることから、大宝令では養父母の服紀の規定がなかったことがうかがわれ、滝川は服紀条に存在しなかったことを指摘する。養父母の規定がなかったことはその通りであろう。従うべきである。

第三点は、同条古記に「舅、従母。釈親云、母之昆弟為レ舅。母之姉妹為二従母一。案外祖父之子、母之兄弟姉妹也」とあることから、養老令の「舅、姨」は「舅、従母」であった、と指摘する。他の令文にも従母の語が見え、大宝令制語の名残りと考えられるから、この説も正しいものである。ちなみに、唐開元礼でも従母となっている。

以上の第二点・第三点のほかに養老令との相違はないものであろうか、これをさぐるに、本条の「本主」の項には、

古記云。問、家令以下帳内資人等、為二本主一服以不。答、案二選任令一、帳内資人、亡二本主一、朞年之後、皆申送者。即知、朞年此期耳。出母。々為レ妣是也。安二在父家一曰レ母。父被レ出曰二出母一也。俗云二知々爾夜麻礼爾多流於毛一也。

とあるのが見逃せない。前半は確かに「本主」の注釈であるが後半は明らかに出母についての注釈である。ところが、養老令注釈書には出母の語すら見出せない。「父に止まれにたる母」の俗訓も記されているが、そもそも同条古記に俗訓を載せた名称はみな大宝令文に規定されたものばかりである。しかも母とは区別された名称であることは、「安二在父家一曰レ母。父被レ出曰二出母一也」の注でも明らかである。従って、大宝令では父母とは別に本主の後に「出母」が一年服として明記されていたものに違いない。ちなみに、唐礼には斉縗杖周正服として「父卒母嫁及出妻之子、為レ母皆報」と見える。

これから大宝令文の前半部分を復原すると、

凡服紀者、為二君、父母、及夫、本主、出母一、一年。祖父母、五月。曾祖父母、外祖父母、伯叔父姑、妻、兄弟

姉妹、夫之父母、嫡子、三月。(下略)

とされよう。要するに、養老令とは若干の出入りがあるものの大差がなかったとみて誤りない。

三　服紀条と大宝律令の制定

1　五等親と服紀親の相違

唐礼五服親制の形式をとりながらも内容において独自性を示す服紀条と、服喪とは別に純粋な親等法の形式をとりながら内容においては唐五服親制を修正しただけの五等親条とが、それぞれ親等法としてどのような特徴をもつのかを検討する。ここでは、復原された大宝令制をもとに両条の基本的性格の相違を明らかにすることが目的で、細かな相違は取り上げない。(35)

(1)　親等原理・親族秩序

既に中田が解明した如く、(36)大宝令の五等親制と服紀条とは類似した親等法であって、表7を見れば瞭然である。曽祖系を別とすれば、直系尊属(及び子)を起点にして一世代下るごとに一等ずつ下っていく方式である。これは我国固有の親等法とされている。なお、繁雑となるために表示をはぶいたが女系血縁者も男系血縁者を基準にして、五等親条では二等、服紀条では一等を、それぞれ下す原則が確認される。しかし、両条の最大の相違は、表7を見てわかる如く、己系(直系卑属)の親等である。中田は、服紀親にあっては一世代下げたものとするが、そうであれば他の原則にならって子は三等、孫は五等に規定されよう。ところが、衆子・衆孫を基準とすれば衆子が一等低く、嫡子・嫡孫を基準とすれば嫡孫が一等高くなり、やはり不都合が生じる。服紀条の直系親に限っては、尊属（父母・祖父母）と反報関係にある卑属（子孫）はそれぞれ嫡子孫が二等、衆子孫が三等を下す、という異質な親等原理を採用していた結果ではないかと思われる。五等親条では、尊卑を問わず反報関係にある親族は原則的に同等の親等に規定されて親疎を等級化しているのであるが、服紀条では、直系親の場合に親等原理の内部に尊卑・嫡衆の序列を持ち込んでいる。卑属の親等が尊属より二〜三等下落させられたために、尊属とは反報関係にありながら、外孫・曽孫・玄孫・子婦・配偶者の子・甥などの卑属は服紀親の外に締め出されている。即ち、相互の反報関係にある親族を尊卑にかかわらず互に親族関係にあると認め合う五等親制に対して、服紀親制は目上を敬う道義的側面を強調して尊卑関係を重視した親族秩序が強く機能している。後者は相互的・対等的ではなく一方的・上下的であり、尊長と卑幼の秩序に厳しい律の親族規定に一脈通じるものが認められるのである。

表7　大宝令の親等原理

直　系	第1世代	第2世代	第3世代	第4世代
高祖系	4〔4〕 高祖父母	なし	なし	なし
曽祖系	3〔3〕 曽祖父母	4 従祖祖父姑	4 従祖伯叔姑姑	4 再従兄弟姉妹
祖　系	2〔2〕 祖父母	2〔3〕 伯叔父姑	3〔5〕 従父兄弟姉妹	4 従父兄弟子
父　系	1〔1〕 父母	2〔3〕 兄弟姉妹	3〔5〕 兄弟子	4 従孫
己　系	1〔3・4〕 （嫡・衆）子	2〔4・5〕 （嫡・衆）孫	3 曽孫	4 玄孫

注 1. 中田薫「日本古代親族考」を参考にして作成した．
2. 大宝令復原にもとづき，五等親条の親等をそのまま数字で，服紀条の等級を数字に換算して，〔　〕内に示した．
3. 男系血縁者のみを表示し，外戚はすべて除外した．
4. 「直系」とは，その傍系子孫（第2世代以下）の系列について，その分岐点・起点となる直系親を示したものである．
5. 己系の場合は傍系子孫は存在せず，すべて直系子孫となる．

(2)　親族範囲・親族構成

大宝令の五等親条では、二等親の配偶者及び配偶者の二等親は一括して排除されていたと考えられるから、非血縁者は夫・嫡母・継母・夫之父母・妻妾・子婦・継父同居・配偶者の子・女聟など一等親の配偶者か配偶者の一等親に限られる。例外は妻妾父母のみである。これらの姻族の卑属以外は服紀条にも認められる。要するに、唐五服親制の義服を大幅に削除した血族主義的な親族構成であることは両条とも共通しているのである。次に女系血縁者(外親)を比較してみると、異父兄弟姉妹・外祖父母・舅・従母・外甥・姑子・舅子・従母子などのうち、外甥以下は服紀条に見られない。外甥の場合は、姻族と同様に卑族の軽視という点から排除されたと考えられるが、姑・舅・従母それぞれの子は、女系の傍系親であることが排除の理由であったに違いない。これは女系に限らず、実は男系においても同じ特徴が認められるのである。先掲の表7を見れば歴然としているが、曽祖系の傍系子孫(従祖祖父姑・従祖伯叔父姑・再従兄弟姉妹)は勿論のこと、祖系・父系・己系のそれぞれの子孫もその曽孫世代はみな服紀親制から排除されているのである。従って、親族の構成・範囲にあっては、五等親制は男系傍系血縁者を広く含めているのに対し、服紀親制は祖父母以下の直系親の孫世代までの狭い範囲である。直系血縁者はそう変わらないが、男系・女系に限らず傍系血縁者の広狭、即ち横の親族範囲に顕著な相違が見出されるのである。

以上の二大相違点から、二つの親等法が異質な機能を持っていたことがうかがわれる。服紀親制は縦の親族秩序の機能が大きく作用し、それに対して、五等親制は横の親族連帯の機能が強く認められるわけである。この機能差が、大宝律令において二つの親等法を使い分けた基本だったのではないか。

そこで、次に大宝律令において親等法の適用された諸条の各機能を調べてみることにしよう。

初めに服紀条の親等適用例をあげていこう。

(A) 戸令奴奸主条・雑律奸良人条

この二条は、家人・奴が主及びその親族の女性と姦通した場合の処置を規定。

(B) 闘訟律告三月服尊長条・同律告七日服卑幼条・同律誣告流罪以下条

この三条は、親族関係にある尊長或は卑幼を告言した場合の刑罰規定。

(C) 仮寧令无服殤条・同令給喪葬条

この二条は、未復原の同令職事官条・改葬条と同じく、親族の服喪・改葬に際して官人に給仮する規定。

(D) 喪葬令服紀条

親族が死亡した場合の喪に服する期間を規定。

(E) 喪葬令服錫紵条

天皇が親族の心喪に際して錫紵を着用することの規定。

(F) 名例律六議条

天皇・皇后らの親族を議親とし、刑罰には優遇処置が適用されうる規定。

以上、服紀条の適用事例をみると、(A)・(B)が親族内（本主も服紀親に准じる）[37]の犯罪、(C)〜(E)が親族内の喪葬に関連するもので、(F)のみ趣旨を異にする。おおよそ、被害者・亡人が親族関係にある場合の特別規定である。守らねばならない道義的・対内的な親族秩序を前提とした私的・個人的行為に関するものに限られよう。(F)は身分的特権の規定であるが、犯罪者の刑量を左右するという側面は(A)・(B)と相通じるものがあろう。

次に五等親条の親等適用例をあげることにする。

(G)　戸令戸逃走条

逃亡戸に関係する五保と親族が、協力して口分田を佃食しかつ租調を代輸する規定。

(H)　名例律相隠条

犯罪者の親族がかくまって見逃す権利ないし義務が認められている規定。

(I)　戸令化外奴婢条

境外の人が賤民にされていた場合、後から来た親族が贖って良民にできる権利を規定。

(J)　選叙令同司主典条

同じ官司の四等官には親族を用いてはならないとする規定。

(K)　選叙令一等親条・宮衛令宿衛近侍条

この二条は、死罪処刑者・容疑者の親族を、それぞれ宿衛・近侍に任用したり職務につくことを禁止した規定。

(L)　戸令聴養条

子なき男は親族の子世代に相当する男子を養子にして後を継がせることができるという規定。

(M)　儀制令五等親条

親疎・遠近に従って親族の等級と範囲を定めた規定。

(N)　儀制令太陽虧条

天皇は、親族や高官の喪に際して廃朝する義務のあることを規定。

以上、五等親条の適用事例を見るならば、(G)〜(K)のように親族から逃戸・犯罪者・賤民を出した場合には連帝責任・共同利害・相互扶助の公的・行政的義務や権利が結びついている。(L)の養子の場合もこれに准ずるとみてさしつかえない。(N)は、天皇の心喪に関係するものの、先の(E)とは異なって天皇の公務の廃止をもたらす条文である。単なる私的行為にとどまらず、(G)・(J)・(K)と同様に公的責任・義務をともなうものであった。概して、対外的に親族相互の共同利害が前提とされていて、相互に公的・行政的な責任・義務・扶助が課せられているのである。

結論的には、大宝律令において二つの親等法の性格による使い分けが確認されるのである。日本的な実態を反映する服紀親制は、制度・行政とは無縁の私的・個人的・対内的な親族秩序に関連した条文に適用されている。ところが五等親制は、横の相互的な親族連帝の存在（「宗族」など）を大前提に成立しうる、公的・行政的・対外的な親族結合に関連した条文に適用されているのである。後者は、現実の社会に機能していたかどうか疑問であり、法制上に限られた「親族」概念と言い得よう。

2　大宝律令の制定をめぐって

二元的親等規定の適用原理を解明してきたが、それにしてもなぜ唐制の如く一元的規定を採用しなかったのか、という疑問が生じる。養老律令にあっては、五等親制による一元的規定に近いものとなっており、例外たる仮寧令の四カ条も五等親制の適用が決して不可能ではない(38)。要するに、五等親制であれば一元的親等規定として統一できうるが、親族範囲の狭小な服紀親制では律令全体を一元的規定とするには無理が生じよう。このことは、大宝律令の編纂において、日本的な服紀条を優先して適用してみたが、令制には不都合な条文も少なくはなく不本意ながら二次的な五等親条を別につくったか、或いは、初め五等親条で統一するつもりでいたが、後から問題が生じてきたために改めて服紀条を設けて対応しようとしたか、どちらかであろう。でなければ、望ましい一元的規定を避けた理由が説明つかない。例えば、当時の日本の親族構造が二重・二元的であって、それに相応して二つの親等規定が生み出された、という可能性はまずないからである。これについては、五等親制が外来の律令的な行政制度と不可分の「親族」規定に限って適用されていることは示唆的である。蛇足ながら、一部に五等親条を天皇の服親規定とみなす解釈もあるが、これは誤りである。[39]

喪葬令服紀条の成立については、次の三代実録貞観一三年一〇月五日条に載せる記事が注目されよう。清和天皇の太皇太后の服喪期間をめぐる論議で、橘広相の議曰には、

儀制令不レ視レ事三日者、是只謂二不レ視レ事之日数一也。至レ於二喪制一、則唐令無レ文、唯制二唐礼一。以拠二行之一。而国家制レ令之日、新制二服紀一条一、附二喪葬令之末一。夫喪礼委曲条流千万、而一条之内、事自不レ尽、自成二此疑一也。然則儀制令、只説二不レ視レ事之日数一也。喪葬令只説二喪服之衣色一也。至レ于二喪制日月一、則引レ礼而准行耳。

とみえる。ここでいう「国家制レ令之日」とは他に「本朝制レ令」とも表現し、新令に対する古令・前令の制定を指すことは明らかで、大宝令制定を意味していることは滝川に始まる通説である。すると、服紀条は大宝令編纂に際して唐礼をもとに創出された条文であって、浄御原令には存在しなかったことになる。問題は、なぜ大宝令に至って服紀条が創出されたのか、ということである。これは同時に編纂された大宝律の存在と無関係ではあるまい。浄御原律は施行されなかった公算が強いので、[40] 服紀条の出現と律の実施とが軌を一にしているのである。既に指摘してきたように、服紀親制は五等親と異なって道義的な尊卑の親族秩序の機能を強くもっていて、大宝律の諸条に多く適用されて

いたと考えられ、律との密接な関係が想定されうる親等法である。大宝律の編纂に際して、唐五服親制に相応する日本的な五服親制の創出がまずもって必要とされたことであろう。

服紀条がこのようにして成立したとすれば、五等親条の成立はどうであろうか。続紀文武二年三月己巳条に、

詔。筑前国宗形・出雲国意宇二郡司並聴レ連二任三等已上親一。

と見える。これによると、浄御原令には選叙令同司主典条（連任禁止規定）とともに五等親条も存在したかのようである。養老七年一一月一六日太政官処分で、他の六神郡[41]と合せて改めて「聴レ連二任三等以上親一也」とあり（同司主典条釈説）、大宝令制下の規定に連結している。先の文武二年の記事に錯誤・文飾がないとすれば、浄御原令の親等法を反映した史料となる。だが、大宝令下の「三等以上親」は、父子・兄弟・祖孫・伯叔・従父兄弟・曽祖父・兄弟子・曽孫という範囲であるが、評制下でも郡制と同一の親族範囲の連任禁止規定が存在していたとは考え難い。例えば、同じ神郡である安房郡の場合をみると、大宝令下では先の宗形・意宇郡と同一の扱いであったにもかかわらず、文武四年二月乙酉条では、「上総国司請三安房郡大少領連二任父子兄弟一。許レ之」となっている。従って、文武二年の「三等已上親」も大宝令と同じ内容とは限らず、内実はこれに相当するものであった可能性がある。また、大宝令制の西海道戸籍・下総国戸籍に見える親族名称は五等親条に準拠しているが、浄御原令制にもとづいている御野国戸籍に見える親族名称はこれらと大きく異なっている[42]。使用名称は、（父）母、伯（叔）父、姑、兄弟、妹、甥、姪、妻、妾、同党、同党妹、嫡子、妾子、孫などであるが、これらは男系・女系無差別に双方的に適用されていて、唐礼の父系原理による概念とは無縁な日本的用法であった。この造籍式の背後に五等親条に相当する規定を想定したとしても、それは後の服紀条に類似した親族構成であったに違いない。イトコを「同党（妹）」と表記していることから、このあたりが最

遠の親族であったことをうかがわせるが(43)、この親族範囲はまさに服紀条における傍系親と同じであるからである。要するに、浄御原令においても五等親条に相当する親族規定が存在したことを否定するわけにはいかないが、その内容構成にあっては純日本的な親族規定と考えるのが自然であって、恐らく大宝令の服紀親制の母体となったものであろう。それが五等親制の形式であったかどうかは不明であるが(44)。

従って、唐五服親制の構成・概念の内実を受けた儀制令五等親条は、大宝令の編纂段階でつくられたことは疑いあるまい。

さて、二元的親等規定の成立事情を考える際に重要となってくるのは、大宝律令の編纂過程である。どうも律令の作成は並行的な作業ではなく、文武天皇即位時の頃から大宝令の編纂が開始され、その完成後の文武四年から大宝律が着手されたものであるらしい(45)。この歴史的順序と二つの親等法の特質とを考えあわせると、令制と密接な五等親条が先に成立した可能性が強いことになる。次に、推論だが成立事情を述べておこう。

まず、令を編纂するにあたり、唐の令条には中国的な親族の横の連帝・結合の存在を大前提とした公的・行政的な親族規定がいくつも存在していたから、唐の五服親制を土台にして五等親条を創出することになった。そこでは服喪と切り離して単なる親等法に改め、姻戚を削除したり親族の範囲を一回りせばめたり修正したが、それでも傍系親などはかなり広い範囲を含むものであった。ところが、新しく律を編纂し始めると、この私的・個人的な親族規定の諸条に対して五等親制を適用しようとすると、かなり無理が生じることに気付いた。余りにも日本の家族秩序・親族構造の実情にそぐわないものになってしまうからである。この日本の私的な親族秩序に適合させるため、親族範囲を狭小にして実情にあわせ、形態上だけは五服親制に擬した親等法がすなわち服紀条ということになる。従って、本条は令条の中でも最も後につくられたはずであり、喪葬令全一七条のうち最末尾に位置しているわけである。先掲の三代実録に載せる「新制二服紀一条一、附二喪葬令之末一」という表現も、喪葬令に服紀条を後から追加したと読みとることが可能である。これによって、令条の一部が服紀親制に手直しされることも生じたであろう。

二つの親等法の成立過程を以上のように理解し、二元的規定は律令編纂者の企図したものではなくて偶発的な所産である、と考えるのである。

おわりに

論点は多岐にわたったが、三節を通じて大宝律令における親等法を考察し、とくに服紀条と大宝律との密接な関係に着目してきた。そこから得られる結論をここにまとめておきたい。

一、唐礼の五服親制の影響を受けた親等法は大宝律令の段階で出現する。初め、傍系的親族範囲の広い令制上の公的「親族」規定のため、五服親制を一回り狭めた儀制令五等親条を編纂した。この大宝令文は、姻族を大幅に削除した血族的構成で、より服紀条と共通した性格を認めることができる。

二、しかし、律の編纂にあたっては、私的な親族秩序の規定が中心となっているため、日本の実情にあわせて喪葬令に服紀条を創出して、この狭小な親族概念にもとづいて大宝律を作成した。服紀条は浄御原令の親等法を母体としてつくられた可能性が強い。

三、このように偶発的に成立した二元的親等規定は、両条の特徴を生かして使い分ける傾向がみられる。縦の尊卑的な親族秩序の性格をもつ服紀条は、実態とかかわり合う私的・個人的な親族規定の条文に適用されており、律条を中心に主要な親等規定の如く存在した。一方、横の相互的な親族連帯・結合の性格をもつ五等親条は、令制にもとづく公的・行政的な親族規定の条文に適用され、結果的には副次的親等規定の地位に置かれている。四、二元的な親等規定が繁雑で矛盾があったためか、唐制に近づけようとしたためか、養老律令では一元化がはかられており、服紀条適用の条文は遺制の如く仮寧令にのみ残存するに過ぎないものとなる。更に、五等親制自体も一層唐制化されていて、養老律令では日本的独自性・現実性が捨てられて律令としての体系性・一貫性が重視されている、といえよう。

以上、律令全体を見渡せば、日本的な服紀条を基本とする二元的親等体系から、唐制的な五等親条による親等体系の一元化へと改変されているわけである。これは、養老律令の改正の基調が、親族法の体系的修正を施すことによって大宝律・令を通じて唐制化を実現することにあった、ということを決定付けていよう。[46] それを端的に示しているのが、この親等法であり更には相続法（戸令応分条）であった、ということになる。

注

（1）　牧野巽「日支親等制の比較」（『民族』三の六、一九二八年、後に『支那家族研究』に再録）。中田薫「日本古代親族考」（『国家学会雑誌』四三の一、一九二九年、後に『法制史論集』第三巻上に再録）・「古法制三題考」（『国家学会雑誌』二六の六、一九一二年、後に『法制史論集』第一巻に再録）。

（2）　藤川正数「大宝令服紀制と大陸文化との関係」「平安朝における服紀制についての一考察」「本朝服紀制についての諸問題（その1）」（それぞれ『香川大学学芸学部研究報告』第一部七・八・九号、一九五六〜七年、その主旨は『魏晋時代における喪服礼の研究』余録第二章附説に再編収録）、滝川政次郎『律令の研究』第二編第2章・第三編第4章（刀江書院、一九三一年)、成清弘和「古代親等制小考——唐・祖免親の継受をめぐって——」(『日本書紀研究』第一五冊〔政治・制度篇〕、塙書房、一九八七年)。また、近世の服忌令との関係については、高柳真三「喪葬令の服紀親と服忌令の親類」(『文化』二の五、一九三五年)・「徳川時代の封建法における親類の構成と意義」(石井良助編『中田先生還暦祝賀法制史論集』岩波書店、一九三七年)、中田薫「徳川時代の親族法相続法雑考」(『法制史論集』第一巻、岩波書店、一九二六年)など。

(3) ただし、中田「日本古代親族考」(前掲)では、五等親条の親等法に大宝令との相違点があることを指摘して、日本固有の親等法を復原している。

(4) 伊藤勇人「雑律姦罪諸条の復原的考察」(『国史学』九一号、一九七三年)では、戸令奴姧主条の「主及主五等以上親」が官奴婢条の義解・釈説には「主及主親」と省略して引用した事例をあげている。奴姧主条古記の「主及諸親」も省略事例とすることには賛同できるが、それを主と主の五〜二等親の総称とみなしたことは養老令的解釈に過ぎず、早計といわざるを得ない。主の服紀親を示している可能性も十分あるからである。

(5) 選叙令顛狂酗酒条古記より復原。なお、宮衛令宿衛近侍条古記には「選叙令云、祖父母々々被戮、不得任侍衛之官」と引用しているが、この「祖父母々々」は令文「父祖」の意訳であろう。

(6) 養老令文は、「凡宿衛及近侍之人、二等以上親、犯死罪被推劾者、(略)」で、この部分は古記もまた同文である。この条文と顛狂酗酒条が重複した養老令文であることは、滝川前掲書附録第一に指摘されている。

(7) 利光三津夫『律の研究』第一部第2章(明治書院、一九六一年)。

(8) 養老令の服錫紵条では、第二段階として「為三等以下及諸臣之喪、除帛衣外、通用雑色」の規定がある。もしかすると、大宝令では「三等以下及諸臣之喪」の語句が「三月(親)及諸臣之喪」と表現されていたのかも知れない。古記からは「三等以下及」の該当語句の存否は不明である。

(9) 佐藤誠実「律令考」(『国学院雑誌』五の一三・一四、六の一〜三、後に同誌六八の八、一九六七年、に再録)。

(10) 小林宏編「律条拾羨」(『国学院大学日本文化研究所紀要』三八輯、一九七六年)。

(11) 小林宏「律条拾藻」(『国学院法学』一一の一、一九七三年)。

(12) 利光三津夫「律令考二題」(『法学研究』四八の一、一九七五年、後に『律令制の研究』第一章第2節に再録)。

(13) 明石一紀「闘訟律告二等尊長条の大宝律復原」(『続日本紀研究』二三〇号、一九八三年)。
(14) 伊藤、前掲論文。
(15) 問題となるのは、姦良人条は唐・養老両律とも、主及び近親(二等親)の場合とそれ以外の親族(五等以上親)の場合とに分け、刑罰を二段規定にしている点である。前者の規定が養老律に存在したとすれば、「主及主之二等親若二等親之妻」という語句になるが、この大宝律的表現はわからない。そもそも、大宝律でも本条が同一の条文構造(二段規定)であったかどうかも不明のままである。
(16) 五等親規定であったと憶測されうる諸条は、名例律相隠条と趣旨を同じくする同律自首条・捕亡律知情蔵匿罪人条・職制律私役使所監臨条、など数ヵ条である。
(17) 利光、注(12)論文。
(18) 既に、養老律が唐律に近づけた内容のものであることは石尾芳久『日本古代法の研究』第三章(法律文化社、一九五九年)で主張されている。しかし、服紀親規定を中国的とみなすが如く不徹底・不正確な論旨であったことは、利光氏も指摘するところである。ちなみに、律令学者は最近まで誤解していたようだが、五等親条の規定が唐礼的で服紀条の規定が日本的な内容であったということは、早くから中田薫によって論証されているのである。また、高塩博「大宝養老二律の異同について」(『国学院雑誌』八一の一、一九八〇年)も大宝律の方に日本的独自性があることを認めている。
　ともあれ、両律の最大の相違は、服紀条を基本とした大宝律の親族規定を、養老律では五等親条の親族規定に全面的・一律的に書き改めた、という点にこそ求められるべきである。
(19) 中田、注(3)論文。
(20) 滝川、前掲書、第三編第4章。
(21) 同前。
(22) 中田薫「養老戸令応分条の研究」(『法制史論集』第一巻、岩波書店、一九二六年)。
(23) 砂川・中沢・成瀬・林「大宝令復原研究の現段階(一)」(『法制史研究』三〇号、一九八〇年)。
(24) 法令上の養子(及び養父母)の初見は、続紀大宝元年七月戊戌条の太政官処分ということになろう。

(25) 表3に掲載しなかったものに、名例律相隠条がある。この記載順は反報関係によっており、全く異質な配列原理であるために除外した。

(26) 中田、注(22)論文。

(27) 滋賀秀三『唐律疏議訳註篇一（訳註日本律令五）』序録（東京堂、一九七九年）。

(28) 新見吉治「中古初期に於ける族制」（『史学雑誌』二〇の二〜四、一九〇九年）。原島礼二「寄口の史的考察」（『日本古代社会の基礎構造』未来社、一九六八年）。南部曻「古代戸籍の基礎的考察（正）」（『史筵』四号、一九七三年）。

(29) 律文には「子孫之婦」という語が散見するが、大宝律においては同じであったかはたまた「子婦」とあったか、この点も不詳である。

(30) 利光、注(7)著書。

(31) 小林宏「律条拾葉」（『国学院法学』一一の二、一九七三年）・「『律令』雑感」（『日本歴史』三五三号、一九七七年）。

(32) 高塩、前掲論文。

(33) これ迄のところ、大宝律令における「夫之祖父母」名称の存在は確認しえず、少なくとも条文におけるその存在意義が皆無に近いものとなることは疑いがない。これだけでは五等親条における名称の存在を完全に否定し去るには至らぬにせよ、その可能性は極めて大である。

(34) 滝川、前掲書、第三編第4章。

(35) 両条の細かな相違は、牧野前掲論文を参照されたい。

(36) 中田、注(3)論文。

(37) 服紀条の一年服に見える本主は、古記によると張内資人の場合を指すが、穴説・額説では家人奴婢の場合も同じとする。戸令化外奴婢条・捕亡令亡失家人条・同令捉逃亡条・同令平奴婢価条には、家人奴婢の主を「本主」と表記している。

(38) 仮寧令も服喪自体ではなく給仮の規定であるから、例えば儀制令太陽虧条の如く五等親制を適用しても条文は成立する。

(39) 法曹至要抄には、服仮条に「案之、一等以下五等以上之親耳。是為知天皇御服親為存臣下親族等也」、喪服条に「案之、五等親為知天皇御服親所注出也」と見える。この根拠は喪葬令服錫紵条であるが、本条の大宝令文は五等親ではなく服紀親の規定であったから、天皇の服親と五等親条の意図とは無関係である。

(40) 浄御原律の編纂を否定するのは、青木和夫「浄御原令と古代官僚制」(『古代学』三の二、一九五四年)、石尾前掲書、第三章。編纂されたが未実施とするのは利光三津夫、注(7)著書、第四部第1章、など。後者に立つとしても、律の内容が日本の実情にそぐわないものであったろうことは想像に難くはない。

なお、吉田孝「名例律継受の諸段階」(弥永貞三先生還暦記念会編『日本古代の社会と経済』上巻、吉川弘文館、一九七八年)では、大宝律以前に五罪・八虐・六議の規定の存在を想定している。然りとすれば、親族の表現内容は大宝律と微妙に相違していた、と考えるべきであろう。

(41) これら八神郡は、続紀養老七年一一月丁丑条によると香取・鹿嶋・名草郡等とあり、選叙令同司主典条釈説では更に渡相・竹・安房・意宇・宗形郡を列記している。

(42) 籍帳の親族名称については、布村一夫「正倉院籍帳における親族呼称」(『歴史学研究』二二二号、一九五七年)・「籍帳親族名称についての訂補」(『歴史学研究』四六〇号、一九七八年)で分析されている。

(43) 明石一紀「続・日本古代の親族名称」(民衆史研究会編『民衆運動と差別・女性』雄山閣、一九八五年)。

(44) 中田によれば、日本固有の親等法は三等分類法であるという。また、令の規定の主要な条文は皆三等親までの適用である。従って、浄御原令制では三等親法であったという可能性も考えられる。

(45) 押部佳周「大宝律令の成立」(『ヒストリア』六〇号、一九七二年)・井上光貞「日本律令の成立とその注釈書」(日本思想大系『律令』岩波書店、一九七六年)に従えば、早くから大宝令が編纂され、文武四年三月甲子条の「詔諸王臣読習令文。又選成律条」をさかいにして大宝律の編纂が開始された理解になる。この編纂過程で、親等法が編者をかなり悩ませたことであろう。

(46) 養老律令の唐風化については、これ迄にも、令に関しては中田薫・虎尾俊哉・坂本太郎ら、律に関しては利光三津夫・高塩博、両者に関して石尾芳久の研究がある。これらの中には、各条の個別的な内容修正や傾向の指摘をしたものも含まれてはいるが、多くは単なる字句修正の指摘である。だが、律令の体系的修正という観点からとらえた研究はない。

第二章　日本古代の相続法
——戸令応分条の古記をめぐって——

問題の所在

相続法は、所有権・親族構造・家長権・女性の地位といった諸問題と密接に関わっており、これらを究明する上でも重要な研究課題である。これ迄の奈良時代における財産相続法の考察は、大きく分けて、㈠大宝令と養老令とで最大の相違が認められる戸令応分条の復原・解釈、㈡籍帳に記載された奴婢所有にあらわれる相続、の二つが主題となっている。本稿も両者を中心にして日本古代の相続法を扱うものである。

この問題を最初に取り上げたのは、三浦周行(1)・中田薫らの法制史家であった。とくに中田は、応分条の規定が唐令・大宝令・養老令で大きく相違し変化していることを指摘して先鞭をつけ(2)、後に再度厳密な条文復原を行ない、唐令では諸子均分主義の家産分割法だった規定が日本では嫡庶異分主義の遺産相続法に改められていること、大宝令は日本古来の慣習法を反映するものだが養老令ではいくつかの大きな改正がなされていること、を鋭く解明したのである(3)。ここに基礎が確立したのであるが、大宝令の解釈については皮相的・平面的なものであった。その後、大宝令の規定は嫡子制をとる有位者の相続法であって庶人は均分主義であった、(4)という修正が出されたにとどまり、法制史ではさしたる発展を見せてはいない。(5)

中田説の進展は、宮本救・(6)井上辰雄(7)らの日本史家によって行なわれた。(8)そこでは、大宝令から養老令へ大きく変化したことの歴史的・政治的背景、籍帳上の奴婢所有や嫡子制の導入から見た大宝令下の庶人の相続法、慣習法と養老令の規定との関連性、といった視角のほか、嫡承継物の奴婢と氏賤との関係、妻家所得奴婢を生ずる大宝令の法的根拠、古記に載せる諸注釈から見た大宝令の法意の再検討、という大宝令の応分条の解釈が問題とされ、かなり深化されたものとなった。更に、近年、義江明子は、奴婢所有論をテコにしてこれらの論点に立体的で用意周到な新解釈を行ない、大宝令の応分条はウヂ的所有のもとにある財産の相続規定である、という新説を提示している。(9)

以上の如く、大宝令の応分条の法意は、井上・義江らによってそれぞれ発展させられてはいるものの、古記の史料解釈には納得のいかぬものもあり、「夫婦同財」を前提認識としている通説的理解も根本から否定されて然るべきである。また、大宝令と養老令とで大幅に異なる戸令応分条に対して、両者それぞれが日本的実情を反映していて、現実の社会に機能していた、とする常識も疑問を感じている。それにしては両者は余りにも異質に過ぎるからである。唐令に似た養老令と独自的な大宝令との規定があれば、大宝令にこそ日本固有の相続法の本質が反映されており、古代の相続慣行は（容易に変化するものではない！）これと通ずるものであったのではないか、と考えるのが自然であろう。ここでは歴史的・政治的背景といった問題は一先ず置き、法理学的に大宝令の法意とその背後に横たわっている相続原理を抽出して、当時の相続事例と比較し、古代の伝統的相続法の立体的な解釈を試みることにする。

一　大宝戸令応分条の原理

1　大宝令制の問題点

古代の相続制を規定した唯一の法律が戸令応分条である。唐・大宝・養老三令に興味深い相違点があり、当時の日本の実情をめぐって多様な見解が出されてきた。この内、最も重要にしてかつ難解なのが大宝令のそれである。大宝令の応分条は勿論現存していないが、既に戸令応分条と喪葬令身喪戸絶条の古記をもとにして中田薫の手で条文が復原されている。(10)まず、この条文を掲げて、その法意と相続原理を検討しよう。

(A)応レ分者、宅及家人奴婢並入二嫡子一。其奴婢等、嫡子随レ状分者聴。財物半分、一分庶子均分。妻家所得奴婢不レ在二分限一。還二於本宗一。(B)兄弟亡者、子承二父分一。兄弟倶亡則諸子均分、寡妻無レ男承二夫分一。若夫兄弟皆亡各同二一子分一、有レ子無レ子等。謂下在二夫家一守レ志者上。

これと唐令応分条を比較した中田は、唐の家産分割法が日本では遺産相続法に変わっていること、(11)唐の諸子均分主義が嫡庶異分主義に変わっていること、などその他いくつかの相違点を指摘している。(12)更に、条文の前半(A)が嫡庶異分主義であるのに対して、後半(B)になるとがらりと変わって諸子均分主義に転換しており、この条文構造上の矛盾に注目して、(A)こそ日本古来の慣習法に由来するもので、(B)はほとんど同文の唐令応分条を模倣した結果であるとしている。条文の規定(A)が日本の固有法を反映しているとする立場は、基本的に受け継がれており、私もまたこれに従うものである。ただ、諸氏によって批判されてきた如く(13)、応分条の嫡子は継嗣令継嗣条と密接な関係にある規定であって、古記の「問、定二嫡子一有レ限以不。答、内八位以上得レ定二嫡子一、以外不レ合。財物均分耳」を引くまでもなく、官人層を対象とした相続法であって庶人はこの限りではない、という点は修正されねばならない。それでも、(A)の分法では、宅及家人奴婢は原則として嫡子単独相続、財物は嫡庶子分割相続の規定であって、極端な嫡子優遇と女性相続権の否定とは大きな問題である。だが、一方では「妻家所得奴婢」の存在が明記されており、女子にも奴婢の相続権があったものと考えざるを得ない。これについて井上辰雄は、妻家所得奴婢は嫡子の承継物とは別な父母の己身之時物を分与されたもので、法規定外の（非公認な）処分であったが、次第に女子の相続権が認められる様になってついには養老令で明文化されるに至る、と解している(14)。しかし、この説明からは、かつて女子相続権が存在しなかった時代が想定されるわけであって、女子得分の法的正当性を評価していない（派生的とみる）ところに大きな問題がある。

一方、奴婢の嫡子単独相続と妻家所得との問題を一挙に解決しようとしたのが義江明子である(15)。義江は、妻家所得奴婢の所有主体が「本宗」にあり、それは嫡子によって体現されたウヂ的所有を示すものだから、嫡子の単独相続物たる「宅及家人奴婢」は女子をも含めたウヂ成員に分配される性格のものである、という。新しい着想と一貫した体系的な史料解釈によって問題は氷解したかにみえるが、この解釈には納得し難い点がやはり残る。これらと少し異なる私見を持つに至ったので、古記をもとに大宝令の法意を解明してみることにしたい。本節では、男子得分の法理を中心に考察を進める。

なお、応分条に関係する注釈は、本条及び喪葬令身喪戸絶条の集解に載せられている古記説と古記所引一云との二つである（ここでは一云が複数であるかどうかは問わない）。注釈において両者がしばしば対立した見解を述べていることに注意せねばならない。しかも両者はそれぞれ一貫した立場をとっており、どちらの説を採るかによって法意が大きく異なったものとなる。この二つの立場を明確に区別して立論したのはこれまでに宮本説(16)だけで、一云を大宝令に忠実な立場、古記説を養老令に連続する立場、とする認識にたっている。私も賛成であって、以下の法理解釈上、この法家の立場の峻別は大前提とされねばならないだろう。

2　相続財産の性格区分

相続法にあって、財産所有者と相続者との関係と共に、相続財産の性格が配分の方法を規定することがある。養老令では財物の種類についてはほとんど配慮することなく「総計作法」の規定であるが、日本古代の慣習は果して財種を無視して分法をたてていたのであろうか。大宝令では相続財産の性格によって分法を異にしようとしていたのではないか、ということを考えてみたい。

大宝令の応分条にこそないものの、身喪戸絶条には存日処分の規定が見られる。それには次の注釈が存在した（応分条にも同様の注釈がある）。

古記云。問、絶戸亡人存日処分者、任用聴レ之。未レ知、戸令、応レ分者、宅及家人奴婢、並入二嫡子一。財物半分、一分庶子均分。此条、亡人存日処分者用不。答、此亦依二処分一耳。一云。若為二嫡承継物一者、不レ合レ聴。唯当身之時物者、随二処分一耳。

ここでは、古記によると、宅及家人奴婢・財物すべてに（規定こそないものの）「亡人存日処分」が認められる、としている。これは養老令と同一の立場である。だが、一云では、嫡承継物は無理だが当身之時物は処分してもよい、と財種によって区別しているのである。応分条でも、「一云。己身之時物者得レ分也。従二祖父時一承継宅家人奴婢者、不レ合。依レ令耳。唯身存日費用不レ障。臨レ死者不レ合」という表現をとっている。この一云の区分は極めて重要である。自由な処分の認められない「嫡承継物」＝「従二祖父時一承継宅家人奴婢」は、令文の上では明白に嫡子単独の相続分たる「宅及家人奴婢」を指していることは疑いない。即ち、宅及家人奴婢という品目と従祖父時（嫡）承継物という性格とは、密接で一体のものとして認識されている、ということである。そこで、もう一つの「己（当）身之時物」が何か問題となるが、令文では宅及家人奴婢を除外した財産を「財物」と表現しており、いわば両者は対応する関係に置かれている、といえよう。従って、論理的には己身之時物という財産に相当する品目が令文の「財物」である、と考えることが可能である。この仮説が正しければ、古記説と違って一云は、まさに大宝令の財種二分規定と同一の立場で注釈を加えている、ということになろう。

さて、そうだとすると、亡人存日処分についての法意は一云の通りであろうが、注目すべきことは、大宝令の遺産の二分は条文のような単なる品目で分けられていたのではなく、一云に従えば実は遺産の性格によって分けて規定するところに真意があったらしいことである。即ち、大宝令の法理は、一云を介して理解すると、従祖父時承継物は「並入嫡子」、己身之時物は「半分、一分庶子均分」ということになる。それぞれの具体的・代表的品目が、前者は「宅及家人奴婢」であり後者はそれ以外の「財物」一般であったため、条文を作成する際に下敷きとした唐令の応分条の影響をうけて、遺産の性格にもとづく相続原理を財産の品目（「田宅及財物」「部曲奴婢」）による規定にすり替えたもの、と考える。日本の慣習法と唐令の財産表現とでは全く財産区分の原理が異なっていたため、大宝令の応分条では苦慮したが法理と表現とのズレ・不備を承知であえて明文化したものとみられる。少なくとも立法の当事者は、遺産の品目と性格とに重複した認識を持っていたことは間違いない、と思うのである。

ところで、「但累世相継富家財物者、准㆓八位以上㆒処分也」（古記）に見られる如く、応分条は累世相継富家の階層にも適用されるものであった。その狙いは、立嫡の対象とみられている「八位以上」に準じるわけであるから、嫡庶異分主義の採用にある。従って、これは「累世相継富家財物」という性格の遺産を嫡子に単独相続させることを意図したものに他ならないであろう。そうすると、大宝令での「並入嫡子」規定の対象となる相続財は（品目的に「宅及家人奴婢」で代表させているが）、やはり累世相継富家財物の類すなわち従祖父時承継物という性格の遺産を真の対象にしていた、(17)ということであって、先に指摘した法理を裏付けるものといえよう。

なぜ以上のように大宝令文を解釈するかというと、(イ)宅及家人奴婢を基本的に嫡子に単独相続させるといった、普通の慣習法では理解し難い極端な嫡庶異分主義に対し、言葉通りには受けとめられないという疑惑を捨てきれないこと、(ロ)平安時代の相続法を分析してみると（拙稿「平安時代前半の相続法と養老令」）、日本古代の相続慣習は一云に注するが如き原理が貫徹していたと考えられること、(ハ)他民族の慣習・制度を調べてみても、確実に見出されるのは遺産の性格によって二分する相続法の類型であること、(ニ)日本の伝統的慣習を反映しているはずの大宝令応分条が、容易に捨てられて大幅に改変させられた（養老令）ことは、大宝令には現実の法理とズレた規定の部分があったからに違いなく、従って積極的に令文の不備が想定されて然るべきであること、等の論拠にもとづいている。

応分条における遺産の品目別規定は、日本古来の性格別相続原理のいわば唐令的な表現であった、ということができる。しかし、遺産の性格による法理とその品目的表現の条文とは、密接な対応関係にあるとはいえ、厳密には多少の相違が存在していたわけである。例えば、己身之時物としての宅及家人奴婢も皆無ではないし、逆に代々受け継がれる雑財物もあり得たかと思う。法理が単純に唐令的な品目で代名詞的に表現されていたため、このようなズレも生じたのであるが、当時の貴族達に法の真意は容易に理解されていたのではなかろうか。後に引くフィリピンの例を見ても、遺産の性格と品目とはやはり相応関係が認められており、慣習のもとでは直観的に法理を理解することができるからである。条文の品目規定をあくまでも基本類型とさえ考えていれば、相続の細部は慣習法にまかせることによって、条文の不備を補い得たであろう。だが、養老令で改訂の対象となることは目に見えていたのである。

さて、このような一云の明快な法理は、中田によって諸外国にも認められる相続法であることが指摘されている。インドでは Ancestral property と Self-acquired property に区別され、フランス中世法でも Propres（父祖伝来産）と Acquêts（当人取得産）に区別され、前者の処分の際には子孫の同意など様々な制限が付されていたという。(18) これらゲルマン民族等の財産相続の区別は、〔補注〕兄弟間などの「家族共産制」の崩れた段階における所有形態であると理解されているが、(19) この古典的解釈には疑問がある。私は、父系血縁集団による共同所有が未発達で、双方的な血縁原理が根強く機能し、個人的所有を原則とした社会に成立する相続法である、と考えている。(20) 父系出自観念は働いているものの父系出自集団を確立するには至らない社会である。

この父祖伝来産と当人取得産との相続上の区別は、アフリカに広くみられる慣習のように、死者が前代の者から相続した財産は彼のリネージの相続者に渡されるが、自力で獲得した財産は彼の個人的相続者に渡される、(21) という場合もある。また、フィリピン北部のイフガオ族の事例は興味深く、やはり Kinship property と Personal property とに分かれて相続法が規定されている。(22) しかも、前者は田畑・家屋・倉・森林等、後者は労働用具・衣類等、というように品目の相違と基本的に対応しているのである。勿論、ここでも Personal property としての田畑・家屋等がありうるが、次世代からはKinship propertyに編入される運命にあり、一時的・例外的なものでしかない。ちなみに、Kinship propertyの相続権は第一子と第二子のみであって、父方と母方の親族財＝父祖伝来産をどちらか一人ずつが単独相続するという。フィリピンは、日本の基層文化に大きな影響が考えられる地域であるため、その類似性に注目すべきであろう。

以上の考察から、大宝令相続法の法理は、令文上の品目別による二分規定の背後に遺産の性格による区分原理が横たわっており、(イ)父祖伝来産＝従祖父時承継物＝親族財と(ロ)当人取得産＝己身之時物＝個人財との、二分類にもとづいて、それぞれ(イ)（原則として）嫡子単独か(ロ)諸子分割かが自動的に決定される相続制である、といえるであろう。この相続原理こそが、まさに大宝令の応分条は「日本古来の慣習法に由来」したものである、と見なされる最大の根拠であって、古代社会の相続制を解き明かす鍵である。

3　父財の相続法

それでは、相続の具体的内容について検討してみることにする。最初に、問題として取り上げてきた従祖父時承継物（嫡承継物）の扱いであるが、一般に一子が相続する原則とみて差し支えない。

古記云。注。其奴婢等、嫡子随レ状分者聴。謂必令レ分。任レ意不レ聴也。一云。嫡子任レ意耳。抑不レ合レ令レ分也。

この古記説では、嫡承継物を他子にも必ず分得せしめるべきであると述べているが、これは条文の「嫡子随状分者聴」という規定からは導き出し難く、法意とはかなりかけ離れた注釈といえよう。ところが、古記が参照しかつ心服している養老令においては、奴婢等も他の財物と混合されて諸子に分割相続させる規定であった。それ故、先の注釈は本条古記の常套手段である養老令的立場による大宝令の修正解釈の一つである、と考えられる。これに対して、原則的には嫡子が一括相続すべきであるとする一云の説は、宮本も述べたように法意に忠実な解釈といわざるを得ない。(23)この両説の特徴は、女子得分の解釈において先鋭的にあらわれており、後述する如く、古記の場合は大宝令の規定を否認して養老令に准拠すべし、(24)と露骨に主張していることからも容易に知られる。従って、法意は、原則として嫡子の単独相続であるが状況に応じて他子に分与してもよい、という一云の説につきる。

次に、己身之時物の扱いであるが、雑財物については半分を嫡子、残り半分を庶子で均分、と令文に規定されている。また、一云によれば財主の自由な処分も可能であった。だが、当人取得産の場合の宅及家人奴婢(25)の相続については何ら規定がない。雑財物と同じであるかどうかも不明である。そこで、次の注釈をもとに己身之時物の相続法を考えてみよう。

古記云。問。未㆑知、位田・賜田・功田・新墾田・園圃・桑漆等、若為処分。答。法主《(財カ)》命、随㆑宜処分。不㆑同㆓財物㆒。一云。封物同㆓財物㆒。封戸均分也。一云。封戸依㆓嫡子㆒也。

大宝令には「田」の相続についての規定が欠けていたので、このような問答が生まれたのであるが、問に見える品目はただ公田以外の地種を列挙しただけのように思える。これらの品目は性格によって三種に分けることが可能であり、それに従って検討してみたい。まず、Ⅰ位田・賜田は、一身限りの財であるからそもそも相続の対象にはなり得ない。Ⅱ功田・功封は、養老令でこそ「唯入㆓男女㆒」と規定されているが、大宝令では規定がなく不詳であった。功封について、一云では財物に同じとする説と嫡承継物に等しいとする説とがあげられている。これは、田令功田条の古記に「諸子以㆓功田㆒均分得」といった注釈が見えるから、均分だとする前者が正しいのであろう。即ち、Ⅱは「財物」と同じ扱いを受け、諸子に均分（嫡子優位ではあれ）された、としてよかろう。なお、この功田条古記には今行事だと女子にも分与していると述べている点が問題である。これは格によって改正されたことを意味するであろうから、この時に「財物」の法定相続において女子得分が認められた(26)ことの反映であろう。このような相続は、全女子に対してか主要な一女子に限られていたかは不詳だが、以前から慣習法として存在していたものであろう。

さて、古記に見える三種の品目のうち、Ⅰ・Ⅱが以上の如くであるとすれば、「答。法主（財カ）命、随レ宜処分。不レ同二財物一」という解釈は、残るⅢ新墾田・園圃・桑漆等のみが該当する処分法ということになる。例えば、強奸された寡婦の場合には「家人奴婢田宅可二追還一。財物不レ合也」（古記）という注釈が見られることからも知られるように、墾田等は父祖伝来産的な性格の財産であったにもかかわらず、（令の法定相続によることなく）財主の自由な処分（遺言・生前譲与）にまかせる、というのである。私は、これこそ当人取得産の場合の（田）宅及家人奴婢の相続慣習であったろう、と考えるのである。一云でも「亡人存日処分」に関して「唯当身之時物者、随二処分一耳」と述べており、この解釈とも整合する。勿論、これらの財産は子孫に伝えられるや父祖伝来産に編入・転化され、その後は嫡承継物に準じて扱われることになる。

以上によって、己身之時物（当人取得産）の相続法は、雑財物や功田功封は男子（後に女子も含む）への分割という法定相続を基本（自由処分も可）とし、（田）宅及家人奴婢は財主の自由処分にまかされていた(27)、と結論づけることができる。

これ迄、(イ)従祖父時承継物、(ロ)（己身之時物としての）雑財物・功田功封、(ハ)己身之時物の宅及家人奴婢、という三つのケースの相続原理を抽出してきた。これらは実は皆財主が男性すなわち亡父の財産に関する相続法である。従って、夫婦別財制のもとでは、母財の相続法は別に存在した、と考えねばならないだろう。

二　女子得分と本宗

1　妻家所得奴婢について

養老令と異なり大宝令の応分条には女子得分が見られない。ところが、戸令先由条には「皆還二其所一賫見在之財一、若将婢有レ子亦還之」とか、応分条には「妻家所得奴婢」の如く、妻家より将来せる財産についての規定がある。養老令では「妻家所得、不レ在二分限一」とのみあって、[28]この意図するところは、妻家所得の奴婢・財物はみな夫財の相続とは別個に妻の子だけに伝えよ、子がなければ夫財となすか或いは妻家に還せ、ということである。これに対して、大宝令では妻家所得奴婢は無条件に本宗に還す規定となっていた。その注釈には次の如く見える。

古記云。妻家所得奴婢不レ在二分限一。還二於本宗一。(A)謂自二妻父母家一将来婢、有レ子亦還。不レ入二夫家奴婢之例一。財物亦同。若有二妻子一者、子得、无レ子者、還二本宗一耳。(B)問。妻家所得奴婢者、父母既与歟。身生之間、令レ仕歟。答。既与者不レ云。此者身生之間、令レ仕耳。雖二已与一、而妻无レ子死者、猶還二本宗一耳。一云。身生之間、令レ仕。更不レ合レ論レ之也。

(B)によると、「妻家所得奴婢」の性格について問答がたてられ、「父母既与」か「身生之間、令レ仕」か、と尋ねている。まず、一云では後者であると断じて「更不レ合レ論レ之也」と議論を突っぱねている。古記説でも、「既与者不レ云。此者身生之間、令レ仕耳」と注しており、これは「令文の妻家所得奴婢は、身生之間、令仕の者を指しているのであって、既与の場合を云うわけではない」という意味であろう。従って一云と同じであり、法的には「妻家所得奴婢」＝「身生之間、令レ仕」であることが明白である。この奴婢は妻の一生の間に限って父母から使用権が認められたものであることから、当然にも妻が死亡したならば（その子の有無に関らず）もとの実家（「本宗」）へ還す定めである。即ち、鎌倉時代の一期分と類似していて、本人に処分権はない。これは母財といっても、子供の相続の対象外となる財産である。

さて、この処分権のない「妻家所得奴婢」は、(A)によると「自二妻父母家一将来婢、有レ子亦還」と見える。「有レ子」というのは妻の子を指すのではなく、「皆還二其所レ齎見在之財一、若将婢有レ子亦還之」（戸令先由条）で明白な如く婢の子であり、母子共に妻家に還すの意である。それでは妻はどのような分法で入手し、また誰に返還されるのであろうか。一応、条文に明記される財産だから、条文の分法に根拠を求めてよいと思われる。そうすれば、「妻家所得奴婢」の発生源は令文の本注「其奴婢等、嫡子随レ状分者聴」の規定に求める他はない。即ち、「妻家所得奴婢」は妻方の嫡承継物の一部であるということになる。本注の「嫡子随レ状分者聴」は令本文の「宅及家人奴婢並入二嫡子一」をそのまま受けた語に過ぎず、ただちに嫡子が兄弟姉妹らに分与するという意味ではなく、相続を受けた「嫡子」が次に父として子に譲る際に「随レ状分」すると解釈され、父は嫡承継物をその嫡子以外にも割き与えることができる、という法意であろう。その場合、庶子には分与しない規定であることから、状に随いて分す対象はほとんど女子と思われ、それも特定の女子（主要な一女子）に限られていた可能性がある。(29) この母財とされた奴婢の行方は、妻の実家（「本宗」）に還されるにしても、嫡承継物の一部であるから嫡系筋の家長のもとにもどるのは間違いなく、一般には妻の兄弟の嫡子である場合が大多数を占めるであろう。端的に言えば、「妻家所得奴婢」の「還於本宗」とは、妻の実家の「嫡子」＝兄弟の男子に還されて再び嫡承継物にもどる、ということになる。これを世代ごとに繰り返していたのかも知れない。

ところで、義江は、妻家所得の奴婢を本注の「其奴婢等、嫡子随レ状分者聴」という規定にもとづくものとみなしたのはよいが、それを嫡子に体現されたウヂ的所有物の分有ととらえてしまった。(30) しかし、この本注の古記説「謂必令レ分、任レ意不レ聴也」は分有の論拠とする程のオリジナリティを有してはおらず、後述するように古記説は養老令的立場からの強引な解釈を下す傾向にあり、これをもって大宝令の法意をさぐることは、主客転倒というに等しいものである。更に、義江の説によれば、「財物」の女子得分についての法的論拠もなければならないが（養老令と対比して）、この弱点については何の論及もされていないところに別な問題をかかえている。

以上、母財とはいっても特に分法を必要としない嫡承継物としての妻家所得奴婢について考察してきた。しかし、処分権をもつ母財もまた別に存在しているようである。先掲の古記(B)には、「此者身生之間、令レ仕耳」（＝「妻家所得奴婢」）に続けて「雖二已与一、而无レ子死者、猶還二本宗一耳」と見えるので、令文上の「妻家所得奴婢」以外にも別に「父母既与」の奴婢が存在していたようである。(31) この、令文外の妻が処分権を持つ（妻家所得の）奴婢は、子が相続人となりうる母財である。しかも、妻の死後は（実子がなければ）本宗へ還すというのであるから、亡夫の財産とは混合されることなく、父財の処分においては「不レ在二分限一」であったことは疑いない。

ところで、(A)に目を転じると、妻家所得奴婢と財物は同じ処分法であって、もし妻に子がいれば伝えさせる、と注釈しているかのようである。この「妻家所得奴婢」の扱いは、明らかに(B)の「身生之間、令レ仕」の意味していることと矛盾していよう。これに気付いた義江は、(B)は令意だが、妻の子孫に相続させるとした(A)は当時の慣行を反映したもの、と解して氏の「本宗」＝ウヂ論と重ね合わせている。(32) しかし、古記の(A)と(B)が相反した論理を述べている、とは信じ難い。それでは古記が支離滅裂な注釈を加えていることになってしまう。やはり一貫した論旨を展開していると考えて、(A)の古記を再読してみる必要がある。結局、(A)の主旨は、妻家所得奴婢は（婢の子も含めて）本宗に還す、夫家の奴婢とは区別して処理する、この点（夫家の財との区別）は財物も同じである、(33)ということを意味しているのではないか。このように理解すると、「財物亦同」に続く「若有二妻子一者、子得、无レ子者、還二本宗一耳」という部分は、(A)全体を受けた説明ではなく、財物にのみ付けられた特別注釈だということになる。さて、このように文章構造を把握してくると、古記説の(A)と(B)は密接な関係にあることが知られよう。即ち、(A)の「妻家所得奴婢」と「財物」との処分の相違が、(B)の「身生之間、令レ仕」と「父母既与」との処分の相違と対応し合って論述されている、ということである。妻家から将来してきた財物も既与奴婢も、共に妻個人の所有財産としてその子に相続させるが、子がいない場合に限って「本宗」に還す、という法理となるわけである。

だが、この妻所有の妻家将来財産についての相続規定（母財の分法）は令文のどこにも見られない。このような母財についての相続法というものが、令条外にあったと見るのが、当然でなかろうか。第二の課題は、妻が処分権を持つ財産の入手経路であり、ただ「父母」の己身之時物が分与されたもの、と見るだけですむものではない。女子得分の発生源も令条外に求められる点を検討してみたい。

2 女子得分と母財

最初に、嫡承継物の一部である「妻家所得奴婢」を除く他の奴婢或いは雑財物は、一体如何なる相続法によって女子が入手し、かつ妻家から持ちこめたのであるか、この問題に焦点をあてて、女子財産の入手経路を検討してみよう。手初めに大宝令の法意を確かめておきたい。

古記云。問。女子无二分法一若為。答。大例、女子既従レ夫去。出嫁之日、装束不レ軽。又弃妻条、皆還二所レ賫見在財一之時、即是与二父母財一也。所以更不二分論。然則未二出嫁一在レ室女、不レ合レ无レ分。宜下依二新選一、与二男子之半一。以充中嫁装上、出嫁還来、更不レ合レ分也。一云。女子无二分法一故、嫡子養耳。夫在被レ出還来、亦同。

これによると、女子には出嫁之日に親の財を与えるため、とくに分財の規定がないのであるという。従って、未出嫁の女子については一云に「嫡子養耳」と解するのは当然の論理である。ところが古記説の傍線部では、大宝令に「女子无二分法一」のことを承知の上で、「不レ合レ无レ分」と主張しているのは明らかに法意の否定であり、更に「依二新選一、与二男子之半一」と養老令に准拠すべきことを説いている。古記説はまさに養老令の立場からの、分法なき条文に対する批判であって、これは大宝令の規定からの逸脱といえる。未公布の令の規定に依拠せよとは、はなはだ乱暴な注釈であるといわざるを得ない。大宝令の応分条の法定相続規定には、特別な嫡承継物の例外処分こそあるものの、通常の女子得分が存在しないのは事実なのであって、女子得分の法源は他に求めねばならないのである。

そこで、応分条外に存在すべきはずの女子得分の法理をさぐってみることにしたい。

当時、家産が存在せずに夫婦別財であったため、婚姻中に得た夫婦の財こそ一時「同財」とされることがあり得たにせよ、父と母は基本的に別財であって、離婚・死亡の以前に分離されて別個に処分されていたことは疑いのないところである。[34] 従って、父財の相続法でしかない応分条は「女子无二分法一」の男系相続主義である以上、女子の得分は明文外の生前譲与や母財の相続法にこそ法源を求めねばならない。従来の研究者は、父財の女子得分が認められていた養老令に惑わされたためであろう、応分条とは別に母財の相続法が存在しうることを見落してきたのである。事実、明法家達の多くも唐制的な「夫婦同財」の観念に冒されており、[35] 母財の存在自体も否定されてしまっている。しかし、

日本令の法意を踏まえた説も見られないわけではない。例えば、

問。嫡継母等之財物、夫亡之後、雖二其身存一、而混二合夫財一処分哉。為当財主見存之故、不レ入二分例一哉。答。身存之曰、准二妻家所得一、不レ入二分例一。何者、寡妻妾之分、還同二嫡母継母一之故也。私案、身死之曰、其子称二母財一殊得耳。（穴説）

とあって、夫財と別に妻財があり、「妻家所得」に准じて混合しないこと、私案では「母財」としてその子に処分すること、が明白である。

念のため、母財の処分において応分条の規定を適用することができないことを、以下述べておこう。まず、「財物」は嫡庶子に分割相続させることになるわけだが、母の雑財物には女性用の物品（装身具・衣服・鏡・炊事用具・その他）が多くを占めることは明白であるから、男子らへの処分は現実的に無理といってよい。次に、「奴婢」は嫡子に一括相続させる原則だが、多妻制のもとにあっては「嫡子」が自分の子だとは限らぬし、自分の子をさしおいて譲渡するのも不合理である。また、自分の子が女子のみであったとしたら、どう処分すればよいのであろうか。要するに、応分条の父財相続法ではとても対処できないのである。では、みな己身之時物として妻の自由処分にまかせられようか。しかし、妻家より将来せる財産は、財物でも奴婢でも一旦妻の所有に帰してしまうと、これらの財を次に処分する場合には母方の相伝財産の如くに転化してきている。従って、本人の子孫にしか相続させない（妻に子がいなければ本宗へ）、という規制が働くことになる。即ち、己身之時物とは別に、母方の実家から相伝した母財についての相続法が、やはり不可欠となってくるのである。

さて、応分条の集解諸説の中には、先の「母財」の存在のみならず、その相続法についても若干触れているものが

ある。それには、

其於レ母者、无二嫡庶之名一、分二其財物一者、当レ従二均分之法一也。（義解）

問。母財物、処三分於嫡子幷女子及孫一之事、放二父財物一哉。為当以不。答。母財分法、嫡庶无レ別也。（穴説）

とあって、この「財物」の性格が何であれ、とにかく応分条＝父財分法とは別な母財分法の存在を認めている点に注目したい。夫婦別財でかつ妻財を子に相続させる以上は、母財分法があって当然なのである。これによると、子らに対して均分相続であったらしい。しかし、父財が男子に限定されていた大宝令の相続法の下では不明である。だが、前項の古記の検討によって、妻家より将来の財物・既与奴婢という妻の所有財産に対する相続法が存在したであろう、ということは否定できない事実である。存在したことは確かだが、その具体的内容はほとんど不詳ということになる。

この母財の分法について、私は、親族の双方的構造を念頭に置いて考えるならば、一般論として、父財とは対照的に母財は女子を中心に処分されていたのではないか、と思うのである。女子優先相続或いは選好的な女系相続の可能性も考えられよう。まず、結婚後に他人から買得等で取得した母財の己身之時物は、父財と同様に財主の自由処分にまかされていたと見てよい。雑財物に限らず田宅や奴婢も、遺言・生前譲与によって女子主体に均分されることが多かったのではないか、と想像される。次に、妻家から将来した相伝物としての母財だが、雑財物に関しては、先に指摘した如くその子に伝えられかつその内容は女性用物品が多かろうことから、女子中心に相伝されたことは確実とみられる。問題なのは、宅及家人奴婢の処分であって、前項で論及したように「父母既与」の妻所有奴婢の例があり、母方の伝来財産として我が子に相続させることになっていた。この奴婢は、「妻无レ子死者、猶還二本宗一耳」（古記）という存在であるから、男女どちらにしろ実子がいるのにあえて本宗へ還すことは想定しがたく、少なくとも男子がいなければ女子に相続されたことだけは疑いない。男女がいる場合はこの母財をどう処分したのか難しいところであるが、夫婦別財であるから財主たる母が実家の父母の内どちら側の財を譲りうけたものか、これによって相続法が異なっていた可能性もある。例えば、祖父財→母財は男子へ、祖母財→母財は女子へ、といった規則の存在が考えられる。(36)詳細な慣習法の是非はともかくとしても、妻家から将来した既与奴婢の入手経路を父母の己身之時物だけに限る井上説は、(37)一面的な理解といわざるを得ず、母財となった奴婢が更にその女子へ相伝されるという経路もまた存在していたことを見落している。

ところで、先祖伝来産の宅及家人奴婢の類は雑財物と異なり、父財であれば嫡承継物として「嫡子」相続を原則としたり割いて女子に与えても「本宗」への返還を義務付けるなど、極めて「本宗」内での相続規制が強い財産であった。そこで、「父母既与」の母財の奴婢においても、同様に母方の父系同族に相伝させる規制が働くことになるのではないか、と考えさせられる。仮に、妻家より将来せる既与奴婢が妻一代限りで全て男子へ、即ち夫方同族の男系相続財産(嫡承継物)に帰してしまう、というのも納得のいかぬものだからである。妻に男子しかいない場合は別だが、妻に相伝された奴婢は、同じ「本宗」の内部で女系相続されるように工夫され、女子への処分を選好したものと思えるのである。もし子孫(女性)が同じ「本宗」に属しうる場合には、母財の奴婢(非「嫡承継物」)をその女子に伝えたのではないか、というこの仮説については、後に籍帳の奴婢所有の分析(第三節第3項)を通じて証明することにしたい。

3 「本宗」について

妻家所得奴婢は(妻の死後)その「本宗」に還せ、という場合の本宗とは何か。本項ではこの問題を検討しよう。

中国の「本宗」とは、そもそも嫡系の本家・宗家を指したが、後には父系血縁集団を一般に示す語となっている。義江は、応分条の「本宗」が妻の生家という以上の意味をもち、「中国の宗族に該当する様な日本の何らかの集団を指す語として、応分条制定者が中国の法律用語から借用したものと解する」べきである[38]、とする。これには基本的に賛成であるものの、「宗」の用法を検討してウヂを指すとみなし、「本宗」をもってウヂ的集団と理解したのは、はなはだ疑問といわざるを得ない。「宗」の語は、族長の場合（「氏宗」）を除くと、一祖の子孫＝「族」という抽象的な意味しか持ち合わせていない[39]。従って、それが「氏」を指すこともしばしばあり得るが、だからといって「氏」のみに限定された語とは考え難く、各用例ごとにその意味する父系的血族を考える必要があるのである。

応分条の本宗は、父財の男系相続と密接な関係にあり、本宗に伝える宅及家人奴婢は嫡子の単独相続であって、本宗は明らかに嫡系血筋を基本とした父系血族であり、継嗣令継嗣条に「継嗣者、皆嫡相承」とあることから、官人の家と本宗とが同じ嫡系原理で貫ぬかれていることが知られる。一方、同条には「但氏上者、聴ㇾ勅。謂、諸氏上者、必勅定給、不ㇾ論二嫡庶一」（古記）ともあって、嫡系血筋とは次元の異なる氏上の規定が見えるわけである。勅で定める氏上を中心とした「氏」の組織は、官人の家をいくつか含みうるものであって、嫡系を基本とした本宗とは別な存在であり、相続される奴婢も「氏賤」であって「嫡承継物」とは意味が異なってこよう。このように、令意では、本宗と官人の家との親近性は認められるものの、「氏」とはその相違しか導き出されない。本宗をウヂ的集団とみなせば必ず無理が生じてくることは明白である。本宗に関る具体的な組織は、「妻之祖家」（朱説）・「累世相継富家」（古記）等の表現で示されており、どう読んでも「氏」の中の一部分・一系統といったニュアンスしか感じられないのである。

また、相続法にあらわれる「本宗」は、成員権の明確な血縁集団を指すとは考え難いということである。諸民族にも見られる父祖伝来産は、血縁集団の存在しない社会でも認められているのであって、ウヂのような集団と直接結びついているわけではない。この父祖伝来産の潜在的所有の親族は、強いて単系制社会に比定するとすれば、決してクラン規模の集団ではなく、系譜関係を相互に認知しているリニージの範囲であり、限られた父系近親なのである。「本宗」と結びつく財産を「従二祖父時一承継物」といい表わしているが、祖父を論理上の起点にすえているのは意味がある。単に財産の初代財主が祖父（以前）ということではなく、祖父を（先祖として）同じくする子孫こそが「本宗」の範囲ではなかったか、と思われる。それ故、世代が変われば自ずと本宗の親族も臨機的に変化していく性格のものである。このような血縁関係（集団ではない）としての本宗は、祖父を同じくする「同姓」の子孫であって嫡系血筋を基本とする父系近親である、[40]と規定付けられる。いい換えれば、世代深度の浅い父系血族ということになる。

さて、この本宗の内実を知る手掛りは、子孫に伝える功田・功封の相続にあろう。功を得た田主・封主は、ちょうど承継物を入手した財主に相当しようから、二代目の財主（父）と同格ということになる。この初代の田主・封主の直系の子孫こそが「本宗」に該当するようである。田令功田条の集解には、本宗に還すが如き注釈がいくつも見られる。

各分得後、女子死者、其分何。答。伝二与遺男一也。女子之子、不レ可レ与レ分之故者。（跡説・朱説）

答。不レ及二女子之子幷夫一也。死日即須レ授二其兄弟及姉妹一。若無者還レ公耳。（穴説）

案、大功世々不レ絶者。可レ与二女子一身一。女子之子不レ可レ授レ之。為二異姓一故。（釈説）

このように、女子が得た功田は一身限りで、同姓たる兄弟姉妹に所有権が移るのであって、「還二於本宗一」と同様の原理といえる。また、「但非二犯罪一而得レ之子死去、无下可二承継一人上者、与二傍兄弟姉妹等一耳」（穴説）ともあって、直系の子孫が絶えたならば、傍系の兄弟姉妹等に与えることとなっている。功田の女子得分（妻家所得）も絶家の場合も共に他の父系近親に移す原則は、次の身喪戸絶条の古記と同じ趣旨である。

財物営二尽功徳一。家人奴婢者放為二良人一。唯父祖奴婢家人分得者、須レ還二本宗一。何者、妻家所得奴婢為レ還二本宗一。財物見余亦同。以外不レ合。

かくの如く、もとの財主の父系的子孫・同姓の中で相続させる点では功田・功封も従祖父時承継物も同一であり、法意からみて「本宗」の具体的な実体は、先の兄弟姉妹（及びその子）を中心とした同姓の近親であった、とみて間違いない。

それでは、この本宗にあたる親族を何とよぶべきであろうか。この同族こそが他ならぬヤカラであろう。書紀古写本には「兄弟異レ宗」（大化二年八月癸酉条）にヤカラの傍訓が見られるが、記では「族」、書紀では一般に「眷族（属）・同族・子孫」と表記されている類のものである。応分条を和訓風に読めば、父祖伝来産は経営の拠点としてのヤケ（宅）とそれに付随する隷属民としてのヤッコ（家人奴婢）であって、そのヤケの主の子孫こそがヤカラ（同族・眷族）であった。このヤカラの法的表現が「本宗」ということになる。勿論、ヤカラは広義の同祖関係にも用いられるが、ここでは狭義の近親に限られた用法としての意味である。

さて、己身之時物が次世代に至って転化した従祖父時承継物（父祖伝来産）は、その子孫＝「本宗」内に保有させる相続規制が存在していたわけだが、これは保有主体の同族（ヤカラ）に潜在的所有権があり財主はそれを体現している、と考えることもできる。その際、父財は嫡子相続を原則として男系相続されるので問題はないが、母財は「本宗」内でどのようにして女系的な相続が可能なのであろうか。まず妹や兄弟の女子へ譲る方法が浮かぶが、重要なのは自分の女子へ相続させる有効な方法が存在することである。それは、同族・同姓の男と結婚することで、いわゆる父系近親婚・「族内婚」を選択するやり方である。これによって、嫡承継物を除く母財の奴婢は容易に同じ「本宗」に属する女子へ相続させることが可能となる。その結果、理念型としては、父祖伝来産は、ヤカラの内部に保有されつつ、父財は男系を基軸とする「嫡承継物」として、母財は女系を中心としたある種の承継物として、二種に分かれる形で父系血縁にそって相続・譲与されていくことになる。母財は必ずしも女系相続のみとはいい切れないが、原理としてはこのように考えられるのである。

この併存的・並行的な血縁結合は、古代に存在したところの世代を超えて機能するイモ・セ的な性別秩序[41]と構造的に結びついていた、と思われる。

三　奈良期の奴婢相続

1　家宅の相続法理

令文の規定を分析したりその裏面に仮説をたてたりして、大宝令の法理を立体的・構造的に理解することに努めてきたが、本章では実際に行なわれていた相続事例を検討して、提示した法理の裏付け作業を行ないたい。

最初に、養老令施行直後の例であるが、興味深い相続争論の史料があるので、この文書を取り上げてみたい。紙背文書の端書らしい宝亀二年二月廿二日の日付はあるものの、年月日未詳の某姓厶甲解案（唐招提寺文書）[42]には、争論の対象となる家宅について次のように記されている。

解　申依父母家并資財奪取請□事

某姓厶甲　左京七条一坊　□外従五位下厶甲

合家肆区　(1)一区无物　□在右京□

(2)壱区　板倉参宇二宇稲積満　一宇雑物積　檜皮葺板敷屋一□　板屋一宇物在

並父所□草葺厨屋一宇　板屋三宇　並在雑物□

在右京七条三坊　(3)壱区板□　□□家　板屋二宇　草葺板敷東屋一宇

在右京七条三坊　(4)壱区草葺板倉□　草葺屋一宇　板屋一□□　板屋三宇

並空　釜一口瓱三口　馬船二隻　□□□□□□

上件弐家　父母共相成家者

ここで相続争いのもととなっている「父母家」は(1)〜(4)の「家肆区」であるが、その末尾に「件弐家、父母共相成家者」と記されている。この家肆区のうち、(1)と(2)が共通し、(3)と(4)が共通した性格のものであったことは、それぞれに「並云々」と語句が書き添えられていることからも知られよう。従って、末尾にいう弐家とは後半の(3)・(4)の家弐区を指すことは間違いない。この家宅の性格の相違については既に注目されているが、(43)実は大宝令の相続法と密接な関係があるとみられる。(3)・(4)区の「父母共相成家」というのは、前節で述べたところの夫婦の「己身之時物」(の父財分)に相当することは疑いなかろう。それに対して、(1)・(2)区は明記こそされていないものの父祖伝来産たる家宅を意味するものと思われる。家宅は父祖伝来産であることは自明のことと受け取られていたために、特に注記もされなかったのであろう。しかも、この家宅には「並父所□」の説明が見られるから、父財であって男系相続の「嫡承継物」に相当することがうかがえる。従って、この文書では、父祖伝来産と当人取得産を分けるという、養老令と異質な大宝令の法理が確認され、それが現実に機能していたことがわかる。

ところで、後に続く本文の部分はかなり欠損しているが、一応次に掲げておこう。

以前、ム甲可親父ム国守補任弖退下支、然間以去宝字□死去、然爾父可妹三人同心弖、処々爾□奪取、此乎ム甲哭患良久□父我礼喪□間不久在利、然毛ム甲可弟□ム甲可父爾従弖□彼可参上来奈牟時爾、ム甲可不□牟止□即職乃符波久、汝何申事□遣弖所々家屋倉并雑物等乎□期限波不侍弖更職乃使条令□倉稲下并屋物等乎毛□

欠損が多いため必ずしも争論の詳細は明らかでないものの、天平宝字年間に父が死去した後、これらの家屋倉并雑物等を「父可妹三人」に奪い取られたため、ム甲が京職に訴えたが、その裁定をめぐって再び訴えている内容のようである。また、ム甲の弟も登場しており、訴人のム甲は亡父の嫡子と思われる。さて、大宝令に従えば、嫡子が家宅の(1)・(2)を含めて三区程度は法定相続できるはずである。ところが、文書からうかがえる限りでは、ム甲にとってかなり不利な状況にある。一方、同心して父の相伝財産・取得財産を奪い取った「父可妹三人」に正当性が与えられているのは、恐らく彼女らが「本宗」として相続に介入したからである、としか思えない。以上の読解に誤りがなければ、この争論は、Ⅰ新令（養老令）の法定相続に従った財産分割を要求する（或いは亡父の遺言による存日処分を執行する）弟や叔母らの立場と、Ⅱあくまでも大宝令の法定相続を主張する嫡子の立場との対立である、といえよう。

要するに、本解に見られる家宅相続の争いは養老令による改正がひきおこした混乱とみられ、訴えているム甲の主張には大宝令的立場の相続法理が認められること、そこでは家宅を明らかに父祖伝来産（嫡承継物）と当人取得産（父母の已身之時物）とに分ける区別が確められること、が知られるであろう。これは第一節で解明した原理・法意が、現実に貴族層で機能していたことを示している。

2　男性の奴婢所有と相続

籍帳には、戸主・戸口別にそれぞれ奴婢の所有が記載されている。この分析から、ここでは大宝令の法理を裏付けてみることにしたい。

八世紀前半の戸籍・計帳に載せる奴婢については、既に井上辰雄によって相続制の分析が行なわれている。(44) 氏によると、有位者層では嫡庶異分に基づいているが、下下戸・下中戸の庶人層では諸子均分的な慣行が反映されており、女子得分もしだいに認められる傾向にある、という。しかし、一概に大宝令の規定が当時の相続慣行とかけ離れていた、と理解する立場には従いえない。以下、所有者の不明な下総国戸籍を除く籍帳の奴婢を再検討してみよう。

最初に、妻妾（及び母）を除いた男性の奴婢所有者を取り上げる。ただし、所有者の戸主以外に兄弟が存在しない場合、或いは兄弟が不明な場合は、相続・譲与の具体的内容が把握できないため、ここでは分析の対象から除外することにした。表8は、大宝二年の御野国戸籍・西海道戸籍と神亀三年・天平五年の山背国計帳・右京計帳手実の中から、兄弟（姉妹）の確認される奴婢所有者を一覧表にしたものである。これら一九例のうち、A～Gの七例は奴婢が一人の場合、H～Lの五例は複数奴婢を単独所有している場合、M～Sの七例は複数奴婢を分割所有している場合、にそれぞれ類別されうる。

表8　兄弟間の奴婢所有

	郡・里	戸主	同籍の兄弟姉妹	位階
A	本簀・栗栖太	漢部　目速	戸主甥(1)・弟・妹	無位
B	加毛・半布	生部津野麻呂	戸主(1)・弟	無位
C	同	秦人　多都	戸主・弟(1)	無位
D	同	秦人　甲	戸主(1)・弟・弟	無位
E	同	不破勝族金麻呂	戸主(1)・弟	無位
F	同	県造　荒嶋	戸主(1)・弟・妹	無位
G	嶋・川辺	(肥君　某)	戸主(1)・弟・弟・妹・妹	不明
H	肩県・肩々	国造　大庭	戸主(22)・弟・弟	無位
I	山方・三井田	他田　赤人	兄・戸主(4)・弟・弟・弟・弟・姉	無位
J	嶋・川辺	肥君　猪手	戸主(28)・妹・異母弟*	正8位上
K	愛宕・某	秦人広幡石足	戸主・弟・弟・姉(2)・妹**	無位
L	愛宕・出雲	出雲臣　真足	戸主(9)・弟・弟・弟・弟・弟・妹・妹	従8位下
M	味蜂間・春部	国造族加良安	戸主(8)・弟・異母弟(2)・弟	無位
N	本簀・栗栖太	栗栖田君土方	戸主(1)・弟(1)・弟(1)	無位
O	加毛・半布	県主　万得	戸主(1)・弟(1)	無位
P	同	県造　紫	戸主(1)・弟(1)・弟・弟	無位
Q	仲津・丁	(某)	戸主(6)・弟カ(3)	不明
R	愛宕・出雲	(出雲臣　某)	戸主(4)・弟(2)・姉(5)・妹(1)	不明
S	同	出雲臣　麻呂	戸主・弟(3)・弟(1)	無位

*　他に所属不明の「私奴」が1人いる．
**　他に所属不明の「婢」が1人いる．
注　1.　郡・里名のみで，国名（美濃・筑前・豊前・山背）は省略した．
　　2.　（　）内の数字は所有の奴婢数である．

まず、H～J・Lは長子（或いは嫡子）の単独相続と考えられ、Mもそれに准じる例と考えられる。これらは大宝令の法定相続に相応するものであって、J・Lの当戸主は有位者であり、恐らくほとんど有位者と累世相継富家の嫡承継物たる奴婢であろう(45)。この他、兄弟の存否は不詳であるものの、愛宕郡某郷の葛野大連⿸厂虒麻呂戸、右京三条三坊の於伊美吉子首戸の当戸主はそれぞれ奴婢三人、五人を所有する有位者であるから、以上の表示の事例に加えることが可能である。

次に、N～Sは兄弟分割相続を示す例と考えられる。これらの原因は、(1)父母の己身之時物たる奴婢の相続、(2)嫡承継物だが「随状分者聴」規定による分与、(3)無位・庶人における「均分相続」、の三つの相続法に由来しているのであろう。単に⑶だけと考える必要もないのである。ところで、Rの事例は姉妹にも分与されているが、他の事例では姉妹の存否自体が不詳であるから、断定はし難い。他に夫方の籍に付されている姉妹が存在していて、彼女らにも奴婢が分与されていた可能性がないわけではない。⑴や或いは⑵による主要女子への割譲など、姉妹に分割されることがあっても何らおかしくはないのである。更に、⑷として、Rの姉（五十一歳）・妹（二十九歳）は共に夫と別籍とはいえ既婚者と考えられ、その場合は、父財を得た兄弟とは別に、後に詳論する如く（同姓婚によって）相伝の母財の分与を受けていた可能性も考えられる。従って、このRの事例を論拠として、単純に神亀頃から女子にも相続されるようになった、などと主張するのは余りにも皮相的な解釈である。たとえ父財であろうと一定の条件のもとで女子にも相続権が認められていたであろうし、他に母財の相続のケースも考えられるからである。[46]

三番目に、表のA～Gでは奴婢一人の場合、長子（或いは嫡子）に相続されている。これには二つの可能性があり、⑴嫡承継物がたまたま一人の奴婢であったこと、⑵親の已身之時物であって長子から順に分与された帰結であること、が考えられる。結局、⑴は最初の事例、⑵は第二の事例にそれぞれ集約されるものであって、独自の相続法が見出されるというわけではない。しかし、⑵のように均分相続の場合には、長子から順に分与していく原理があったと考えられる点は、注目すべきことであろう。

以上、各人が所有している奴婢は、若干買得のものも含まれているとは思うが、一応みな相続・譲与されたものと仮定して検討してきた。勿論、所有者本人の已身之時物と認められる奴婢もある。[47]だが、大勢から相続・処分の基本原理を確認することは出来たわけで、それによると先に解明してきた大宝令の相続法に特に矛盾したものではないことが知られる。応分条に規定された法定相続の適用こそ限定されていたことは事実だが、決して第一節で明らかにしてきた法意とかけ離れたものでなかったことは確かなのである。

3　女性の奴婢所有と相続

今度は、妻妾・母といった立場の女性の奴婢所有を検討しよう。いわゆる「妻家所得奴婢」と密接な関係のある存在である。

この事例に属するものは、籍帳では全部で九例を数えることができる。女性が婚後に奴婢を買得する例というのは滅多に考え難く、これら九例はほとんど妻家から将来したとみてよいと思う。第二節では嫡承継物である「妻家所得奴婢」のほかに、父母の己身之時物と先祖伝来の母財との二つの相続・譲与経路があることを指摘しておいたが、とくに重要な相伝母財における女系相続の仮説を証明することから始めよう。それは、関和彦[48]によって明らかにされた事例で、御野国加毛郡半布里戸籍の戸主県造紫戸には

戸主妻県造都牟自売 年廿二 正女

と見え、その戸の末尾には

戸主奴多都 年廿五 正奴　　大鳥婢和々良売 年七 小婢　　都牟自売婢多倍売 年十七 少婢

と記されている。この戸主妻（県造都牟自売）の実家と思われるのが同里に発見されており、その戸主県造吉事戸には

戸主母県造奈爾毛売 年五十一 正女　　児小都牟自売 年廿 少女　　次足結売 年十六 小女

と記されている。即ち、当時は姉の名に小の字を冠して妹の名を付ける慣習が一般に認められるから、二十二歳の都牟自売は二十歳の小都牟自売の姉であり、従って奈爾毛売の女子であろう、とされる。その上、他の同籍戸口には奴

表9　妻妾の奴婢所有

郡・里	戸主	続柄	所有者（年齢）	夫（年齢）	奴婢
味蜂間・春部	国造族加良安	戸主妻	**国造族**富売(43)	**国造族**加良安(54)	奴2・婢1
肩県・肩々	国造大庭	戸主妻	**国造**尼売(39)	**国造**大庭(41)	奴8・婢26*
加毛・半布	県造古事	戸主母	**県造**奈爾毛売(51)	**県造**某(亡)	奴8・婢5
同	県造紫	戸主妻	**県造**都牟自売(22)	**県造**紫(30)	婢1
嶋・川辺	肥君猪手	戸主母	不詳(**肥君**某売　)	**肥君**某(亡)	奴2・婢6
愛宕・出雲	出雲臣大嶋	戸主母	**出雲臣**意斐売(76)	**出雲臣**某(亡)	奴1・婢2
同	出雲臣千依	戸主弟母	**出雲臣**姉売(76)	**出雲臣**某(亡)	奴1
同	出雲臣麻呂	戸主母	品遅君虫名売(61)	出雲臣某(亡)	奴1
同	出雲臣麻呂	戸主弟妻	**出雲臣**大家売(35)	**出雲臣**乙麻呂(34)	奴4・婢7

*　婢26の中に「戸主婢」が含まれている可能性がある.

注　1.　籍帳の国名（美濃・筑前・山背）は省略した.

2.　女子として付籍されていて奴婢所有している者は除いてある.

3.　奴婢は現有数であって，妻家から将来した数を意味しない.

婢が記されていないのに母奈爾毛売のみが奴八人・婢五人をかかえていることから、この母財の一部が妻家将来として女子の都牟自売に与えられたものであろうとする。まさに従うべき見解である。他の奴婢も妻家の母財を処分してもらった場合が少なくないのではなかろうか。

このような、女系相続による妻家将来の奴婢は、第二節で指摘した如く、やはり嫡承継物に相対する先祖からの伝来産であり、同じ本宗の内部に相続されることを確かめよう。同族内で女系をたどって相続・処分されている事実をうかがうことができるからである。それには、上に掲げる表9の籍帳に見える妻妾の奴婢所有の一覧を見てもらいたい。

この表によれば、奴婢を持つ妻妾九人のうち、何よりも七人が同姓の夫と結婚していることが注目される。更に、肥君猪手の戸主母は姓名こそ不詳ではあれ、やはり肥君一族であった可能性が強い。この郡大領の戸は、御野国の国造大庭戸がそうであったように、同族以外に妻を娶るにふさわしい家柄は存在し難く、事実、(戸主の妻こそ事情により無姓のままであるが)男子の婦三人も戸主の弟妹の配偶者三人も、みな肥君姓なのである。従って、肥君猪手の母もまた一族の出であったとみるのが自然であり、そうすると表示された九例のうちの八例までが同姓婚であったことになる。例外である異姓婚の一例は、何か特殊な事情によるもの(49)とすべきかも知れない。このように、一般には異姓婚が少なくない中にあって、妻家より将来した奴婢と思われる記載がほとんど同姓婚の場合の妻妾だけに見られるということは、同族内で結婚した女子のみに母財（の奴婢）を受け継がせたことを意味しているであろう。この同姓婚は父系近親婚であった(50)と思われ、いわば「本宗」内婚ともよぶべきものであり、まさに本宗の内部に母財を女系相続させようとする規制が存在していたことを反映している。妻妾所有奴婢の多くはまさに「既与」として母から処分・相続したもの（非「嫡承継物」）で、妻の死後も本宗に還すことなく同じ本宗に帰属する女子に処分したことは疑いがない。先の例を引けば、加茂郡半布里の県造奈爾毛売は県造吉事の父と族内婚をすることによって母財の奴婢を相続し、その女子都牟自売も県造紫と同族婚を重ねることによって奈爾毛売の所有奴婢の一部を譲り受けた、と考えられるからである。この奴婢が、県造のある「本宗」内で女系的に相続されている先祖伝来の財産であることが知られよう。

ところで、籍帳に記載されている奴婢の主人名は所有者を示していようが、第二節で詳述した嫡承継物を割いて女子に「身生之間、令仕」せしめた奴婢も、使用権を持つ女子のもとに記載されていたのであろうか。この応分条に見える「妻家所得奴婢」については、籍帳上の記載でどの事例か特定するには至らぬものの、前掲の女性所有奴婢の諸事例の中に含まれている、と見るのが自然である。本人一代限りで「本宗」（実家の嫡系）に還すとはいえ、生存中は女性の財産として扱われていたであろうからである。

以上の考察によって、奈良時代における家宅や奴婢の相続・譲与の実情が整理されたものと思われる。第一・二節で解き明かしてきた大宝令の相続法理が、かなり裏付けされたのではあるまいか。とくに、家宅をめぐっては、父母の「己身之時物」と父財たる「従二祖父時一承継物」との二種に明確に区別されていたことがうかがわれたし、奴婢をめぐっては、妻妾の奴婢は嫡承継物も存在したにせよ母財から得たものが多く、同族内婚を行なった女子にのみ所有権が譲与（「既与」）されている、という形跡を認めることができた。

大宝令の相続法の基本は現実の社会で機能しており、その背後にある法理は日本の伝統的な慣習法を反映しているのではないか、と考えられる。

おわりに

大宝令の戸令応分条は、基本的に日本古来の慣習法にもとづいた遺産相続法であるとされながら、女子相続権を認めぬ徹底した父系・男系・嫡系主義の法定相続規定は親族構造の双方的体質と比べて異様であり、官人層を対象としたにしても腑に落ちないものであった。それで小稿では、応分条古記に対して一云と古記説との立場を峻別して分析を試み、令文の背後に存在する法理を立体的・構造的に解明しようとしてみたのである。ここに、検討した結果を要約しておこう。

一、当時は夫婦別財制のため父財・母財及び父母取得財が存在しており、応分条は単なる遺産相続法ではなく、正しくは一面的な父財の遺産相続法であるというべきである。

二、令文の法定相続規定は、宅及家人奴婢と雑財物という品目別の表現で区分けされているが、これは「従二祖父時一承継物」と「己身之時物」という性格別の区分けと相通じている。品目別の令文こそは唐令にひきずられた表現であって、立法者の真意は後者の遺産に対する性格区別の原理にあったと考えられる。これこそ大宝令の相続法の基本となる法理であり、不備な規定の背後に存在したところの伝統的・在来的な慣習法であったといえよう。

三、この応分条の裏には、対照的に母財の遺産相続の慣習法があるものとみられ、女性向けが多い雑財物は勿論のこと宅及家人奴婢もまた女子を中心に処分される傾向があるものと推測される。

四、父母取得産（己身之時物）も名義上は別財とされ、処分は財主の自由意志にまかされていた。一方、先祖伝来産は、その子孫である同族（父系近親）内で相続させる、という強い規制のもとにあった。例えば、父財は嫡承継物として一括相続を原則とし、一部が女子に割かれても、「妻家所得奴婢」として死後は「本宗」へ、即ち嫡系にもどるしくみとなっていた。

五、問題となるのは、子が異姓とならざるを得ない母財の伝来産の処分法である。同族内（父系近親）婚に従った女性のみが奴婢を所有していた事実をみると、自分の女子が同姓のヤカラ（本宗）である場合に限って、母財の奴婢の所有権を処分（「既与」）したものに違いない。この先祖伝来産の母財を「本宗」内で女系的に伝達させることを主眼として、当時の官人層で同族内婚が選好されたのであろう。

六、奈良時代の家宅・奴婢相続の争論・状況を分析すると、大宝令の相続法の法理と特に矛盾する点はなく、現実の社会に機能していたことが裏付けられる。従って、養老令的な相続法が用いられていた例証は見当らず、あえてその主張をする説には従いがたい。

大宝令の応分条の背後に、日本の伝統的・慣習的な相続法理を認め、それを立体的に復元し裏付けを行なってきた。このような相続慣行は容易に変化する性質のものではなく、長く古代社会（一一世紀以前）全般を通じて慣習法として機能していたに違いない。この点については、稿を改めて検討することにしよう。

注

(1) 三浦周行「古代親族法」「中古の親族法と唐制との比較」(『法制史の研究』岩波書店、一九一九年)。
(2) 中田薫「養老戸令応分条ノ由来」(『法学協会雑誌』二一の一、一九〇三年)。
(3) 中田薫「養老戸令応分条の研究」(『法制史論集』第一巻、岩波書店、一九二六年)・「唐宋時代の家族共産制」(同上、第三巻下、一九四三年)。
(4) 石井良助『長子相続制』(法律学体系第二部、日本評論社、一九五〇年)。
(5) 例えば、滝川政次郎『律令の研究』第三編（刀江書院、一九三一年)、木暮英夫「養老相続法の性格」(『国学院法学』一一の三、一九七四年)、大竹秀夫「相続法の歴史——近代以前の社会（日本)——」(『講座家族』第五巻、弘文堂、一九七四年）など。
(6) 宮本救「日本古代家族法の史的一考察——相続法を中心として——」(『古代学』三の四、一九五四年)。
(7) 井上辰雄「戸令応分条の成立」(坂本太郎博士還暦記念会編『日本古代史論集』下巻、吉川弘文館、一九六二年)。
(8) 他に、井上辰雄「古代籍帳より見たる大宝戸令応分条の一考察」(『日本歴史』七二号、一九五四年)、平田耿二「律令制下における農民の相続制に関する一試論」(東北大『国史談話会雑誌』四号、一九六〇年)、吉田晶「氏賤・家人・奴婢の関係についての覚書」(『続日本紀研究』一〇の六・七、一九六三年)、森田悌「養老戸令応分条小考」(『続日本紀研究』一八五号、一九七六年)・「戸令応分条について」(『日本史研究』二七二号、一九八五年）など。
(9) 義江明子「日本古代奴婢所有の特質——戸令応分条の分析を通じて——」(『日本史研究』二〇九号、一九八〇年)・「『妻家所得奴婢』の性格」(『日本歴史』三八二号、一九八〇年)。共に『日本古代の氏の構造』(吉川弘文館、一九八六年）に再録。
(10) 中田「養老戸令応分条の研究」(前掲)。
(11) 中田「唐宋時代の家族共産制」(前掲)。
(12) 中田、注(10)論文。
(13) 石井、前掲書。宮本、前掲論文。井上注(7)論文、など。

(14) 井上、注(7)論文。

(15) 義江、注(9)論文。

(16) 宮本、前掲論文。

(17) なお、己（当）身之時と祖父時と二つの財産取得の世代表現があるものの、父之時という表記は見られない。これは、「祖父時」というのは「嫡子」から呼んだ世代であって、被相続者（亡父）たる「己身」の父を示す語であるのだろう。従って、世代的関係を整理すれば、祖父——己身（父）——嫡子、という父子三代の承継関係となる。

(18) 中田、注(10)論文。

(19) 中田、注(11)論文。

(20) 中田のいう「家族共産制」は、父子や兄弟などの単系血縁集団による同居と共同所有を指しており、いわゆる合同家族を成立させる基盤である。従って、双方的社会には初めから成立し難い。ゲルマン民族においても、熊野聡『北欧初期社会の構成』（滋賀大学経済学部研究叢書、一九八四年）によると、非単系的な社会で個人的土地所有であり、結婚した男子は皆別産・別経営であったという。古典的な「家族共産制」先行説は訂正されねばならない。

(21) M・フォーテス「単系出自集団の構造」（村武精一編『家族と親族——社会人類学論集——』未来社、一九八一年）九五頁。

(22) 菊地京子「Cognatic 社会における族制と社会生活」（『民族学研究』三八の三・四、一九七四年）。

(23) 宮本、前掲論文。逆に、義江「日本古代奴婢所有の特質」（前掲）は、古記こそウヂ的所有の下での分有という法意に忠実な解釈であるとするが、古記の解釈はその立場からも明白な如く、養老令の規定から強引に修正的拡大解釈を下しているに過ぎないものであり、論拠とするのは正しくない。

(24) 「随状」が処分状・遺言状を指しているのではなく、事状・実状を示す用語であることは、滝川・義江が指摘している。

(25) 己身之時物としての宅及家人奴婢が別に存在していたことは、喪葬令身喪戸絶条の古記に、「父祖奴婢家人」「妻家所得奴婢」とは異なる性格の「家人奴婢」が認められることからも明瞭である。

(26) 応分条穴説には「寡妻妾及男並无、唯有二女子一者。（略）物云。依二元格一与二半分一」とあって、この女子得分を認めた元格は大宝令下のもの、と考えられている。古記には引かれていないものの、当時は既に「今行事」となっていた可能性がある。

(27)　なお、この財主の自由処分は、一般には男子のみならず女子にも分与する場合が少なくなかったであろうが、他に嫡承継物が存在していなければ「嫡子」に一括処分することも十分に行なわれ得たであろう。
　ところで、平安時代前半の相続慣行を見ると、父財の処分は嫡子あるいは男子と同列に、主要な一女子が選ばれて相続人とされていることが多いようである（明石一紀「平安時代前半の相続法と養老令」参照）。従って、父の己身之時物（当人取得産）が女子へも処分されるという場合、全ての女子が対象とされたのではなくて主要な一女子に限定されていたのではなかろうか。

(28)　これが唐令の「妻家所得之財、不㆑在㆓分限㆒」と同一の真意であったことは、義江「『妻家所得奴婢』の性格」（前掲）を参照されたい。

(29)　注(27)参照。なお、児島恭子「日本古代の嫡女について」（『史観』一〇七冊、一九八二年）では、大宝令制戸籍では夫婦同籍の長女に記載されている「嫡女」に注目され、嫡子と対応する意義を検討している。嫡女は父財或いは父母取得財に対して何らかの相続上の特権を有していたものと考えることができる。親の己身之時物としての家宅を相続しうるとか、「嫡承継物」の奴婢を一生の間割き与えられるとか、等を想定してみる必要があるのではなかろうか。

(30)　義江、注(23)論文。

(31)　井上、注(7)論文では、これを父母の「己身之時物」としての奴婢である、とする。

(32)　義江、注(28)論文。

(33)　古記にいう「財物亦同」は、妻家所得奴婢の処分法と全く同一である、という意味ではなく、その直前の「不㆑入㆓夫家奴婢之例㆒」を直接受けたものであって、妻財の処分ということ及び（条件付きか否かはともかく）本宗に還すこと、において財物も共通している、という意味にとるべきであろう。このように限定しないと、宅及家人奴婢と財物の処分法を明確に区別している大宝令の法意に背いたものとなるし、古記でも「家人奴婢田宅財物既費用後改適、若為処分。答。（略）但雖㆑被㆓強奸㆒、而後和同者、家人奴婢田宅可㆓追還㆒、財物不㆑合也」の如くに処分を区別する立場で注釈しているから、合理的な解釈とはいい難くなる。

(34)　例えば、フランスでも同様の事例が認められる。E・ル＝ロワ＝ラデュリ「慣習法の体系——一六世紀フランスにおける家族構造と相続慣行――」（アナール論文選『家の歴史社会学』新評論、一九八三年）では、仏西部地域に父財は父方家系・母財は母方家系という相続慣行の存することが指摘されている。要するに、夫婦別財で遺産はそれぞれのリニージ的な血族に帰属する、ということである。また、ジャン・アンベール『フランス法制史』（白水社、一九七四年）参照。

(35) 例えば、応分条に「釈云。称レ妻者、是兄弟之妻也。仮有、婦随レ夫之日、将ニ奴婢牛馬幷財物等一寄ニ従夫家一。夫婦同財故。婦物為ニ夫物一」の如く、唐令をそのまま敷衍した注釈も見られる。もっとも、このような注釈に論拠を置く学説もあるが（森田前掲論文）、常に中国の文献に根拠を求める釈説の法家的性格を見抜けば、当否は自ずと明らかとなるであろう。

(36) 平安時代の相続法を調べてみると（拙稿「平安時代前半の相続法と養老令」）、相伝所領をもつ女性は、父から相続した財は男子へ、母から相続した財は女子へという処分傾向がうかがわれるようである。

(37) 井上、注(7)論文。

(38) 義江、注(28)論文。

(39) 家伝や続紀に見える「宗」は、同族・同祖の子孫・先祖代々・血縁などの意で用いられている。これは血縁集団的概念というよりは系譜・系統的概念としてのニュアンスの方が強いように思われる。

(40) 森田「戸令応分条について」（前掲）では、「本宗」を父子・兄弟を中心にした親族集団と解している。この親族範囲の認識は私見とほぼ同様であるが、「集団」と理解するのは誤りである。更に、妻が出嫁してきた実家と同一視したり、それを家産体とみなしたり、ひいては戸と結びつける理解は、これまでの日本古代の親族構造についての研究蓄積や水準を無視したものといえる。研究史を踏まえて論ずるべきであろう。

(41) 明石一紀「続・日本古代の親族名称」（民衆史研究会編『民衆運動と差別・女性』雄山閣、一九八五年）。

(42) 奈良国立文化財研究所編『唐招提寺史料』㈠（一九七一年）。

(43) 西野悠紀子「律令体制と氏族」（『日本史研究』二五九号、一九八四年）。

(44) 井上、注(8)・(7)論文。

(45) 当戸主が仮に有位者ではなくとも、被相続人にたる亡夫が有位者であったことも考えられ、相続上で重要なのは被相続人の身分がどうであったかである。

(46) 井上、注(7)論文。

(47) 筑前国嶋郡の肥君猪手戸の「戸主私奴婢」は己身之時物の奴婢に相当しよう。それに対する「戸主奴婢」こそ、(氏賤ではなく)従祖父時承継物に他なるまい。従って、義江説とほぼ同じ解釈である。ところで、大宝令には養老令のような「氏賤不在此限」の本注がなく、論議の的になっている。大宝令の相続規定と「氏賤」との共通性(不分割)に着目して、大宝令の相続規定は氏賤相続を前提としている(吉田晶説)とか、規定の中に氏賤も含まれている(義江説)といった説も出されている。しかし、これらの論者も当然ながら承知しているように、「氏賤」は非嫡々継承の氏上(宗)に付随する財産であり応分条の「宅及家人奴婢」は嫡子の相続財産であって、明らかに別な性格の財産である。だからこそ養老令の修正を必要とした、と立論していくよりは、このような矛盾した法理が果して大宝令で規定・採用され得たかどうか、これを疑うべきである。古記は「其奴婢等、嫡子随ㇾ状分者聴」に注して「必令ㇾ分、任ㇾ意不ㇾ聴也」と解説しているが、このような分割の解釈が生じること自体、応分条の規定の中に氏賤が含まれていなかったことを意味していよう。また、大宝令の注釈書が一言も「氏賤」に論及していないのは、応分条の規定の対象外にある異質な財産であることを百も承知していたからではあるまいか。養老令に本注として加えられたのはその法意を明文化したものと見てよく、それは「功田・功封」の本注が新しく加わったことと全く同じ性質のものと考える。

(48) 関和彦「古代戸籍の基礎的考察――姻戚関係の析出――」(『続日本紀研究』二一九号、一九八二年)。

(49) 戸主母品遅君虫名売が奴一人を所有する事例は、唯一の例外(異姓婚)となっている。考えられる事情としては、(イ)この奴が妻家所得ではなく虫名売の己身之時物である場合、(ロ)親の己身之時物であったために自由な処分(既与)を受けた場合、(ハ)これこそ嫡承継物の分有＝「妻家所得奴婢」であって、虫名売の死後は本宗に還すのでさしつかえない、の三通りが強い可能性を持っている。

(50) 当時の官僚貴族層に父系近親婚が顕著に見られることは、西野悠紀子「律令体制下の氏族と近親婚」(女性史総合研究会編『日本女性史』第1巻、東京大学出版会、一九八二年)で詳論されている。この主因は、「本宗」内での母財の女系相続を実現させる手段で、相伝財産の他人への流出をふせぐところにある、と考えられる。

〔補注〕　古フランク法の影響をうけているであろうフランス中世の慣習法では、ジャン・アンベール（三井哲夫・菅野一彦訳）『フランス法制史』第二章（白水社、一九七四年）によると、「後得財産すなわち共同取得財産は、動産不動産を問わず、相続または尊属からの贈与によることなく帰属した財産である。ときに後得財産と共同取得財産の二つのことばを区別することがある。前者は婚姻前に取得した財産について、後者は夫と妻の間に存在する夫婦共同財産制の存続期間中に取得した財産について用いられる」とされ、「固有財産たる不動産」と区別されて「異なった原則に基づいて相続された」という。後得財産は動産と同じ法則で自由な処分・贈与が認められているのに対して、親族から相続で得た不動産＝固有財産は「それが伝来されたのと同一の家系に復帰しなければならない」とされ、「父の財産は父系の血族へ、母の財産は母系の血族へ」といわれる「父母両系相続」の規制が存在していた。また、固有財産が「家族」外に流出した場合には、一年以内の親族取戻権が認められているのである。

第三章　平安時代前半の相続法と養老令

問題の所在

前章「日本古代の相続法」では、唐令と大きく相違していた大宝令の戸令応分条に日本固有の伝統的な相続法を求め、その令文の背後には古代の相続法の法理が横たわっていることを指摘し、応分条の表現上の不備は認められはするが、我が国の相続原理をそれなりに反映しようとしたものに違いない、という主旨を述べておいた。

そこで、次に問題となるのが、大幅に改訂されて全体としては唐令の規定に近付いた養老令の戸令応分条の位置付けであり、また、その施行下である奈良末〜平安中期の相続慣行の実態についてである。まず、大宝令と養老令とで大きく相違する応分条の規定に対して、これまで先学は[1]、両者をともに肯定的に解釈しようと腐心して、多様な説明を試みてきた。一般には、その後の実情・相続慣行の変化に対応させようとしたとか、貴族に限らず庶民層まで含めた規定にするため庶人の慣行を反映させようとしたとか、大宝令の極端な嫡庶異分主義と唐令の諸子均分主義とを折衷・妥協させたものだとか、立法者の強い政治的意図・利害がからんでいるとか、等の様々な理由があげられ、更にこれらを複合させた説明が流布している。これらの論者にみな共通していることは、この養老令の相続規定がそのまま当時の社会に適用されて機能していた、と信じて疑わない点である。だが、(イ)社会構造と密接に結びついている相続法が革命でもおきない限り二〇年やそこらでそもそも変化するものであろうか。また、(ロ)いくら庶人層の相続法といったところで同じ社会の貴族層のそれと全く異なる原理にもとづくことがあるだろうか。(ハ)ましてや政権を握る者の目先の現実的利害で相続制が左右されたりするであろうか。その上、(ニ)当時の庶人層の相続慣行を反映したものとすれば、日本の庶人社会と唐の社会とは似たような相続＝親族構造をもっていたと考えざるを得なくなるが、日唐の親族構造はそれ程類似性が認められるであろうか。どれ一つをとっても疑問といわざるを得ない。要するに、大宝令と養老令の応分条の相違は、同じ社会の同じ時代において、前後して共に機能することが不可能な程、異質な内容を示している、ということである。これまで、どちらの法的実効性も疑われてこなかった、というのは不可思議という他はない。このように考えてくると、我々が疑うべきは、自ずと、日本的要素も若干取り入れているとはいえ、全体的に唐の規定をまねている養老令の法定相続規定の方であり、その実効性は如何ということになるであろう。

そこで、養老令制下の実態として検討されるべきは、平安時代前期を中心とした相続慣行の実例である。平安時代の相続制研究はいくつかあるけれども、後期のしかも貴族層に偏っているようで前期の研究は手薄といえよう。しかし、『平安遺文』の文書を分析の対象とした服藤早苗は、(2)平安時代全般に渉ってしかも在地の武士・農民層の相続慣行を究明している。ここで、譲与対象財産の性格から、(イ)所職・一所所領、(ロ)散在田畠・家地、(ハ)荘園、の三つに分類し、都市貴族層を所有主体とする(ハ)を除外して分析している。また、(イ)は一一世紀以降の在地領主層が所有主体であるということから、本稿では論外に属する。問題となるのは(ロ)である。平安時代を通じて富豪層・農民層を所有主体とみなされた(ロ)について、この散在田畠・家地等の私領は父母から男女の諸子に均分的に分割相続させているという。それは面積の大小に関係ないばかりか、先祖相伝私領は財産の性格にも格差がみられず、ほぼ男女均分に分割されていたとする。結局、一一世紀に在地領主層が台頭してきて(イ)が支配的となる、という見通しを立てている。

さて、この在地諸階層の相続法の服藤説に対し、疑問や気になる点がある。それは、平安期を通じて夫婦別財制であるという認識をもちながら、父母の財産の相続として一括して把握していることであり、父財と母財とに区別してそれぞれの譲与のルールを検討する、という視角が欠けていることである。次に、相続財産の性格から(イ)所職・一所所領、(ロ)散在田畠、(ハ)荘園に分類し、それぞれ在地領主層、富豪・農民層、貴族層に対応させて論じているが、このような財産の形態上での分類とか階層的な相違を前提とするよりも、当時の社会で実際に行なわれていた相続慣行の背後にある本質＝相続原理をつかみ出して区分することが重要ではないか、と思われる。いい換えれば、財産の性格を先祖相伝の所領であるか自己の取得所領であるか、という本質的な区別でもって分類し、それにもとづいて分析されるべきである、と考える。三つめに、養老令の相続制を大前提としているかの感があるが、すでに指摘した如く養老令の相続法は実効性が疑われて然るべきである。この法制的な検討も欠落していた、といってよいであろう。

そうすると、課題は、まず養老令の相続法の特徴を把握し、次いで平安時代前半の相続事例について売券類を大いに活用して抽出し、この相続慣行と養老令の相続規定とが合致するかどうかを比較・検討すればよい、ということになる。その分析の際に、父財か母財かの区別、および先祖相伝所領と当人取得所領との区別に留意して検討すべきであることは、いうまでもないだろう。

一　養老令戸令応分条の性格

1　令文の検討

養老令の戸令応分条の規定については、既に中田薫の基礎的な研究(3)があり、唐制との比較も行なわれている。そこでは、宋刑統戸婚律巻十二所引戸令応分条をもとに唐令の応分条の復元も試みており、その復元令文と養老令文との比較から考えてみたい。

以下、養老令文を掲げるが、唐令と同一語句の部分には○印、語句を日本令風に置き換えただけの部分には△印、をそれぞれ右脇に記入しておいた。

凡(A)応レ分者、家人・奴婢、氏賤不レ在二此限一。田宅・資財、其功田功封、唯入二男女一。総計作レ法。嫡母・継母、及男子、各二分、妾同二女子之分一、庶子一分。(B)妻家所得、不レ在二分限一。(C)兄弟亡者、子承二父分一、養子亦同。兄弟倶亡、則諸子均分。(D)其姑姉妹在レ室者、各減二男子之半一、雖二已出嫁一、未レ経二分財一者亦同。(E)寡妻妾無レ男者、承二夫分一、女分同レ上。若夫兄弟皆亡、各同二一子之分一。有レ男無レ男等。謂下在二夫家一守レ志者上。(F)若欲二同財共居一、及亡人存日処分、証拠灼然者、不レ用二此令一。

令文を(A)〜(F)の六部分に分けておいた。まず、(B)・(C)・(D)・(E)はほとんど唐令と同じ規定であることが知られる。唐令を模倣した条文といってよい。(D)の規定が、(C)の条件に限定されたものか、(A)・(C)を通じた一般的規定としての女子得分を示しているのか、については、中田の考察によって唐令と同様に養老令でも後者（一般的な通則）を指すものであったことが確かめられている。(4) 即ち、「姑姉妹」＝現在の相続人若くは早世せる相続人の姉妹の意であって、被相続人の女子を指すとされている。

では、唐令と異なっている(A)を見てみよう。まず、嫡子二分・庶子一分の嫡庶異分についてであるが、唐令では諸子均分であって嫡子の優遇はない。しかし既に、唐食封相続法（大唐六典巻三）に見える「食封人、身没以後、所レ封物、随二其男数一為レ分、承嫡者加二与一分一、若子亡者、即男承二父分一」によったものであることが指摘されている。だが、この加えた一分は祖先祭祀のための「享祭一分」である、とは考え難い。当時の日本で「嫡子」に祖先祭祀を掌ることが期待されていたとは思われないからであり、別な意味を求めるべきである。これは後に触れることにする。それにしても、嫡子二分（の数値）は唐制から導き出されうる、という点が重要である。次に、嫡母・継母二分の規定だが、彼女らは嫡子からみたママハハであり、それぞれ妾の子、前妻の子からみた父の妻である、と解されている。亡父の妻が嫡子の実母である場合には分財の規定がなく、原則として妻は相続者からはずされている、といえよう。従って、養老令における嫡子の二分とは実母の（扶養）分を一分加えた数値と理解される。義解に「但於レ法、母子无二異財之理一、即分得之後、各当二同財一」とあるのは、日本古代が一般に母子同財という社会（母系制）ではなかったことから、母と同居する一子に対しては同財とみなして処分された、ということであろう。母の分も子の名義で加増されて分与されたものと思われる。

また、嫡母・継母は嫡子と同じ二分を与えられていることから、嫡庶子ともに不在の場合の妻に限られた表現であったに違いない。更に、本注に「妾同二女子之分一」とあることについて、中田は妾一律に分与されるものと理解した上で懐疑をいだいて問題だとしたが、これは仮に妾が嫡子の母となった場合には女子分（1/2分）の相続は除外されるという法理であったのではなかろうか。

ともあれ、日本の「嫡子」には実母（妻妾）を扶養する義務が与えられていたことになる。このような規定が生まれた理由は、日本の当時の社会が別居を伴う一夫多妻制であった実情を考慮したものといえる。中国とは違って、日本の「妻・妾」はともに社会的に公認された妻たちであって、正妻と副妻の違いでしかない。[5] そのため、子のいない（子と同居しない）妻妾に対しては、「嫡母・継母（略）、各二分」とか「妾同二女子之分一」といった亡父の財産からの分与がきめられたのである。応分条の(A)は、日本的な「妻妾」制＝一夫多妻制の認識が強く働いており、それは(E)で「寡妻妾無レ男者、承二父分一」の如く唐令にない妾を妻に並べて規定している点にもあらわれている。しかも、別居している妻妾にそれぞれ子が従っている居住形態を前提とした規定であるといえる。

(A)では、他に氏賤や功田功封についての本注規定があり、日本的な色彩をそえてはいる。[補注] しかし、基本となる財産についての配分では、嫡庶制（嫡子二分、庶子一分）も唐制を考慮した規定であることから、「妻妾」制（一夫多妻制）と一子の実母扶養原則とを前提としたところにこそ、日本的要素を確認することができるのである。

次に、(F)の部分を見てみよう。これは、(1)「若欲二同財共居一」、(2)「及亡人存日処分、証拠灼然者」という（どちらかの）場合に限っては、「不レ用二此令一」という。例外規定であるこの規定は唐令にも大宝令にも見られず、応分条の法定相続によらないこともありうる旨を明文化したものである。ただ、(1)について、中田は、中国でも同財共居制がしばしば行なわれていたことを指摘した上で、「親族の同居共財制は唐制の模倣に止まりしか、我固有の慣習法に基いたものであるか、又太宝養老時代に、之が事実行はれて居たものであるか等の疑問は、之を決定し兼る」と述べている。[6]
私は、かつて古代日本に親族の同財共居制たる〝家族共同体〟が存在しがたいことを詳論したことがあり、[7] 従って(1)

の規定は「唐制の模倣に止まりし」ものと考えられる。同財共居制は日本の実情にそぐわぬ親族形態であり、この例外規定はたて前だけの論理にすぎなかったものと思わざるを得ない。

残る(F)の(2)は、遺言処分と生前譲与とを含めた意味での「存日処分」の例外規定であるとされている。この亡人存日処分の効力を積極的に認めたところに、養老令の応分条の特質があると考えられる。この「処分」の語は、日本では後に生前譲与を指すものとなっていること[8]から、日本の生前譲与の慣行を考慮して例外規定を明文化した可能性があり、(2)の「及亡人存日処分、証拠灼然者、不レ用ニ此令一」という規定は日本的特質を反映したものと考えるのである。この当否は後で検証されることになるであろう。

2　養老令の特質

前項で養老令の応分条と唐令とを比較してその同不同を検討してきたが、結論をいうと次の如くに整理される。応分条に規定されている法定相続法は、大部分は唐令をほぼ模倣した令文といえるが、一部に独自性が認められる。特に重要な点は、別居制と思われる一夫多妻制（「妻妾」制）と、優遇した「嫡子」に実母を扶養させる（母子同財）、という二点である。これは日本的要素を加味したものといえるが、しかし大宝令の極端な嫡子優遇相続法においても母の扶養義務を大前提としていたと考えて差し支えないわけであるから、養老令の法定相続規定で新しく日本的要素を取り入れた点というのは、別居式の多妻制を考慮して遺産配分を工夫しているということ位であり、さして独自性は認められない。

このように、大宝令とくらべればほぼ唐制的と断じてもよい養老令の応分条にあって、「存日処分」の場合にはこの法定相続法を適用しないという例外規定が新しく明文化された点は、はなはだ示唆的であるといえよう。もし、仮に当時の日本の相続慣行が「存日処分」を原則としていたとするならば、先の応分条の相続規定は日本ではほとんど実施されることがなかった、という可能性が生まれるからである。

中田は、養老令文を詳細に検討して、唐令をまねた部分と日本固有の実情を反映した部分とを指摘しつつも、多くはどちらとも判断できないものと論じて評価は一定しておらず、(9)大宝令の応分条とくらべてどちらがより実情にそうものであったかという点は不明瞭なままである。この通説的理解は、大宝令とくらべた場合の養老令の唐制的な原理を徹底化することが不十分だったのであって、結局は中途半端な解釈にとどまっているといわざるを得ない。私は、養老令の法定相続規定について、日本的要素を多少加味していることは認めるものの、小手先の修正ではまよならぬ程に相続法理そのものが日本と質的に異なる唐制に規定されている、と判断している。従って、養老令の戸令応分条の改変は、本質的に唐令の模倣であり令文自体の唐風化の帰結にすぎない、と考えるのである。それ故、応分条が当時の日本で機能しえたとは考え難く、その実効性に疑問が持たれて当然である。更には、法定相続によらない「存日処分」の例外規定こそが、当時の相続慣行と異質であった応分条の安全弁だった、という可能性すら考えてみる必要にせまられる。

前章では、大宝令の戸令応分条が当時の日本の相続慣行を一面的ながらも反映したものであるとして、日本古代に行なわれていた相続法の体系を立体的に復元してみた。(10)そこで、大宝令の背後に横たわっている相続法理と養老令の規定とを比較して、以下、養老令の法定相続法の特質をいくつか指摘しておきたい。共に父財の遺産相続法である、という基本的性格については問題はないと思う。質的な相違点の(1)は、大宝令文では「宅及家人奴婢」と「財物」との品目別として表現されていた先祖相伝物と己身之時物との遺産の性格区別が見られず、皆一括した遺産として配分している（「総計作法」）ことである。(2)としては、親からの相伝財産に対して「還二本宗一」規定とか同族内相続規制がみられず、父系近親外への流出をとくに防止する処置がみられないことである。(3)としては、もし子孫がいなかった場合の遺産相続人は配偶者となっていて、亡人の血縁者である甥姪や兄弟姉妹に相続させるものではなかったことがあげられる。(4)としては、父財であっても全ての女子へ分与することになっており、男女の得分比は二対一の割合とされていることである。(5)としては、実子がいない寡婦（「嫡母継母」「妾」）にも子と同じ得分があり、多妻制下での条件つきながら配偶者にも相続権を認めていることである。さて、以上の特徴をもつ法定相続法は、果して養老令制下で実際に適用されていたであろうか。

結局、唐制を模倣したと考えられる養老相続法が実際に社会的効力を持ち得たかどうかという問題は、当時の相続事例を調査して先の(1)〜(5)の特徴が認められるか否か、この五点を検討すればよいということになる。

二　売券に見える「相売」の意義

1　売券類の連署の分類

天平宝字元年（七五七）に施行された養老令制の時期は、一応八世紀後半〜一〇世紀あたりに想定することができるかと思う。従って、養老令の実施状況の検討は、多くの史料が残されている平安時代前半の時代が対象の中心におかれることになる。

平安時代になるとかなりの量の田畠・家地の売券・処分状が残されている。これらの文書において、その所有権を知る手掛りになる記載として注目すべきものに連署がある。売人の連署者は「相知」「相売」等と見えるが、この性格についてはいまだに十分な解明がなされていない。[11]売券・施入状のように、所有権の移動をもたらす文書において、連署のある場合とない場合とが見られることは、ここに何らかの所有権の相違が反映されているのではないか、と注目される。そこで、天平宝字〜長保年間（八世紀中葉〜一一世紀初頭）の一一五通の個人による売券類をとり上げ、家地・墾田などの財産のそれぞれの性格（相伝財産か自得財産かの相違）を区別して、連署の有無と比較する一覧表を作成してみた。それが表10である。文書番号は『平安遺文』の番号に拠っているが、奈良時代（天平宝字以降）の文書には①〜⑤の仮番号をつけて表わしてある。[12]また、文書に「己墾田」「己家地」と見えるものについては、これを当人取得産の文言（例「己買得地」）とはみなさず、単に自分（名義）の所有地であることを示す一般的な表現として扱った。

さて、表10をみると、財産の由来・経路・性格が不詳とされる事例が残念ながら少なくはない。しかし、父祖伝来の相続財か否かという区別と連署の有無とは関連がありそうに思われる。そこで、署名を(イ)売人（田主・専売人・処分者）、(ロ)相知人（知事・知）、(ハ)相売人（相沽）、(ニ)近親（僧）、(ホ)戸主、の六種に大別し、これらの署名の組合せごとに表10の事例を分類してみることにした。それが次の表11である。

ここでは、(イ)と(ロ)〜(ホ)との署名の組合せで八種類の形式に分けることができるが、それをさらに整理してⅠ・Ⅱ・Ⅲの三類型に大別して表示することにした。というのは、(ロ)の相知人と(ホ)の戸主とは、他の署名者とくらべて多分に「証人」的性格の強い存在であって、所有権・田主権には直接関係しない立場である、とみられるので、この二者を

表10　売券類の近親連署

文書番号	物件の性格	移動	売　人（主）	連　　　署
①	（亡父損失物代）・奴婢	進納	三家連豊継	母
②	不詳・家地	売与	矢田部造麻呂	相知戸主（異姓）
③	不詳・{家地	売与	息長丹生真人広長	相知僧
	{家地	売与	車持朝臣仲智	知事
④	不詳・墾田	売与	物部古麿	男
⑤	不詳・家地	進納	大宅朝臣船人	
4	不詳・家地	売与	石川朝臣吉備人	
5	不詳・家地	売与	尋来津首月足	相売男・相知（異姓）３人
6	不詳・家地	進納	宇治宿禰豊川	知男２人
15	秦東人墾（田）	売与	秦東人	戸主（異姓）
16	（女２人より入手）・墾田	売与	民首田次万呂	
17	故女王儲備水田	施入	文室真人長谷	男３人
18	不詳・家地	売与	城原連三仲	
22	不詳・墾田	売与	依知秦公広麻呂	
29	不詳・墾田	売与	上毛野朝臣弟魚子	相売人戸主（同姓）
33	不詳・墾田	売与	清江宿禰常世	
43	已姓女秦忌寸諸刀自家	売与	秦忌寸阿古刀自	相売（同姓）２人
44	不詳・墾田	売与	調首富麻呂	弟２人・姑２人・戸主（異姓）
47	不詳・墾田	売与	依知秦富吉女	戸主（同姓）・弟
48	已之父秦永寿之墾田	売与	秦富麻呂	弟・母
49	不詳・野地畠	売与	紀朝臣鷹守	相沽（同姓）
50	不詳・墾田	売与	大蔵秦公広吉女	男３人・戸主（男と同姓）
53	已之祖墾田	売与	建部縄公	妹・戸主（異姓）
54	不詳・墾田	売与	山前連広継	戸主（同姓）
55	（亡母負物代）・墾田	売与	八木造大庭麻呂	男子・弟２人
57	不詳・墾田	売与	小長谷造福成	妹２人・戸主（異姓）
59	已処分家地	売与	秦忌寸広野	相売母
60	不詳・墾田	売与	秦継麿	
65	不詳・墾田	売与	依知秦公永吉	相売（同姓）
70	不詳・家地	売与	石川朝臣宗益	
79	不詳・墾田并野地	売与	安倍朝臣房上	
81	不詳・家地	売与	賀茂朝臣成継	
86	買得（70号）・家地	売与	稲城壬生公物主	
87	不詳・墾田	売与	依知秦真大刀自女	相沽（同姓）２人・弟・戸主（同姓）
88	不詳・墾田	売与	清江宿禰夏則	
89	不詳・墾田	売与	若湯坐連継人	相売（同姓）２人・戸主（異姓）
90	已子魚麻呂之得処分地	売与	秦忌寸縄子	相売（異姓）
92	已之男子処分家地	売与	秦忌寸鯛女	相沽戸主（同姓）
100	不詳・家地	売与	葛野飯刀自女	相売女子

114	不詳・墾田	売与	依知秦公福万	相売男２人
115	不詳・新田幷家地畠	売与	紀宿禰真貞	父・弟
116	買得（88号）・墾田	売与	依知秦公秋男	
117	元依知秦公平刀自女土	売与	秦忌寸五月麻呂	相売（同姓）２人・戸主（異姓）
120	不詳・墾田	売与	依知秦公年縄	相売戸主（同姓）３人
123	不詳・墾田	売与	依知秦公酒富刀自女	相売（同姓）
130	不詳・墾田	売与	神門今子	相売（異姓）３人・相知（異姓）
131	不詳・墾田	売与	依知秦公福万	相売（同姓）２人
132	元調首新麿土（買得）	売与	依知秦公福行	
135	不詳・墾田	売与	依知秦公永吉	相売（同姓）
140	不詳・墾田	売与	依知秦公浄男	（同姓）２人
143	故内親王家所給地	売与	菅原朝臣幽児	
144	不詳・墾田	売与	依知秦公安麻呂	戸主（同姓）
147	不詳・墾田	売与	僧高徳	相売男（及び異姓女）
148	亡夫の買得・遺言・墾田	施入	阿閉朝臣福子	男沙弥
149	不詳・墾田	売与	秦公宗直	相沽（同姓）
150	不詳・墾田	売与	僧高徳	相売（男物部姓２人・女依知秦姓）
151	不詳・墾田	売与	依知秦千嗣	相売男
159	元依知秦公田刀自女土	売与	依知秦公広成	
163	己祖地・家地	売与	石川朝臣貞子	
166	祖地（42号）・家地	売与	石川朝臣滝雄	相売人（同姓）
167	不詳	売与	平群朝臣富益	僧
169	不詳・墾田	売与	伊福部某	
170	不詳・新開田	売与	広津福主	相請（異性）。〔直請文〕
171	不詳・田地	売与	土師宿禰吉雄	相売妻
173	不詳・墾田	売与	宗岳朝臣利行	相売僧
176	父永原利行被給地	売与	女子永原穀子	相売弟・男２人
178	己等処分地・家地	売与	伊勢朝臣惟茂	（同姓）２人
181	不詳・家地	売与	秦宿禰有世	
182	父十二月麿賜処分家地	売与	水連虫子	
187	不詳・墾田	施入	依知秦公又子	
195	不詳・家地	売与	辛人稲守	
200	故親父成継之私地	売与	秦忌寸岑吉	相知男
203	不詳・家地	処分	民安占子	相知男
205	故伯父・親父賜家地	処分	平田宿禰福刀自子	甥（同姓）２人
207	不詳・家地	売与	山背忌寸大海当氏	
214	買得之田地	施入	調連安宗	
215	故親父所領掌墾田畠	売与	安倍朝臣忠材	相売（異姓）
216	買得（207号）・家地	処分	源朝臣理	
230	己親母給家地	売与	安倍朝臣乙町子	相売夫（同姓）
232	己父給処分家地	売与	源朝臣市童子	相売（異姓）

文書番号	物件の性格	移動	売　人（主）	連　　　署
239	先祖（故父）地を伝領	注進	故源朝臣後	（同姓）３人
243	己私地・田畠	売与	朝原宿禰有岑	
246	買得・治田・家地	売与	笠小門子	相知僧
247	故父所領・治田	売与	美作真生	（同姓）１人
249	買得(246・247号)・治田	施入	源朝臣敏	
256	己之買領地・家地	売与	安倍朝臣良子	
259	故親父之処分地・家地	売与	平朝臣忠信	
264	買得地・家地	売与	安岑宿禰高村	
268	故親母賜処分・家地	売与	秦阿禰子	
269	故祖父地を伝領	売与	巫部連某	
270	己買地・家地	売与	置始乙連	
271	子孫相伝・先祖之墓地	施入	橘朝臣元実	（同姓）２人
299	先祖所領遺財得分之内	売与	島実雄	
300	故若江善邦所領相伝	売与	藤原某	
306	不詳・家地	売与	伴為仁	
311	不詳・牧地	処分	県某	（異姓）２人
313	故親父給処分・家地	売与	秦是子	
314	故親母所領・家地	売与	穴太某	僧
317	己之故父買得領掌・家地	売与	丸部大平	相売（異姓）
323	買得・家地	売与	高橋朝臣経二	
327	故親父地・家地	売与	桜嶋挙本	
352	買得・家地	売与	大法師鎮祐	
356	故親父所領を伝領	売与	吉志忠兼	同男
367	買得領掌・治田	処分	伊福部利光	
369	相伝領・牧地	処分	僧快秀	僧
373	相伝所領	寄進	玉手則光	（同姓）１人
410	買得（4908号）・庄牧	施入	平朝臣惟仲	
4328	不詳・墾田	売与	三善深主	（異姓）２人
4421	不詳・墾田畠	売与	秦人有伍倍	妻・親２人・戸主（同姓）
4443	不詳・墾田	売与	依知秦公万福	男・弟・戸主（同姓）
4456	不詳・墾田	売与	紀朝臣葛成	相売（同姓）２人
4550	不詳・田地	売与	日下部秀貞	知事（同姓）
4554	已先祖領地・山地	施入	僧平晟	
4605	師資相伝所領	処分	僧能因	一男僧・二男僧
4901	（本田主之負物代）・墾田	売与	物部広雄	男２人・本田主（異姓）
補256	不詳・栗林	売与	真野朝臣末子	相売（同姓）

注　1.　本表は，養老令施行時の天平宝字元年（757）から長保五（1003）年に至る約250年間の売券・施入状・処分状にあらわれた連署の有無を表示したものである．ただし，僧から僧への売券類は除外してある．

2.　文書番号は『平安遺文』の番号に従っているが，奈良時代の文書①～⑤は別記の通り仮番号である．合計115通．

3.　親族や所有権にかかわる連署のみをとり上げ，保証・保人・証人・刀禰や郷司の類の署名はみな省略してある．連署の「僧」は近親とみなして扱った．

4.　施入（寄進）者・処分者は田主と共に「売人」として一括表示した．

表 11　売券連署の分類

署名＼性格		売人取得財産	相伝・給処分・祖地	不　　詳	計
Ⅰ型	売人のみ	16, 86, 116, 132, 143, 159, 214, 216, 243, 249, 256, 264, 270, 323, 352, 367, 410	163, 182, 259, 268, 269, 299, 300, 313, 327, 4554	⑤, 4, 18, 22, 33, 60, 70, 79, 81, 88, 169, 181, 187, 195, 207, 306	53例
	売人・戸主	15		54, 144	
	売人・相知	246	200	②, ③, 6, 203, 4550	
Ⅱ型	売人・近親(僧)	4901	①, 17, 48, 55, 148, 178, 205, 239, 247, 271, 314, 356, 369, 373, 4605	④, 115, 140, 167, 311, 4328	29例
	売人・近親(僧)・戸主		53	44, 47, 50, 57, 4421, 4443	
Ⅲ型	売人・相売		43, 59, 90, 92, 166, 176, 215, 230(＝225), 232, 317	29, 49, 65, 100, 114, 120, 123, 131, 135, 147, 149, 150, 151, 170, 171, 173, 4456, 補256	33例
	売人・相売・戸主	117		87, 89	
	売人・相売・相知			5, 130	

注　1.　本表は表 10 の売券類 115 事例の署名をもとに再分類したものである.
　　2.　8 種の署名形式を整理して，売人（及び戸主・相知）の類型をⅠ型，売人・近親(及び戸主・相知）の類型をⅡ型，売人・相売（及び戸主・相知）の類型をⅢ型，と 3 類型に大別して表わしてある.

留保して基本類型をたてたからである。「相売」「相沽」と表現される連署者と「相知」のそれとは一見類似し、従来も余り区別することなく考えられてきた。だが、前者は田主をしばしば「専売（人）」「専沽人」とよんでいてまさに「専」と「相」の二種の「売人」がそれぞれ主・副の売却主体であるといった、いわば当事者的な権限を感じさせるのに対し、後者の「相知」は単に売買の結果を承知した、確認したといった、いわば関係者ではあるものの客体的・第三者的な立場を感じさせる語なのである。また、「戸主」は時に「相知戸主」とも「相売戸主」とも見えて双方にまたがっているが、この場合は表11ではそれぞれ相知・相売として示してある。問題はただ「戸主」とある大部分の事例で、彼らと売人とをくらべると同姓とは限らずに異姓の例も多く、従って所有権には直接関らない相知人と同種の性格であると考えている。よって、売人の関係者であるとはいえ「証人」的性格の強い(ロ)相知・(ホ)戸主の連署をここでは派生的・付随的なものとして棚に上げ、(イ)売人・(ハ)相売人・(ニ)近親（僧）の三種の署名を基本要素として類型化してみたのである。それが、売人中心（及び相知・戸主）のI型、売人・近親複合（及び相知・戸主）のII型、売人・相売複合（及び相知・戸主）のIII型、という表11の区分けである。

この表11をもととした検討を次に行ないたい。

2　連署類型の分析

財産の取得経路・由来・性格をもとにして、表11では売人取得財産（自己が他人から買得・給与された財）と相伝・給処分・祖地（先祖から処分などで相続伝領した財）及びいずれか不詳とに分けて、それぞれの連署の形式ごとに事例を列挙してある。

これによると、興味深い事実が浮かび上ってくる。所有者＝売人自身の取得財産の場合には、全二一例のうち、圧倒的に（一九例）I型すなわち売人型であって、II型＝売人・近親型やIII型＝売人・相売型は合わせても僅か二例にしか過ぎない。すなわち、九割がI型であるからII型・III型は例外である、とみなしてよいであろう。一方、先祖（親）から相続した被処分地・祖地の場合には、全三七例のうち、II型＝売人・近親型が一六例、III型＝売人・相売型が一〇例であって、両者合わせて七割を占めている。逆にI型＝売人型は一一例であり、全体として見れば決して多くはない。この売人型一一例は例外といってよく、ほとんど近親や相売の連署が事情によって省略された形のもので、実際には背後に相売人が存在していたものと思われる。

その相売人が省略されている例を、次に提示してみよう。まず、『平安遺文』二九九号の治田売券案には「先祖所領」の沽却にもかかわらず売人としては「答志郡少領島実雄」の名しか見えぬが、三六七号の治田処分状案によると「件治田者、従二答志郡司島福直妻子一、限二直物一永財定買得」と明記していることから、実際には二九九号の時点では故島福直の妻と子（＝実雄）とが専売・相売の如き形式で売却したものであることが知られる。案文のゆえか他の事情によるかは定かでないにしろ、母の連署が欠けている例といえる。また逆に、同三〇〇号の故若江吉邦領の家地売券では売人の署名は「藤原（草名）」とのみ見えるものの、三一七号の家地売券には「而従二息子等手一、大平之□（親）父丸部時忠買得領掌」と記されていることから、三〇〇号の時点では息子の若江某とその母（故人の妻）と類推される藤原某とが売却主体となっていたことが知られる。ここでは男子が幼少であったためか、子の署名の方が欠けた例といえる。また、同三二七号は売人桜嶋挙本から桜嶋滋枝への家地売券であって、これは同族内部での売買とみられ、この場合には特に相売・近親の連署は必要としなかったものと思われる。以上、先祖相伝の財産であるがⅠの売人型であって近親・相売の連署の欠けている一一例は、そのいくつかが特殊な事情によるものであることを述べてきた。それは、(イ)実際には相売人が存在しているのだが文書の上では署名が欠落・省略されていること、(ロ)同族内部での売買であるため権利の移動に際して相売が不要であったこと、を指摘してきたが、他にも(ハ)売人が孤独で相売となるべき近親者が存在しなかった、という可能性も当然考えられる。いずれにしても、親から処分をうけた先祖伝来の所領を他人へ譲渡する場合には、Ⅱの売人・近親型かⅢの売人・相売型の署名様式を原則とし、Ⅰの売人単署形式は特殊事情による例外である、と結論付けても構わないのではあるまいか。

ところで、Ⅱ型における連署者の近親（僧）についてその性格を考えてみたい。この近親は、文書では具体的に男・女・弟・妹・母・父・姑・夫・妻・甥という親族名称を冠して連署している人々である。売券の場合は、「相売」か「相知」の頭記が省略されたものと考えられるが、両者の絶対数からみて「相売」の比率が圧倒的であること、表11によると近親の連署様式（Ⅱ型）と相売の連署様式（Ⅲ型）の事例分布が同一の傾向を示していて両者に相違が認められないこと、の二点から判断して、この時期の売人の近親（僧）はほとんど「相売（人）」の語の略された連署であることは疑いのないところである。なお、施入状・寄進状・処分状の場合には、近親の連署が必要な場合であっても「相売」の用語を使うことができないから、相売と同権利者の近親をただ親族名称のみで表記することが多かったのも容易に想像がつこう（時には「相知」という表現を用いたものと思われるが）。

要するに、売券の「相売（人）」＝近親の連署であって、表11のⅡ型とⅢ型とが実は共通した署名類型であるということになる。

3　「相売」の有無と相続法

他人に譲渡する財産の性格によって「相売（人）」＝近親の連署の有無が決まることを明らかにしてきた。先祖よりの相続財産の売券類に売人・近親型、売人・相売型の連署が見られるということは、この種の財産が子孫たる同族にのみ相続させる規制を備えていたからであって、それ以外の他人に売却・譲渡する場合には近親の承諾・許可・同意を必要としていたことを意味している。かような財産は、他の民族においても子孫の〝同意〟や〝種々の制限〟を伴っていたといわれる(13)から、まさに古代における近親の「相売」も同じ性格であるといえよう。
財産の性格によって権利の移動に処理上の区別が存在したという点は、当時の養老令制にそぐわない慣行である。だが、大宝令注釈書には財産の性格によって処理上の区別があることが明示されている。喪葬令身喪戸絶条には

古記云。（略）此条、亡人存日処分者用不。答、亦依二処分一耳。一云。若為二嫡承継物一者、不レ合レ聴。唯当身之時物者、随二処分一耳。

とあり、更に戸令応分条には

古記云。問、亡者処分用不。答、証験分明者、依二処分一耳。一云。己身之時物者得レ分也。従二祖父時一承継宅家人奴婢者、不レ合。依レ令耳。

と見えるもので、ともに、死亡した財主が存日に処分して（遺言・生前譲与）証拠が明白ならば、令条の規定（法定相続法・絶戸遺産処理法）によらないで構わないのかどうか、という問答の注釈部分である。ここでは、古記説は条文規定によらず生前の処分によれと述べていて、養老令（の例外規定を読んだ上で）を先取りしたような注釈を行なっている。(14)これに対して、一説は他の諸説と異質で独特な注釈を示し、まず遺産を(A)「嫡承継物」「従二祖父時一承継宅家人奴婢」と(B)「当身之時物」「己身之時物」とに二分し、(A)は令条の規定を適用するが(B)は財主個人の自由処分にまかせてよい、と述べているのである。この一云の注釈における(A)と(B)の二区分の論理は、先に検討したところの、先祖から相伝した祖地・被処分地の類の財産と本人が他人から買得などによって取得した財産との区別と何ら相違はなく、同じ原理によっている。そしてまた、一云の注釈に見える(A)と(B)の財産の区別観念が、大宝令の応分条に規定されている「宅及家人奴婢並入二嫡子一」と「財物半物、一分庶子均分」との二元規定的相続法の背後に横たわっている法理であり、日

本古来の相続慣行を反映したものであったということは、前章において詳述したところである。[15] 従って、財産所有権の移動において、当人取得の財産は財主の自由処分が可能であるが、先祖から相伝した財産は財主個人の自由意志にまかせられない（法定相続に従ったり近親の同意を必要としたり様々の制約がある）、という原理は、大宝令制の背後にあるのみならず養老令下の八世紀後半〜一〇世紀の売券類にも存在が確認されることになる。

さて、養老令の応分条にあっては、財産の性格によって相続を区別することなく大宝令と異質な規定で、また「亡人存日処分、証拠灼然者、不レ用二此令一」の例外規定でも全ての財産に対して財主の自由処分が可能であるという論理を示している。即ち、養老令下の売券類に見られる近親の相売人連署の有無という慣習法は、大宝令制と共通した原理ではあっても養老令制とは明らかに異質な財産所有認識である、といえよう。

ところで、「相売」にあたる近親の具体的な親族関係は、五等親条によれば一等親（父・母・夫・子）と二等親（伯叔父・姑・同父兄弟姉妹・妻・兄弟子）の範囲におさまる最近親であり、かつすべて服紀親でもある。この内、母と配偶者（夫・妻）を除けば皆父系近親であることが注目される。それは、前章で論及したように、[16] 大宝令の応分条に見える「本宗」は狭義のヤカラ（同族）であって、祖父を同じくする「同姓」の子孫であり父系的近親であったからである。従って、売券で具体的に明らかとなった「相売」の中心たる父系近親こそ、大宝令の「本宗」に該当するものであったと考えられるのである。「相売」の母・配偶者はこの「本宗」に当てはまらないが、この親族の連署はやや趣を異にする存在であったと思われ、別に考察してみることにする。

4　母と配偶者の連署について

父系近親＝「本宗」以外の「相売（人）」であり、特別的な存在である母及び配偶者について、その意味を考えてみよう。

母から先に検討する。売券には母子関係の連署は数多くみられ、仮①番・『平安遺文』五九号・一四八号・二一五号・二三二号・二四六号・二六五号・三一七号・四〇八号などによると、亡父の遺産をその一男と寡婦とが連署して売却・施入を行なったものであるらしい。また、二一六号には源理が私宅を「男市童子、幷母橘美子等副二券文一所二充行一如レ件」と見え、二三二号にはその市童子が「己父理給二処分一家地」を売却する旨が載せられて、「売人、源朝臣市童子」「相売、橘朝臣房子」の連署が見うけられる。橘房子の署名は橘美子の誤読かと思われ同一人物と考えられるので、彼女は市童子の母に相違なく、相続した父財に関して母と一子とが同財関係にあって、旧財主の妻子が一体となって家地を売却していることがわかる。これと同じなのが、第2項で指摘しておいた二九九号と三六七号、三〇〇号と三一七号の二例であり、それぞれ対比してみると売券上では売人一名でも実際には妻子が共同で売買に関与していた実情がわかる。一般に、亡父の財産の名義上の相続者は子であって、母の方はいわば相売の立場にあるといえようが、先の三〇〇号のみならず九〇号・九二号でも男子得分を母が、四三号では女子得分を母が、(17)それぞれ売却している形式の売券もあることから、母も実質的には子と同じ権利を有する「同財」関係にあったとみられる。他の父系近親の相売人とは違って、母は場合によっては子に代って専売人となりえたことを示している。日本の令制では、「嫡子」得分に母の扶養費・得分が含まれていたと考えられるので、(18)亡父の財産相続においては（実子がいる限り）とくに妻妾得分が認められておらず、代りに一子とその母（寡婦）を「同財」とみなして他の子より多目に処分されるしくみになっていたのである。

ただし、注意しなければならぬことは、「母子同財」といってもあらゆる基本財産を母と子らが共有しているという意味ではない、ということである。仮にそうであれば、母系家族共産体が成立するといったような、誤った結論が導かれてしまう。そうではなくて、原則的に母もそれぞれの子らも皆別財であってただ亡父の〝嫡子〟相続分に限っては一子とその実母とが実質的に共有している、という限定条件付きの「同財」であるに過ぎないのである。また、この種の財産の売券を見ると、先祖から伝来した所領であるわけだが、母と子の「同財」者以外に余り連署はなく、ことさらに他の同族の承認を必要とするものではなかったようで、二人に権限がまかされていたように思われる。

さて、父系近親以外のもう一つの連署事例は配偶者によるものである。古代では、夫婦別財制の原則が貫かれ、非血縁者は相続の対象者から除外されていたと考えられるので、この連署については一般的慣行であったものかどうか慎重な検討を要する。最初に、二二二五・二二三〇号の場合を取り上げると、売人安倍朝臣弟町子は母からの相伝家地を売却するに際して「相売夫従七位上安倍朝臣安行」の連署を加えている。夫の相売人としての権利を認め難いケースだが、本文に「今己夫同姓安行共、云々」とあってこの夫婦は「同姓」=父系近親の間柄にあり、夫安行の連署は実際には父系近親の相売人としての性格が強かったものであろう、と考える。

次に、異姓の夫婦の連署が数例存在している点である。四〇八号に「山背頼中子弁夫大中臣実理売地」と見えて両者による売却であることがわかり、四四二一号に専売秦人有伍倍の妻・両親の連署が見られ、一四七・一五〇号では僧高徳の「相売」として男子二人と共に妻と思しき女性の署名が見うけられる。(19)これら、古代的な連署例には珍しい形式をどう解釈すべきであろうか。四四二一号の売券によれば、物件は畠三段・墾田五段・椋・草屋の組合せでとても若夫婦（両親健在）自身の取得財産とは思われず、大部分は親から生前処分をうけた所領であるとみるのが自然である。両親の連署はその関係によるものといえよう。問題は妻中嶋連小成咩の署名であるが、それは買人中嶋連茂子咩との関係が考えられる。二人は母子か姉妹の如き近親ではあるまいか。妻小成咩は相売人というよりも売買の証人的立場で署名しているのではないか、と考えられるのである。要するに、このケースは妻方親族へ売却したために偶発的に生じた妻の加署である、と理解することが可能であろう。次に、一四七・一五〇号の類似した二通の売券は、かつて弘仁期には調首新麻呂の取得地であったもの[20]が貞観期には僧高徳（俗姓物部）の所領として売られているもので、その間の数十年は不明なため買得領であったか相伝領であったかはわからない。しかし、「相売」の連署が存在することから逆推して僧高徳が親などから相続した所領であった可能性が強い。この売券になぜ男子二人の他に異性の女性も「相売」として名を連ねているのか。それは相売人である子がまだ幼少で自署不能の場合が想定されうる[21]。売却しなければ、将来「母子同財」として子に処分されるはずの所領に対して、子の代りに母たる妻が保護者として連署（画指）したものではないか、と考えるのである。男子二人の名こそ書かれているが自署・画指を欠いているからである。従って、この場合の妻は、相売人たる子の保護者・代理人としての母の立場で連署に加わった、とみることができるのである。

　ところで、一七一号の売券では、売人土師宿禰吉雄に次いで「相売妻」の署名欄が見られるが、実は妻の名は記されていない。更に、一〇年後の追筆によると「依二彼本主所由皇太后宮舎人中臣弥春弁珍継雄等買返一、云々」とあって買戻していることは、売却について何か複雑な事情があったことを物語っている。これは恐らく「相売妻」のからんだトラブルであったろうと思われる。この不自然な連署形式から想像して、この財産の本主は妻であってそれを夫が強引に売却してしまい、後になって相論がおこって関係者が取り戻したもの、と考えられないであろうか。夫が妻財を横領して妻を相売人に仕立て上げた結果、このような不自然な連署が生まれたもの、と想像される。

以上、配偶者の連署の見られる売券を検討してきたが、後世と違って配偶者を相売人とする慣行は古代には認め難いであろう、ということである。それは、配偶者の連署の事例は他の近親とくらべて僅少であって[22]、まず存在自体が特異であることがあげられる。次に、個々の事例を検討してみると、姻戚間の売買に際してとか、相売人たる子の保護者=母の立場でとか、同族内婚によって父系近親の立場でとか、それぞれ特殊な事情によるものと考えられるからである。従って、古代において配偶者の連署は例外的な存在で血族（父系近親・母）の連署とは全く意義が異なっており、むしろ夫婦別財が厳しく守られて相互不干渉であったという原則こそが重要な意味を持っているのである。

四項にわたって、養老令制下での財産権移動の慣行を文書の分析を通じて解明してきた。ここで確認されたことは、売買・処分・施入などの権利移転に際して、(イ)自己の取得財産であるか親などから相続した先祖伝来の財産であるかによって扱いが違っていること、(ロ)先祖伝来の財産に対しては原則として父系近親が「相売（人）」の如くに同意・許可・承認を与えるという同族規制があること、(ハ)父財の相続については一子とその母とが「母子同財」として寡婦の扶養分を含めて処分され両者に同等の権利が与えられていたこと、(ニ)「夫婦別財」の原則で配偶者が連署をすることはほとんど見られず、古代では血族の連署が多いことと相応的であること、である。この内、(ハ)は養老令の財産相続法とも矛盾するというわけではなかったが、(ニ)は養老令の注釈書にしばしば、「夫婦同財」的な注釈も見えるので[23]、少し問題とされてよい。更に、(イ)と(ロ)については大宝令の法理（及び一云）においてこそ相通じる原理ではあれ、養老令の法理とは異質な制度である。即ち、(イ)・(ロ)に明白な如く、養老令制の下にあっても大宝令的ともいうべき財産相続の特質が一貫して認められるのである。

三 平安時代前半の相続慣行

1 父財の相続

それでは、平安期の相続制を具体的に分析してみる。一一世紀が転換期であると見当がつけられるので、『平安遺文』に載せる九・一〇世紀の文書(長保年間以前)を材料として時代を限定する。まず遺産を父財か母財かに大別した上で、それぞれの財産の性格を父祖からの相伝物と当人による取得物とに区分して、平安時代前半の相続慣行を再検討してみよう。本項では、父財を分析することにしたい。

先に、己身之時物(当人取得所領)である被相続者の買得・自墾・受給地の処分・譲与事例を取り上げる。文書番号は『平安遺文』に従っている。

①二三二号によると、源朝臣理の買得した家地(二〇七号)は、充文(二一六号)によって男市童子(并に母橘美子)へ譲られている。

②二三九号によると、清滝保実が買得した墾田は、男直道らの手に渡っている。

③二三九号によると、源朝臣昇が買得した田地は、男後に伝領されている。

④二六四号によると、大法師安美が買得して領掌した家地＝一段は、追筆から男僧隆泰へ譲られたことが知られる。
⑤三一七号によると、若江吉邦が買得した家地（二六九号）は、息子らの手に渡っている。
⑥三一七号によると、丸部時忠の買得した家地は、男大平に譲られている。
⑦三五六号によると、吉志安国の買得した家地（三一四号）は、男忠兼に伝領されている。
⑧四三八号によると、大秦宿禰連雅の買得した家地（三一三号）は、男公信が入手している。
⑨四四〇号によると、刑部大輔藤原朝臣某が買得した田畠は、男為賢に伝領されている。
⑩承和〜斉衡の山城国葛野郡高田郷の売券類七通をもとにして、(24)三条高粟田里十六坪の秦忌寸殿主の家地を復元しかつその親族関係を復元してみると、(25)買得地が大部分を占める殿主領は男倉吉・永岑・永成の三兄弟に処分されているることがわかる。他に二〜三人の女子の存在が認められるものの、同坪の家地が彼女らに処分された形跡は全くみられない。

これらの事例はそれぞれ男子に処分されているケースであるが、この他にも、伝領ではなく買得と思われる父財の事例があり（後述の⑮〜㉑を参照）、いく例も男子に処分されている。

一方、女子への処分事例もかなり存在する。

⑪一七六号によると、永原朝臣利行が女王より下賜された墾田・家地は、女穀子に給されている。
⑫補二五六号によると、藤原朝臣茂幹が買得した栗林は、追筆から女普子に処分されたことが知られる。
⑬三六七号によると、伊福部利光の買得した治田は、「父方姪」で養女となった貴子に処分されている。
⑭二六九号によると、秦忌寸阿古吉の買得した地（一八一号）が、伝領されて外孫の巫部連某の手に入っているが、こ

れは阿古吉からまず女子へ譲渡されたものとみられる。

この他、買得地と確められないが可能性の強い父財の事例であれば、一八二号では水連十二月麿の家地が女虫子へ、三一三号では秦徳山の家地が女是子へ、というように女子への処分例が見出せる。

また、父親から譲渡・処分をうけた財産を所有している場合が確認される。父自身の取得所領を相続したのか父以前の伝来所領を相続したのか、区別がつかぬので一括掲載する。
⑮五三号によると、建部縄公は「己之祖墾田」を受け継いでいる。
⑯二九九号によると、島福直の治田(三六七号)が男実雄の「先祖所領遺財得分」となっている。
⑰三七一号によると、内蔵貴子の弟(僧覚珍)の手元に、「祖時財物」である屋幷私地の公験が保管されている。
⑱四五六三号によると、桑原刀自也子の舎兄(僧賀慶)が伝領した家地を「祖地」とよんでいる。
⑲一六三号によると、石川朝臣貞子の「己祖地」は戸主同姓真主の地と隣接しており、石川朝臣の所領が男女に分割されたものとみられる。
⑳九三号によると、秦忌寸黒人は「先祖地」たる家地を持っていた。
㉑一七八号によると、伊勢朝臣惟茂・明子・菅人の家地が隣接しており、売券では「売人」として三人の伊勢朝臣の連署が見られる。この相売関係から類推して、親の所領が男女三人に分割されたものと思われる。
以上、一部に先祖相伝所領か否か不明のものも含まれているが、父の当人取得所領(己身之時物)の譲渡・処分例を列挙してきた。(26) この二一例の内、男子(含分割)への譲渡が一五例、女子への譲渡が四例、男女への分譲が二例、というように概括され、一応の傾向はつかめよう。男女数の比例はおおむね三対一となっており、女子への処分例は明ら

かに少ない。この割合は、被相続者に男女がいる場合には、男子に優先的に処分したものの、余裕があれば主要な(嫡女的)女子をそれに加えて適宜分割して譲渡したことを示す、とみられる。一一世紀でやや時期の下る例だが、一〇九七号の売券では、僧澄千が作手田三段を買得しているのみならず、子と思われる五人に処分している追筆も載せられている。それには次の如く見える。

此之内百八十歩秦為友配了
此之内百八十歩同友房配了、九十歩友房配了
此之内百八十歩同仲子配了
此之内百八十歩僧浄慶配了
此之内百八十歩僧公詮配了

三段を百八十歩ずつ六等分した上で、男(僧)四人・女一人に分配しているのである。女子名が仲子とあるところから、他に姉妹がいたものと思われ、父は主要な一女子を特に選んで男子と同じ扱いのもとに処分したものとみられる。他の女子には父財は分与されなかったものらしい。男女配分の具体例として、一つの根拠にはなるだろう。

次に、父祖伝来財産(先祖相伝所領)の譲渡を取り上げる。確実に親から伝領した所領を子が孫達に処分していることが明らかな事例は、余り多くはない。前掲の⑮〜㉑の事例の中にも或いは含まれている可能性はあるが、確定するのが困難である。確実な若干例をあげておく。

㉒一六六号によると、石川朝臣円足の相博した家地(四二号)が、孫と思われる同姓宗我雄の一男滝雄の手に渡っている。

㉓九三号によると、秦忌寸黒人の「先祖地」の家地は、更に男子の広野（五九号）と大野（九二号）とに均等に処分されている。

㉔三〇四号によると、橘朝臣文懐の所領湯船庄等は女貞子・全子等に充給われたとあるが、類似する隣接の玉滝杣が橘氏の「累代子孫相伝守領」（二七一号）であることから、これは先祖相伝所領の事例と考えられる。

㉕二〇五号によると、平田宿禰全妖丸と兄弟はともに親から処分をうけたとみられる家地二所を、それぞれの姪或いは女子にあたる同姓福刀自子に賜っている。

㉖四九〇八号によると、枇杷左大臣（藤原仲平）は「代々伝領世々領掌」（三五七号）の石垣上庄を女明子に処分している。

これだけの例では、多様な譲渡の型があって特色がつかめず、前述の当人取得所領の場合とどこが違うのか判断しがたい。㉔〜㉖では女子に処分されているが、彼女らとは別にそれぞれ男子も確認されうるのであって、彼らに先祖相伝の所領がまた処分されていたことは想像に難くない。考えるに、先祖相伝の所領は㉒のように嫡子的存在の男子に重点的に譲渡され貴族層など財力がある場合には主要な女子へもしばしば分与されたものではないか、と理解する。なぜ、嫡子的存在の男子に重点がおかれたと判断するかといえば、後述するごとく、姑などからも父祖相伝所領が結集して核となっているからである。また、確実なことは、この種の財産を父系的に相続させようという規制が働いていることであり、女子に処分した場合でも他姓（同族外）へ流出しないようなしくみが機能していたという点に注目したい。例えば、㉕で平田宿禰福刀自子は父・伯父から処分を得ているが、しかし「件家地公験、依レ有レ教、甥同姓高雄永年度行」（二〇五号）とことわっているように、親の教令権によって同族内の男子（兄弟の子）に譲渡するよう勧告をうけていたのである。これは、一期分とは違って女性が処分権を保有しているものの、族的な相続規制が作用していたことを意味している。また、平朝臣惟仲は、男子不在のために所領一九個所（買得領も含む）(27)を寺院に寄進しており、その際「已上伍個所、家女藤原済世子幷女子一生之間、可ㇾ用二地子一、其後者院家領知、可ㇾ充二院用一」（四一〇号）と注記している。地子得分権を女子と母に与えているが、当時、外孫＝「女子」の子（僧）がいたにもかかわらず彼への相続を認めていない。ここに、相伝所領（一部買得領を含むとはいえ）は異姓に継がせないという意志を読みとることができる。更に、父から湯船庄を充給わってもらった橘朝臣貞子は、その兄弟（元実）の男輔弼から相論をおこされたが（三〇四号）、これは先祖相伝の所領は同族橘朝臣に伝えるべきだとする立場から、公験がないにもかかわらず甥が規制・介入したことが原因である、と考える。この事例では、親の教令や譲渡の付帯条件が不明瞭であったためであろう、同族（兄弟の子）へ相伝されることなく、貞子の一男に処分されて橘氏の外に流出してしまうのである。ここに、父祖財産の父系伝領という原則が確認されると共に、一〇世紀中葉には古代的な同族規制が弱体化しているのをうかがい知ることができる。

さて、父財の遺産は男子中心に譲渡され、主要な女子にも配分されたことを述べてきた。(28)先祖相伝の財産は女子に伝領されることがあっても、同族（父系近親）内相続規制が働いて同族の男子へ移譲される。その場合、兄弟の男子が一般的といえようが、嫡系の男に伝えられたようである。例えば、先に橘氏の相論を指摘したが、所領の相伝を強要した甥輔弼は、橘一族の「先祖之墓地」を「相伝守領」している（二七一号）橘朝臣元実の男子であり、この元実と男子二人は「蔭子」「蔭孫」の立場で署名しているからである。もし同族に渡すとすれば、この嫡系の男子たる輔弼の手に移るはずであったのだろう。また、平田氏の相伝所領の場合でも、親から相続人に指定された福刀自子の甥高雄は同様に嫡系の男子であったに違いなく、それが彼を選んだ理由であったろう。即ち、先祖伝来の財産は結局は特定の男子（嫡子的存在）に集中して世襲される方策がとられていたのである。従って、平安前・中期においても、先祖相伝の父財は大宝令のように「嫡子」に重点を置いて譲与されたもの、と考えられるのである。

一方、父祖相伝の世襲財産が乏しい農民層にあっては、父の自己取得財産の処分法にもとづいて、諸子に均分する傾向が強かったろうことは、容易に想像されうる。

2　母財の相続

今度は、母財の譲渡・処分の例を見ることにする。最初に女性の己身之時物（取得所領）を取り上げたいが、史料上では女性が母から相伝した継承財産との区別はつけ難く、また例数も多くはないので、この両者を同様に論じることにしたい。

①三一四号によると、檜前宿禰阿公子の買得した家地（二五六号）が、子二人（穴太某・僧）の連名で売却されている。売人の穴太某は草名で女子と思われる。

②二六八号によると、多安子の「私地」たる家地が女子秦阿禰子に処分されている。

③二六四号には次の文書が収められている。

謹解　申売買立家地券文事

合肆段玖拾歩　四至（限東法隆寺大法師安美地、限南長田宅垣 限西中道幷垣、限北中垣幷故安若地）

在平群郡八条九里廿六坪内（此内辰巳角三段藤原仲子処分）

（本文略）

天暦陸年拾壱月弐拾伍日専買人当国権少掾安岑「高村」

買人法隆寺大法師「安美」

（保証刀禰略）

「件地参段女子宗岳芳子、依二親母遺言一処分充給也、
残壱段男僧隆泰同給、残玖拾歩故親父墓地残置已了。

前越前律師「慶演」」

これによると、僧安美は四段九〇歩を買得すると同時に三段を妻と思われる藤原仲子へ処分している。これは、実質的に夫婦の共同購入の例と考えられ、三段は仲子の買得分と見てよかろう。さて、追筆からこの三段は親母＝藤原仲子から女子宗岳芳子へ譲られていることが明らかとなる。[29]ちなみに＝父安美の分は男僧隆泰へ処分されている。また、追筆を書いた僧慶演は嫡子的存在と考えられ、この家地の四至に「限東法隆寺大法師安美地」と見えることから父の別な所領が存在していたので、この相伝所領（?）が譲渡されたものではないかと想像される。

④二〇二号には次の文書が収められている。

処分給家地壱段事

女子安倍屎子給佰歩　同阿古刀自給佰歩　同弟町子給佰陸拾歩此女子依レ有二殊思心一益給、

在上県二条給理里八道祖田坪中北辺字小南地者、

已上地公験文、在二男安倍葛丸許一、

右家地、已女子等処分給已了、但男葛丸・女子大刀自子等者、園家地随二分法一、相別可二領掌一之、

延喜九年十一月十五日　給民首安占子

（証刀祢略）

これによると、民首安占子は家地を女子三人にほぼ均分して譲っている。問題は、それが子供の全てではないということである。主要な男子と女子にあたる葛丸と大刀自子には別に園家地を処分していた。これらの家地が本来一体で付随したものであったことは、「公験文、在㆓男安倍葛丸許㆒」と記して、女子三人の得分と葛丸らの得分とが同一公験であったことからわかる。にもかかわらず、処分が全く別個に実施されているのは何故であろうか。それは、③の事例と同様に、夫婦共同でこの家地を購入した後で、妻と夫が分割所有して別財制に従った、ということによるのではなかろうか。母財とされた一段が女子三人に処分されたのに対して、残る父財分の家地（＝類地）は男子と主要な一女子に処分されていた、と解釈すれば疑問はなくなる。「園家地随㆓分法㆒、相別可㆓領掌㆒之」とは、二人の園家地については、亡父の処分のままに二分して領掌しなさい、と念のために夫財分にも言及したものであったろう[30]。

以上、四例からも母の取得所領は女子に譲渡されることが多いことが確認される。時代は下るが、一六四三号によると、他田二女長子は養母尼から田畠の処分をうけており、この相伝所領を更に彼女の諸子の中から「仲女児」を選定して譲渡している。母財が女系をたどって相続されることもあり得たのである。先に検討した父財が男子（及び主要女子）中心の譲与だったのに対して、母財が女子中心に処分されていた事実は、当時の売券類の連署において、財主が男性の場合には子の連署としては男子のみで女子の例は見当らず、一方、財主が女性の場合にはやはり男子の例が多いものの女子の例（一〇〇号・一三〇号など）も存在している、という傾向とも関連していよう。

一方、母財とはいってもそれが父からの相伝所領であったならば、本人の収得所領とは当然扱いが異なってくる。

最初に、父方の先祖相伝所領（父系財産）を受け継いだ女性の場合を取り上げる。

⑤二〇五号によると、父財の㉕で論及したごとく、父方の相続所領を受けた平田宿禰福刀自子は、自分の子がおりながらも兄弟の男子（同姓高雄）へ処分している。

⑥三〇四号によると、父財の㉔で論及したごとく、父方の相伝所領の処分を得た橘朝臣貞子は、兄弟の男子から相論をおこされつつも、結局は一男（紀毗観）に譲渡している。

⑦四六二七号によると、父「藤原延助之相伝所領」を受けた藤原仲子（尼善妙）は、「悪人藤原末高」の妨げにあいながらも、一子（僧正清）に処分している。

この内、⑤は同族の男へ所領を還元しており、⑥は同族の規制を排して実の男子へ譲り、⑦はもし藤原末高なる人物が同族であったとすれば⑥と同じ例となる。要するに、この種の財産は女性も初めは同族の男性（父系の甥）に伝えていたが、次弟に同族内相続規制が弱まってきたため、異姓たる自分の男子に伝えるように変化していった、と理解されうる。次に、父の己身之時物（取得所領）を受けた女性の場合を取り上げる。

⑧二六九号によると、秦忌寸阿古吉の買得地（一八一号）は、父財の⑭でも論及したごとく、「伝領之後」に外孫巫部連某へ渡っており、これは阿古吉の女子に譲られた後、その男子に処分されたことを示していよう。

⑨三五七号によると、父財の㉖でも取り上げたが、石垣庄は平惟仲の入手以前は、「件庄已為㆓格前之庄㆒、或時為㆓親王之領㆒、或時為㆓丞相之庄㆒、加以卿相以下五品以上、代々伝領世々領掌」であったとされる。また、四九〇八号によると、左大臣藤原朝臣仲平（「丞相」）から女明子へ処分された後、平惟仲に売却されている。問題は仲平以前の伝領であるが、尊卑分脈によれば彼の母は人康親王の女であり、彼親王は「四品守弾正尹」[31]であった。従って、「五品以

上・親王之領」とは仲平の外祖父人康親王の私領であったことを指しているのではなかろうか。この推定が正しければ、人康親王領の処分をうけた女子がその後に自分の男子（仲平）へ譲渡した、という伝領関係が浮かび上がってくる。

⑩三一一号によると、平某の妻に相当する県某は、恐らく父から譲り受けたと想像される檜牧地を二男（僧扶《快》秀）へ充行なっている。

⑧と違って⑨・⑩は女性の父の取得財産であったかどうか決定的ではないが、とくに父方の先祖相伝所領でない限りは、父から受けた財産は自分の男子に譲り渡す、という原則があったようにみられる。やや後の事例になるが、六八八号によると、僧隆遠から女子と思われる弓削犬木子（尼妙□）に譲与された作手領田は、その一部が「壱段良好譲与、但尼妙□存生之後、随二孝養一可二領知一」（追筆）と見える。僧良好は隆遠の孫とも載せており、祖父―母―男子という相続事例と考えられよう。即ち、男―女―男、という相続様式が確認され、父財の分与を受けた女性はそれを男子に伝える、という原則があったものと考えられるのである。その場合、父方の先祖相伝の所領であったならば、他姓たる自分の男子にではなく同姓＝同族の男（主に兄弟の男子）に伝領させるべし、という社会慣習・規制が存在していたわけである。

3 養老令下の相続慣行

本節では、一一世紀初頭までの相続慣行を分析してきたが、ここに平安時代前半の特徴について養老令制との比較で整理してみたい。

第一節の2で、大宝令と比較した場合の養老令の特質を五点にまとめておいた。平安前・中期という養老令制下にあっては、この特質が相続慣行の基本となっていなければおかしい。ところが事実は大きく異なっていたのである。養老令の相続規定（法定相続法）の特質五点を引いて、それぞれを検討してみる。まず、(1)先祖相伝物か己身之時物かといった遺産の性格区別がなく、一括して子らに配分するという点である。しかし、当時の売券類にはしばしば「先祖相伝所領」か「己之墾田・買得所領」かを書き添えたり、第二節の連署の分析で明らかにしたごとく父系近親の連署の有無によって財産の扱いが区別されていたことは、否定できない事実である。処分法においても、例えば女性の場合であれば、父祖からの相伝所領はみな男性に譲渡しているのに対して自分の取得所領は女子に譲渡しているのであって、明らかに遺産の性格区別が存在していたことになる。この父祖承継財産（相伝所領）と当人取得財産（己身之時物）との相続上の区別は、「宅及家人奴婢」と「財物」というように名前を変えてはいるものの、大宝令にこそみられる原理であったといえよう。

次に、(2)先祖からの相続財産に対して、区別されないことと相まって、同族（父系近親）内部に財産を留めさせるという規制がみられないという点である。しかし、第二節で分析したごとく、先祖伝来の所領を他人に売却する際には父系近親が「相売（人）」の立場で連署しており、この種の財産は同族の同意・許可・承認なくして財主といえども売り渡せなかったのが実情であった。また、同姓である男子へ譲渡する限りは問題とならぬが、女子へ譲渡した場合にはその子は異姓であり他人となるから、同族外への流出を防ぐ方策がとられていた。それは処分状にこそ明文化されてはいないが、兄弟の男子に伝領させるのが好ましいという社会観念の存在であって、親の教令という形で勧告したり或いはしばしば同族の男子が強要したりといった形であらわれている。一〇世紀中葉には弱まりつつあるとはいえ、同族内相続規制が存在していたことは厳然たる事実である。それは大宝令の「還二本宗一」規定と相通じるものである。

次に、(3)もし子孫がいなかったならば被相続人の傍系血縁者に譲与するのではなくて、配偶者に譲り渡すという点である。しかし、実子がいないから配偶者へ処分したという実例は見出し難い。一方、三六七号によれば「而利光之齢及二老耄之刻一、無二一人子一、因レ之甲賀御庄下司出雲介家女伊福部貴子遠、且号二養子一、且依レ有二父方姪一、以二所領田地一、分二-与於貴子一已了」とあり、血縁者を養女として譲っているのである。もし子孫がいなければ、当時は傍系血縁者（甥姪・弟妹）に渡すか養子を定めるかの方法をとるのであって、さもなくば寄進することはあっても、配偶者への譲与という処置は現実に行なわれたとは考え難い。

次に、(4)父財も全ての女子に処分され、しかも男女の得分比は二対一であるという点である。しかし、亡父の遺産は大部分が男子の取得となっており、他に女子の中から主要な一女子が選ばれて特別に処分を得る場合が多かったようである。即ち、全ての女子に処分されるということもなければ、女子が平等に扱われたわけでもなく、女子得分が男子の半分という比率も適用が疑わしい。従って、養老令的な女子分法の存在は、どう考えても否定せざるを得ないのである。

次に、(5)実子がいない寡婦に対しても子と同等の得分があり、配偶者にも相続権を認めている点である。いわゆる「後家得分」の存在ということになるが、これも当時は例証がない。この寡婦＝「後家」という語句がまだ見られないのみならず、遺産を配偶者（の名義）に譲渡したという例が認められないのである。譲渡は血縁関係者に限られており、例外は家司くらいなものである。ただし、第二節の4で指摘したように、亡父の財を一子とその母を「同財」に見立てて、他子より多く処分する方法がとられているが、名義上は子の得分であり妻妾単独の得分（後家名義の得分）は未成立であったといえよう。

以上五点のほか、養老令が「夫婦同財」的に分財されるかのような注釈が見られる点に対しても、夫妻の財産は別名義であったことは母財の③例を見るまでもなく明白であるし、父財が男子（及び主要女子）に、母財が女子に、というように傾向の異なる処分法が併存していたことからも、父財と母財が別存在・別処分であったことが逆に裏付けられるであろう。

さて、八世紀末〜一一世紀初の相続慣行は、ここにあげたように養老令の相続法と相反した特徴をいくつも持っている。これは、養老戸令応分条に見える法定相続法が実際には効力を持たぬ空文であったことを意味していよう。だが、法定相続規定が適用されてはいないといっても、当時の相続慣行が応分条に違反していることを意味するわけではない。なぜならば、養老令にあっては、

若欲二同財共居一、及亡人存日処分、証拠灼然者、不レ用二此令一。

という例外規定を新しく付加しているからである。遺言処分と生前譲与とを含む「亡人存日処分」は当時の社会では慣例であって、その意味では、たとえ応分条の法定相続と異なっていようとも、養老令制下にあっては合法的な相続なのであり法律上は何ら問題はない。養老令の法定相続規定は本質的に唐制の模倣であったため、日本の実情を無視した唐制的な親等法と同様に、(32)当時の我が国の社会では機能しない親族法であったといわざるを得ない。

また、平安時代前半の相続慣行が養老令的な諸特徴に相反するということは、その裏返しである大宝令的な諸特徴を逆に示していることに他ならない。例えば、父祖相伝所領を一女子に分けた後で、同族（兄弟）の男子に還させる規制も、大宝令の「妻家所得奴婢」が嫡承継物の一部で死後は「本宗」に還すという法意と同じ原理である、と見ら

れる。前章で明らかにした大宝令の法定相続規定の背後に横たわっている相続原理が、養老令制のもとにあっても一貫して慣習法として存続し続け、日本古代の相続法の骨格をなしていたといえよう。

おわりに

養老戸令応分条に見える法定相続規定は、一部に日本的実情を汲み取っているものの、大部分は唐令をほぼ模倣した内容で、家産分割法と遺産相続法の違いこそあれ、同質の条文といってよいものである。これに対して、日本古代の相続法を不備ながら反映しているとみられる大宝令の相続法とは大きな異同が認められ、両者には本質的な相違がいくつか存在している。

養老令制下である八世紀中葉一一世紀初の売券・処分状の類を分析してみると、養老令の法理とは矛盾する特徴がいくつも抽出されてくる。まず、別財制によって父財と母財は別個に処分され、当人取得財産か父祖相伝財産かという遺産の性格によって処分法が明確に区別されており、これは大前提である。また、父祖相伝財産には父系近親（「本宗」）内相続規制が存在し、他人へ譲渡する際には近親の許可・同意・承認が必要とされている。更に、父財は男子中心に譲渡され、主要な女子にも分け与えるものの、全ての女子に処分されているわけではない。その上、非血縁者の寡婦に相続権が認められていた形跡はなく、配偶者名義での処分はないようで、実子のいない寡婦の相続事例は見あたらないのである。要するに、当時の相続慣行は養老令の法定相続法と決定的な相違を見せており、養老令の相続法がほとんど実施されなかったこと、いい換えれば応分条が空文であったことを意味している。

だが、当時の慣行は、法定相続を適用して遺産を配分するのではなくて生前譲与・遺言処分による場合が一般的なようである。その点では、養老令の戸令応分条における「亡人存日処分」という例外規定によって、非養老令的な相続慣行も合法性が与えられていたということができる。

一方、平安時代前半の相続慣行・処分法の特徴は、日本古代の伝統的な相続法を反映させていると指摘しておいた大宝令の法意と共通するものを持っている。両者は原理的に同質とみられるので、養老令の改正・施行にもかかわらず、日本の古代には一貫して同じ原理の相続法が親族構造と密接な関係を保ちつつ存続し続けたことになる。古代の相続法は、法令によって左右されることなく、社会慣行として伝統的に生き続けたのであり、この改変は中世前期的な相続法に変質する一一世紀をまたねばならなかったといえよう。その課題は別稿に譲ることにする。

注

（1）　中田薫「養老戸令応分条の研究」（『法制史論集』第一巻、岩波書店、一九二六年）。石井良助『長子相続制』（法律学体系第二部、日本評論社、一九五〇年）。宮本救「日本古代家族法の史的一考察――相続法を中心として――」（『古代学』三の四、一九五四年）。井上辰雄「戸令応分条の成立」（坂本太郎博士還暦記念会編『日本古代史論集』下巻、吉川弘文館、一九六二年）。木暮英夫「養老相続法の性格」（『国学院法学』一一の三、一九七四年）。義江明子「日本古代奴婢所有の特質――戸令応分条の分析を通じて――」（『日本史研究』二〇九号、一九八〇年）。牧野巽「財産と相続――東南アジアとの関連において――」（『解釈と鑑賞』二一の一〇、一九五六年）、など。

（2）　服藤早苗「平安時代の相続について」（『家族史研究』2、大月書店、一九八〇年）・「平安時代の女性財産権――とくに相続財産を中心として――」（お茶の水女子大学『女性文化資料館報』2、一九八一年）。他に、西村汎子「古代末期における女性の財産権」（女性史総合研究会編『日本女性史』第一巻、東京大学出版会、一九八二年）、など。

（3）　中田、前掲論文。

（4）同前。

（5）江守五夫「妻訪いと母系制」（『解釈と鑑賞』二五の一四、一九六〇年）。松本芳夫「古代に於ける一夫多妻制について」（『史学』一八の四、一九三九年）。関口裕子「律令国家における嫡妻・妾制について」（『史学雑誌』八一の一、一九七二年）。

（6）中田、前掲論文。

（7）明石一紀「日本古代家族研究序説」（『歴史評論』三四七号、一九七九年）。

（8）中田薫「中世の財産相続法」（『法制史論集』第一巻、岩波書店、一九二六年）。

（9）中田、注(1)論文。

（10）明石一紀「日本古代の相続法――戸令応分条の古記をめぐって――」（本書第二部第二章）。

（11）中田は「法制史慢筆」（『法制史論集』第三巻下、岩波書店、一九四三年）において「相知」を取り上げ、中世の妻・子息らの連署もまた「相知」と同じであると指摘しつつ、それが将来相続に預るべき期待をもつ利害関係人であって連署は売買の担保であった、と述べている。相知と相売を一応区別していたようにも思われるのであるが、しかし「相売」の性格については特に論じていないようであり、未解明の対象とされていたように感じられる。ところで、鈴木国弘『在地領主制』本論第二章（雄山閣出版、一九八〇年）では「族縁的土地所有」をめぐって、相売・相知の連署が取り上げられている。氏は、一〇世紀前半を境にして連署は戸主・親母・兄弟・子女等の「相売」人から夫を中心とした「相知」人へ変化していく事実を指摘され、「相売」を「家族共同体」的土地所有、「相知」を「小首長制下の家父長的家族共同体」による所有、と規定している。両者を段階的な変化ととらえたのは成果であるが、その歴史的規定の内容は、従来の「家族共同体」「家父長制」「所有」といった通俗的な既成概念にふりまわされているし、概念規定としてもあいまいさを禁じえない。親族連署を単純に共同所有（知行）に引きつけて理解すること自体に問題がある。一方、服藤早苗「平安時代の女性財産権」（前掲）は、先の鈴木の「共同知行」論を批判して、連署する兄弟姉妹或いは夫婦が当時別財であったことを明らかにしている。しかし、「相売」「相知」を区別する観点は見られず、また親族連署の意味についても中田説を引くに止っている。要するに、これまでの研究は、売却物件の性格によって親族連署の有無が左右される、という事実に気付かなかったため、とくに「相売」人の意義や権限を正確に把握することができていないのである。

(12) 以下、小論での仮文書番号の文書について列挙しておく。①は天平宝字二年十二月廿二日・三家連豊継奴婢貢進文（観世音寺奴婢帳、『寧楽遺文』下巻、東京堂）、②は、天平宝字五年十一月二日・矢田部造麻呂家地売券（『大日本古文書』東大寺文書之二）、③は天平宝字五年十一月廿七日・息長丹生真人広長等家地売券（『寧楽遺文』中巻、東京堂）、④天平神護三年二月廿二日・物部古麿田直請文（『寧楽遺文』中巻、東京堂）、⑤は宝亀三年八月十一日・大宅朝臣船人家地寄進状（『寧楽遺文』中巻、東京堂）。

(13) 例えば、中田薫「養老戸令応分条の研究」（前掲）、菊地京子「Cognatic 社会における族制と社会生活」（『民族学研究』三八の三・四、一九七四年）、ジャン・アンベール『フランス法制史』（白水社、一九七四年）、など。

(14) 明石、注(10)論文。

(15) 同前。

(16) 同前。

(17) 四三号文書は、秦忌寸阿古刀自が「已姓女秦忌寸諸刀自」の家を売った券文であるが、これは親から諸刀自へ処分された家屋であろうと考えている。理由は、この家の北に「秦忌寸縄継家」が隣接していて、彼はこの売券に「相売」として連署しているから近親に他ならず、諸刀自の兄弟である可能性が強い。恐らく、父（阿古刀自の夫）の家宅が子女に分割譲与されたものであり、諸刀自の家はその得分であったろうと思われる。

(18) 養老令の「嫡子」分に実母の扶養分が含まれていたと考えられることは第一節第1項で述べておいたが、大宝令における「嫡子」分は一層優遇されているのみならず別に配偶者の得分が規定されていなかったことから、同様に「嫡子」には寡婦の扶養が期待されていたものと見られる。

(19) 僧高徳懇田売券には、一四七号にあっては「相売」として「男辛国連阿弖麻呂」と「依知秦公真乙前女」の連署が見え、一年後の一五〇号にあっては「相売」として「物部辛国」「物部阿古麿」「依知秦真乙刀自女」の三人の署名が見える。この両文書の署名は同一であったと考えられるので、高徳の男子物部辛国・物部阿弖(古)麿そして妻依知秦公真乙(前)自女の三人が連署したものと判断されよう。

(20) 一四七号の僧高徳懇田売券に載せる十条五里卅五家田・六里四上野田・六里五野中田・六里十野依田の四所は、延暦十五年～弘仁九年に調首新麻呂が一五号・一六号・二二号・四四号文書で数人から買得した所領に相当する。

(21) 例えば、八七号の依知秦真大刀自女の懇田売券を見ると、売人（画指）に次ぐ「相沽」には依知秦「安岑」・依知秦藤並小子・弟依知秦公「象守」の三人が名を連ねているが、真大刀自女の男子とみられる二人のうち、藤並はまだ「小子」のため自署が欠けているのである。連署すべき男子が幼少のため、自署を欠いたり名前自体を略すことが少なくなかったのではなかろうか。

(22) 鈴木も前掲書において、一〇世紀をさかいとして、「相売」人の段階ではほとんど見かけなかった「夫」が「相知」人の段階では主流となっている、という指摘を行なっている。要するに、配偶者の連署は新しい傾向である、ということを示しているのであろう。

(23) 戸令応分条では、釈説などが中国的な「夫婦同財」論に立つ注釈を行なっている。

(24) 『平安遺文』五九号・九〇号・九二号・九三号・一〇〇号・一一八号・一一九号文書。

(25) 明石一紀「下級官人の居住形態」（前近代女性史研究会編『家族と女性の歴史〈古代・中世〉』吉川弘文館、一九八九年）。

(26) 他に、注(16)で示した如く、父財の家地が男女に分割されたらしい事例（四三号）もあげられよう。

(27) 四一〇号に載せる平惟仲領の家地庄牧一九所の内、石垣上下両庄（及び下野庄）はかつて藤原仲平左大臣家領であって、正暦三年に買得したことが四九〇八号（及び三五七号）より知られる。

(28) 少し下るが一一～一二世紀にかけての摂関家では、義江彰夫「摂関家領相続の研究序説」（『史学雑誌』七六の四、一九六七年）によると、「家領」は夫から一旦妻の手にわたり、次いで主要な男子に処分される、という形式が基本のようである。父から直接、主要な男子・女子に譲られる場合もある。この相続慣行は、私にいわせれば、大宝令的相続法の変質したものとみられる。主要な一女子の得分も男子一般並みということであれば、以前から認められよう。

(29) 明石一紀「古代の婚姻・家族関係・女性」（石川栄吉・峰岸純夫・三木妙子編『家と女性』三省堂、一九八九年）参照。

(30) この史料をとり上げて、鈴木国弘は、葛丸ほか数名の女子等に対して一定の土地（家地）の「領掌＝知行」権が分与されている上に、それらの本公験の保管者（葛丸）が「相知」人として権限を持っているとみなすことによって、「相知」的土地所有なる概念を創出した（前掲書、一〇四～五頁）。鈴木は以前、本公験所有者の葛丸を中心とした「諸子共同知行」の形成を主張していたから（「一族共同知行論」『鎌田博士還暦記念歴史学論叢』所収、同記念会刊、一九七〇年）、「相知」人に何らかの土地に対する総括的・統制的な権限を想定していることは間違いない。しかし、類地があれば本公験が別人の手に置かれることは珍しくないし、かといって所有権に何らの制限をうけるものでもない。また、本公験の保管者（葛丸）と「相知」人が重なっているのは偶然であって、両者に因果関係はない。更に、当家地の売券（二二五・二三〇号）でも、葛丸が何ら関与した形跡は見られないのである。この説を正当に批判した服藤早苗は（「平安時代の女性財産権」、前掲）、文書の但書について葛丸・大刀自子等には女子三人とは別に「他財物が分割されている」としか論及していない（「平安時代の相続」、前掲）。結局、服藤の場合は、「但男葛丸・女子大刀自子等、園家地随二分法一」と他の女子への「処分給家地」とどこが違うのか、実父母から何故別個に処分されているのか、把握できてはいないのである。本文書は、夫婦の共同購入と両者による所有権の分有（同一券文と別財制）、そして別個に処分するという、二六四号文書（事例③）と関連させて考察しないと、正しい理解には至らないであろう。

(31)　日本三代実録貞観六年五月七日条に、「四品守弾正尹兼行常陸大守人康親王出家入道」と見える。

(32)　明石一紀「大宝律令と親等法——服紀条・五等親条の意義——」（『日本史研究』二五八号、一九八四年）。

〔補注〕　荒井秀規「戸令応分条の『田』をめぐって」（『古代史研究』七号、一九八八年）は、三世一身法で墾田の相続が認可されたのを受けて養老応分条に「田」が加筆されるようになった、とする。応分条の古記が養老令的解釈の立場であるというのは私も賛成する。しかし、応分条の「田」の加筆は唐令に倣ったと考えるべきである。三世一身法の墾田相続と応分条とは原理が異なることは氏も承知しており、無理して当時の実態と結びつける必要はない、と考えるのである。

第三部　親族構造分析

第一章　ウヂの基本的性格
——古代における父系出自——

問題の所在

古代の首長層にみられる氏（ウヂ）について、当初は血縁団体とみなされて素朴なままにクラン・ゲンス的氏族、即ち原始的血縁集団と解釈されていた。本格的なウヂの研究はこれを否定するところから出発している。

津田左右吉は民族学的知識を踏まえた「上代の家族生活」(1)において、日本の上代には族外婚制も血縁組織も確認されず、原始的氏族＝「部族」は存在しておらず、氏姓は血族ではなく家の名であって、政治的秩序の発達にともなって整備されてくる、と述べている。ウヂが政治的制度であって社会的な血縁組織ではない、という指摘は中田薫(2)にも見られる。記紀にもとづく津田説を更に続紀以下の六国史にまで広げて検討し、詳細にウヂを分析したのは藤間生大であった(3)。彼は、ウヂの特徴を血縁性・平等性・連帯性が弱くて非血縁者を従属させ上下の主従・本末・統属関係が認められることに求め、従ってクラン・ゲンス的な氏族ではなくて古代家族的な組織原理によって編成された政治的集団である、と位置付けたのである。これらの見解が更に極端化して、ウヂを純粋に政治組織としてタテ割り的な支配体制としてとらえる平野邦雄説[4]を生み出す。トモノミヤツコ――トモ――べという「部」の支配体制と、同じウヂ名のカバネの重層的な序列を表わしている「氏」内部の身分・統属関係とが重なり合うという視角で、ここでは血縁的同族関係のない部民も「氏」組織の下層部分を構成して擬制化を指向するという。

しかし、ウヂ名が同じであればカバネの相違に関係なく同一「氏」組織とすることや、部姓をも含める理解は、クラン・ゲンス的氏族説否定の行きすぎであろう。直木孝次郎[5]・関晃[6]は、「氏」を原則として畿内の豪族に使い、地方豪族の場合はそれに準ずる、と限定して把握しようとしている。直木は非血縁の家を含む同族団という理解だが、関は「氏」の中に公民・部民層を含まないことを明言しており、混乱をさけるためにも重要な指摘である。

さて、ウヂが原始的氏族ではなくて古代首長層に限られた政治的同族組織であったとしても、それぞれ同祖の系譜観念が存在している以上、氏族・同族などに共通してみられる血縁的集団編成の原理が必ず機能しているはずである。このウヂのもつ親族組織的側面は、しばしば否定されがちであったが、従来の政治組織的側面の研究とは別に解明されなければならない問題である。ウヂの血縁原理の分析は、また、古代における家族や親族の構造・形態を研究する上でも重要な論点となってくるのである。

一　ウヂの血縁原理をめぐって

1　高群説の意義

ウヂの血縁関係・親族的性格について、最初にこれまでの研究を検討して課題を明らかにしておくことにしたい。

このテーマに最も力をそそいだのは、古代のウヂに母系制の遺制をさがし求めた高群逸枝である。(7)高群は、日本の原始時代に母祖・母系氏姓継承による母系氏族の段階（「純母系」）があったことを想定した上で、大化前代は父祖だが母系氏族で氏姓は母系と父系とが混在しており、大化以後に父祖・父系氏姓・父系氏族が確立する、という結論を導いている。呼称としての「氏」は氏姓時代のもので首長層を父系的・政治的に編成したものだと認める一方で、それとは別に社会の「血縁的共同組織」としての「氏」が併存していたとする。この被支配者層にも広がっている「氏」は、原始的氏族の残存・変質した社会組織である、という理解に立つ。しかし、史料的には前者の首長層の「氏」関係に偏っているため、この分析を通じてその背後にある社会組織の強い母系原理を間接的に証明する、という方法をとるのである。この論理構成について、母系から父系へといった古典的学説を絶対的な大前提として立論していること、共同体成員にも政治的ではない社会組織としての「氏」が存在したと思い込んでいること、大化改新を母系氏族から父系氏族への転換といった社会改革として位置付けていること、父系に混って母方からの継承例があればそれを連続した体系であるべき母系の証明とみなしていること、など基礎的な誤謬をあげてもきりがない。学問的に利用することは困難だといってもよい。

にもかかわらず、①ウヂの祖の母方から父方へという改変、②一氏多祖の現象、③氏姓の名の変化、④複氏姓の意味、⑤賜氏姓による父系氏姓化、⑥「付母氏」の現象、などに着目して広く史料を渉猟して検出する、高群氏の着想・分析には感心させられるものがある。これらの現象は結局、母系の残存を払拭して父系化する過程でおこったもの、と誤解してしまった。だが、父系血縁とみられたウヂの史料を丹念に洗い出して単純に父系氏族であるとはいえない、と把握した点は第一の大きな成果というべきである。次に、一氏多祖の分析視角が注目される。多祖の数例を検討して、「その何れの場合にも、両系相続——出自には父系を、氏称には母系を——の行はれている事実を証するものである。これが同族間に多祖を生ずる起因であつて、（略）この場合、相続の重心は出自相続の父系におかれているか、はた、氏称相続の母系におかれているかといへば、勿論相続の主体は後者である。なぜなら、氏称の相続は、すでに屢々述べたとほり、財産、家職、居地等の生活諸条代の相続を物語るもので」ある、とする。母方の「氏称」を名乗る場合があっても「母系」とするのはおかしいが、その場合でも「出自」は父系をたどる、という観点はすぐれている。成果の第二として、「出自」（血統・系譜・出自観念）と「氏称」（ウヂ名・帰属）の区別・分離を解明したことである。両者の乖離は重要な論点となるべきである。次に、父系が確立されても母系の残存も根強くて、更には父母両系の氏称を名乗る複氏姓もみられる時代が続いたが、八世紀後半以後は賜氏姓によって父母両系の混在を止揚して、純粋に父系化をはかる、という点である。この八世紀後半から父系氏族が完成に向かう、という歴史的位置付けは、成果の第三として評価したい。

私がここで三つの成果として認めた高群のウヂ研究も、学界ではほとんど切り捨てられてきたのである。例えば、藤間は、母系制は氏族制の一つの属性であって、単に系譜関係のみではなくて族外婚や族的結合の内容を明らかにすべきであり、高群のいう様な「母系制」であるなら、わが国古代村落の性格と夫婦別居制の慣習から説明がつく、[9]と述べて日本古代の特殊性に問題を解消してしまっている。藤間の主張はもっともだが、原始的氏族以外にも血縁集団が存在していて、ウヂにもそれなりの血縁原理が機能している、という観点が欠けているため、祖・系譜分析の意義が理解できていないのである。高群説は誤っているが、重要な視角を提示したことを見逃してはならない。

2　最近の研究

ところで、ウヂを父系出自（血縁）集団としてとらえる説[10]もかなり流布している。江守五夫[11]は、古事記などに見える祖名口伝たる父祖名連称法に父系出自の存在を認め、古墳時代から父系出自集団があったと想定し、ウヂはその集団を氏姓制度によって国家支配の基礎にすえたもので、ときには母氏を名乗ることがあっても例外であり父系制を否定するものではない、と主張した。父系出自観念の存在は私も同感であるが、江守の説は社会人類学的にみても少し乱暴な所論といえる。まず、ウヂに先行する首長層の同族結合を認めたにしても、それが血縁集団をなしていたか、父系出自の規制が働いていたか、はまた別の問題である。また、七〜九世紀にかけてのウヂの父系出自集団化の歴史的過程が、問題意識としてもすっぽり抜け落ちている。更に、中国の父系出自集団と我が国のウヂとをくらべると大きな相違がみられ、同じ規定を与えたところで余り意味はない。その上、出自（父系出自観念）と集団（ウヂ帰属）との区別がなされておらず、高群の成果が無視されているのである。また、江守のいう「父系出自」の概念が限定的ではなくてかなり幅広い意味をもたせていることも、より混乱を大きくしている。このウヂ論は、従来の日中比較制度史、氏姓の歴史的分析、人類学の出自理論などの研究蓄積を生かそうとせず、逆に捨て去ってしまったところに最大の問題があるだろう。近年、清水昭俊も社会人類学の立場から父系出自であると規定しているが、〔補注1〕同じ問題がみられる。

これに対して、双方的社会を基盤として成立したことを強調して、ウヂの性格を論じる説が出されている。吉田孝(12)は、単系出自集団との比較を通じて、ウヂは首長層の父系を原則とする系譜関係にもとづく組織であり、単系出自集団ではなくて「ラメージ」に似ていると述べ、多面的にウヂの独自的な性格を説明している。氏の説は感覚的に共鳴できるものの、分析の視座はしばしばゆれ動いており、結局はウヂの性格規定が不明瞭であるといわざるをえない。例をあげると、①「始祖からの系譜を紐帯とするウヂの組織」であるといいながら「『氏上』という個人を中心とする集団」でもあるといい、②明確な出自集団は存在せずにウヂはクランではないとしながら、「始祖からの出自を原理とする集団であるから広義にはクランの一種」とみなしうるともいい、③ポリネシアの「ラメージ」と比較すると共通点が多いとしながらもウヂをラメージだと規定付けるわけでもなく、④ウヂが組織・集団であるという以上はその標識として「始祖の名を負う」ウヂ名の存在が不可欠と思われるが、「ウヂ名は成立していなくても、ウヂの本質である始祖からの系譜は成立していたので、ウヂは成立していたと考えてよい」とする。的確に規定しきれない様子が伝わってきて、もっと明快に説明ができぬものかと思われる。要は、集団・組織としての側面と系譜・出自としての側面とが統一的にとらえきれていないからである。ここでも、ウヂの帰属と出自観念との区別がなされていないのである。

一方、高群以来の系譜関係の詳細な分析を行なった義江明子(13)は、集団結合の原理からウヂの歴史的過程を三段階に分けて明らかにしようとした。七世紀中葉までは、ウヂは政治組織でかつ族組織であり、個人の出自を示すものとして族長位の継承ラインである一系系譜と親子関係の連鎖である両属系譜とが併存し、非出自集団で大王に奉仕する職掌の世襲を軸に結集した集団であった。七世紀後半の律令制の導入と共に父系継承によるウヂの再編がはかられ、出自理念をもとに族組織としての純化、二種の系譜観念の組合せによる出自系譜の形成が進められ、一系系譜の理念の強化が顕著となる。八世紀末〜九世紀前半には、改賜姓がひんぱんに行なわれて父系出自集団としてのウヂ名の成立がもたらされ、父系出自観念による系譜が完成する。ウヂは父系出自集団に変質をとげる、という。

さて、この研究は、系譜の具体的分析を通した立論で、系譜・出自・帰属の概念を区別する姿勢や、八世紀前後のウヂの変質過程を歴史的に位置付けるなど、基本的には高群説の成果を踏まえたものと評価できるが、論文自体は余りにも煩瑣で主旨をわかりにくいものにしている。義江はウヂの構造原理を「両属性」から父系への変質としてとらえるというが、この「両属性」なる規定が理解し難い。いわゆるbilineal（両系・双系）のようであるが、個人が複数のウヂという集団に帰属していたとは考えられず、特殊的に「両属」がおこり得ても原則はやはり単属であったろう。また、両属系譜と一系系譜の併存という二面性の意義も納得し難いものがある。結局、義江は「出自」「系譜」「帰属」を区別してはいるのだが、それぞれの概念の理解の仕方に問題があるようである。

他には、西野悠紀子[14]が、八世紀から九世紀にかけてウヂの父系近親婚が集中している事実を指摘しており、ウヂ内部が双系血縁によって結合していた側面をうかび上がらせた。

以上の研究状況から、高群の具体的分析を生かすようにすること、出自観念とウヂ帰属及び系譜を区別して分析すること、ウヂに対して明快な規定を与えること、父系出自集団との類比が重要となってきたこと、などが課題として導き出されるのである。

3　氏族分析の社会人類学的視角

ウヂが首長層に限られた政治的組織としての性格をもつとしても、親族組織としての側面ももつ以上、その構造原理を分析するためには原始的氏族の分析と同じく出自の概念が必要であり不可欠といえる。社会人類学にあって、特定の祖先と個人とを親子関係の連鎖によって結びつける出自（descent）の概念規定をめぐっては、二〇世紀初頭から諸説があらわれて今も結着を見ていない。しかし、大別すると二つに分かれて対立していることは疑いない。両者のどちらを分析概念として用いるかでウヂの性格規定も異なってくるから、ここで本稿の基本的立場を明確にしておきたい。

一つは、W・H・R・リヴァースが最初に定義した descent（出自）概念であり、その後ラドクリフ＝ブラウン、M・フォーテス、E・R・リーチ、J・グーディらに受け継がれてきた説である。[15]「出自」とは、出生にもとづいて選択の余地なく生得的に決定される祖先からの集団への成員権の獲得であり、従って性別によらざるを得ず、自動的に父系か母系かいずれかの単系出自を意味する、というものである。この「出自集団」とは、シブ（クラン）やリニージといった単系出自集団以外はあり得ないとされる。要するに、単系以外の出自を認めず、他は filiation（親子関係）にもとづく帰属とする。

もう一つは、前者に異論をとなえて主張された、R・ファース、W・H・グッドイナフ、G・P・マードック、W・ダベンポート、ペラニオ、R・M・キージング、R・フォックス、P・ブハーマン、H・W・シェフラーらの説[16]

である。諸説に相違もみられるが、「出自」とは、祖先と個人との系譜関係を通した成員資格の伝達を意味するのであって、それ以外の付与条件はなく、選択しうるか否かとか性別などは定義のうちに入らない、とする。従って、単系の他に nonunilineal（非単系）・anbilineal（選択系・二者択一系）・cognatic（双系）等と表現される出自の存在を認めている。「出自集団」としても、操作的な帰属による anbilineal な血縁集団をラメージ、セプト、アンビリネージ等とよんで、非単系の出自集団を発掘し証明している。

世界の民族（とくにポリネシア地域）においては、確かに単系によらない出自とそれにもとづく集団が存在しているようであり、第二説を否定することはできないし、むしろ優位ですらある。また、descent の概念を検討して新しい規定を与える研究もあるが[17]、ここでは論争に介入するつもりもない。ただ、日本古代のウヂを厳密に分析する場合において、第一説の出自概念・理論に立って分析した方がより明快に解けるのではないか、と考える。私は、第一説でもってウヂの解釈が十分可能である、とみるのである。

また、この出自概念の方法的立場とともに重要なのは、出自・系譜・帰属原理・親族の具体的な分析に際して、文化体系と社会体系との次元を区別する観点であろう。文化的・観念的・理念的・イデオロギー的な概念・原理・規準・形式としての出自・系譜と、社会的・構造的・現実的な集団・機構・形式としての出自・系譜との識別である。いい換えれば、理念と実体（或いはたて前と本音）との相違といってよかろう。典型的な単系社会にあっては両者の一致をみるのであるが、文化と社会との二つの体系・形式が食い違っている社会がしばしば見うけられる。この次元を識別する観点は、先の第二説の立場から提出されたものであるが[18]、非単系の出自論を認める説にこだわることなく、実際の分析において重要な視角であると思われる。私は前者の理念的な文化体系の方を〝出自〟観念、後者の実体的な社会体系の方を集団〝帰属〞と理解してウヂの分析概念として用いることにする。

以上の社会人類学の分析視角を踏まえて、ウヂの系譜・構造原理を再検討し、その基本的な性格を規定付けてみたい。その際、首長制の存否を別として、ウヂの血縁集団としての構造原理に限って類比するとすれば、吉田がキルヒホフの研究を引いて比較した選択系のポリネシアの例よりも、私は「父系」とされているメラネシアの例[19]の方が、ウヂの性格解明には有効ではないかと考えている。これを念頭において検討を進めたい。

二　系譜と出自観念

1　古系譜の形式

昭和五十三年に発見された有名な稲荷山古墳出土の鉄剣銘には、上祖意富比垝から乎獲居臣まで順次「某、其児名某」という形式で、八代の人名が連ねられている。それは、次の如き系譜である。

オホヒコ――タカリスクネ――テヨカリワケ――タカヒシワケ――タサキワケ――ハテヒ――カサヒヨ――ヲワケ臣

ここにはウヂ名は見当らないが、特定の祖先（「上祖」）と自己（「吾」）との関係が一系の親子の連鎖で表現されており、この辛亥年が四七一年に相違なければ、五世紀後半の系譜を示していることになる。問題となるのは「児」と表現される上下の世代関係である。古代の史料で「生児（子）」としてあげられる人名は男女を区別しない。しかし、この銘文では、上祖のヒコの後も（ヒメではなくて）スクネ・ワケ・オミといった称号をほとんど有しており、また代々「杖刀人の首」として仕え奉ってきたと「奉事の根原」を述べていることから、これらの人名は皆男子とみて問題はない。では、「児」の示す親族関係はというと、古代ではコ（児・子）という名称は、親からみて自分の子（含養子）を指すのみで、傍系親に対しては用いられない。しかし、七代も実の男子が直系で継承し続けるというのは特異といわざるを得ず、男子がいない場合は兄弟の子を「子」と詐って出仕させるとか[20]養子としたり、[21]娘の子（外孫）を事情があるために引き取って自分の子として育てたり、[22]といったケースが含まれていよう。その場合でも、社会的に認知された父子関係であって自分の「子」であることに何ら変わりはない。要するに、先掲の系譜は、父から己の男子へという父系の八代にわたる一系系譜であることに違いはない。

ところで、この鉄剣銘と類似した古い文章系譜がいくつか見出される。まず、釈日本紀所引上宮記逸文[23]に載せる継体天皇の系譜で、父方は妻を記した父系系譜であるが、母方は「某、児某」という表現の一系系譜で次の如くである。

イクムニリヒコ大王――イハツクワケ――イハチワケ――イハコリワケ――コマカワケ
――アカハチキミ――ヲハチキミ
　　　　　　　　　　　＝
　　　　　　　　　アナニヒメ――ツヌムシキミ
　　　　　　　　　　　　　　――フリヒメ命

この上宮記の成立は七世紀中葉の可能性も強く、古い伝承を反映しているようである。次に、応神記には、三宅連の祖であるタジマモリの系譜が見られる。天之日矛が前津見を娶って生める子タジマモロスク、その後は「此之子、某」として男子名が三代続いている。垂仁紀三年三月条・同八十八年七月条にも同様のタジマモリに至る系譜が載っており、「某生某」の表現で男子の一系が記されている。両者に多少の異同があり、[24]記の方が良質の伝承かと思うが紀はより純粋な父系一系の形式を示しており、この新羅系帰化人の系譜も鉄剣銘のそれと共通している。更に、崇神記の三輪山伝承の中に、大和の大神・賀茂両氏の祖とされるオホタタネコの系譜が含まれている。大物主大神が活玉依媛を娶って生める子クシミカタ命、その後は「某之子、某」と連ねてオホタタネコまで計五代にわたる父系が示されている。後には三代を加えた八代の一系系譜もつくられた。[25]なお、崇神紀七〜八年条の記事では、オホタタネコは大物主大神の児としている。ただ、オホタタネコの祖名にはいくつもの異伝があったようであり、[26]〔補注2〕ここで重要なことはどれが原型かではなくて、伝説上の複数の祖名を記の如くにつないで一系とする系譜意識・形式が古くから存在していた、という事実である。この崇神記の系譜は、先のタジマモリの系譜と同一の形式で、始祖については「某、娶某女某、生子某」という父母両祖に始まり以下は父系をたどる一系である。

これらから、古い系譜の形式的特徴が知られる。それは、(1)系図ではなくて文章系譜であること、(2)始祖から「某、其児某」とか「某之子、某」といった表記で個人名を親子関係で連ねること、(3)一人（或いは夫婦）の祖から一系で原則として傍系を記さないこと、(4)父系血縁の血筋をたどる系譜であること、(4)まだウヂ名が見られないこと、といえよう。いわば、機械的なまでに父系一系を追求した系譜なのである。

ところで、系図には一般に二類型があるといわれる。一つは、一人の祖から次々と子孫が分かれていく形式で、この祖先中心的な表記を子孫流下式の系図とよんでいる。出自関係・血縁集団・同族・家系にもとづいた系図とかある個人の子孫を示す場合には、この子孫流下式がふさわしい。もう一つは、ある個人をもとに父方・母方双方の祖先をすべて溯っていく形式で、当然にも多祖から自己に集約される方式のため出自と無縁である。この自己中心的な表記を先祖溯上式の系図とよんでいる。遺伝や血縁的影響を調べるのに都合がよい。だが、日本の古系譜はどちらでもなく、一人の先祖から一世代一人の子孫が一系的に続いてある個人につながる形式であり、この一系系譜は〝上下連鎖式〟ともいうべき系譜である。では、この一本の線をたどる上下連鎖式＝一系の系譜は何を意味しているのであろうか。それを次に考察してみたい。

2　一系系譜の意味

先掲の鉄剣銘に見られる父系一系は、一体どのような人間関係を意味する系譜なのであろうか。まず、考えられるのは、族長権の継承や「杖刀人首」の世襲といった社会的地位・職掌の継承ラインを反映している、とすることである。しかし、古代の大王位・氏上・郡司[27]など、どこにも父子一系・嫡子継承の事例は見出せず、むしろ不規則で傍系にもしばしば移動するのが常である。スクネ・ワケといったカバネ名が、当時、大王との個人的地位関係を示す称号であったとすれば、政治的地位の世襲と共に一貫して受け継がれていなければならない。ところが、六代（ハテヒ）・七代（カサヒヨ）にはあるべきワケの称号がない。この間は、おそらく傍系に族長権がわたっていたものと考えられる。それにしても、三代・四代・五代とワケの付く人名が続いているから父子継承が進んでいるではないか、と思われるかも知れない。しかし、そうでないことは任意に大王家の八代の一系系譜を抽出してみるとよくわかる。例えば、(1)景行――倭建命――(3)仲哀――(4)応神――(5)仁徳――(8)允恭――(10)雄略――(11)清寧、であるとか或いは、(1)継体――(4)欽明――(5)敏達――押坂彦人大兄王――(9)舒明――(15)天武――草壁皇子――(17)文武、といった一系を取り上げてみると、王位につかぬ人物も介在すること、王位の継承順（番号）も飛び飛びとなっていること、が理解される。一系系譜の形態のみを比較すれば、実は大王家もヲワケ臣も継承性に大差があるとは思われないのである。以上の点から、鉄剣銘の系譜は族長位といった政治的地位の実際の継承ラインを示したものではなく、また、父子一系の世襲制を反映するものではない。銘文にある「世々為杖刀人首、奉事来至今」という語句も、郡司が「譜第重大之家」と主張する類と同じで、いわば地位の正統性を強調した文言であって、実際に世襲・一系継承されてきたことを意味するものではないのである。むしろ、この系譜の背後に大王家と類似した継承法を逆推して然るべきでなかろうか。(28)

勿論、他の継体天皇母方系譜やタジマモリ・オホタタネコらの系譜も同じである。皆おしなべて一系系譜であることは、当時、社会的地位の嫡子継承が確立していたかのようだが、それこそ現実とは大きくかけ離れている。逆に、系譜が余りにも一律的・機械的・形式的に父子関係をたどっていることこそ注意すべきである。現実と遊離した一つの〝型〟を我々に感じさせるのである。

そこで、かつて中田薫が論じた、「父名又は父祖名を並称する呼称法は、恐らく古代に於ける正式の名乗法であつて、これが即ち子孫が父祖の名を祖父より受取て、更にこれを後代に口伝する形式であつたのであらう。約言すれば子孫は祖先の系譜を保存することに依て、祖先の名を永遠に伝ふる者であつた」とする、父祖名連称の系譜形式による祖名口伝が想起されよう。まさに、古系譜の構造的特徴からみて、この形式の祖名口伝を記録したものが一系の文章系譜であった、といってよい。父祖名連称の呼名法は、主観的には祖名の不滅を願い霊の不滅を得るという観念にもとづくというが、客観的に系譜としては何を示しているのか、それは個人が祖先として無選択に父系血筋を溯っていることから、父系出自を示す系譜といえるだろう。祖からの父系一系とは、ある個人の父系出自を示しているのである。(29)

さて、江守五夫はこの中田説を引いて鉄剣銘の一系系譜を父系出自が存在した証拠とした。この点は賛同できるが、(30)

さらに展開して古墳時代の日本にも父系的出自集団（ウヂ）が成立していた、とするのははなはだ疑問である。というのは、一系系譜から確認されるのは父系出自観念の存在のみであって、決してそれ以上ではないからである。第一節で提示した如く、社会人類学では、出自・系譜を理念的・観念的・イデオロギー的な概念・規準・形式としての文化体系と、構造的・現実的な集団・機構としての社会体系との二つに分けて分析する理論があるが、一系系譜が示しているのはまさに前者の文化体系としての理念的な出自観念なのである。従って、社会体系として現実的に父系出自が機能していたか、更には出自集団を成立せしめていたか、は全く別の次元の問題である。それは、社会内部で機能すべき出自規制の強弱によって左右される問題だからである。江守説は肝心な問題を混同しているといえよう。後に検討するが、日本古代の父系系譜は皆実際のウヂ帰属、現実の継承・相続を無視して機械的に父系血筋をあらわそうとしている。観念・理念・文化概念としてのみ存在しうる純粋な父系出自でしかなかったからである。

私は古墳時代にも首長層に同族が存在したと考えている。しかし、この父系的血縁結合は「父系出自集団」を意味しない。なぜなら、まだウヂ名もなく自然発生的な集団名やトーテム名なども存在していなかったからであり、明確なメンバーシップもなくて範囲も漠然とした親族関係だと考えられるからである。また、ウヂというのはウヂ名を賜わることによって成立すると考えるから、ウヂも存在してはいない。この集団には至らない父系的血縁結合の同族こそ、ヤカラ（族）とよばれた実体であろう。このような支配者層の同族結合は、単系制によらない社会でも一般的に見られる自然発生的なものである。

このように、五〜六世紀には首長層において、文化としての強い父系イデオロギー・理念があり、明確な父系出自観念が存在して〝祖名口伝〟が行なわれていたが、しかし現実の社会で出自規制がどれだけ機能していたかとなると疑問であること、まだウヂ集団は成立しておらず自然発生的な出自集団も存在した形跡は皆無だが、ヤカラとよべる同族結合は想定しうること、が結論といえよう。

3　一系系譜における女性

強い父系出自観念によってつくられた古代の諸系譜は、たて前としてはほぼ全て男系に従ってはいる。いうまでもないが、一系系譜を図示すると次のようにあらわされる。

△——△——△——△——△——△——△

他に、変種として始祖が妻の名を載せる形式がある程度である。この項では、女性が系譜の一系上にあらわれる極めて特異な事例を検討してみたい。なお、始祖が女性だという母祖の事例ならいくつもあり、それは別に改めて論じることにする。対象となるのは、一系の中継として女子を介在させて血統をつなげる系譜であり、父系出自観念に対立する事例についてである。

古代の史料ではある人物の親子関係を表示する場合、一般に〝某之児（女）、某〟と片親のみを記し、記紀・風土記の類で妃の名を載せる時は、ほぼ父某の女子か或いは某の妹某という形式である。その中で、若干、母某の女子とする例があり、ここに引用しておく。

・一云、倭国豊秋狭太媛女大井媛也。（孝昭紀）

・春日建国勝戸売之女、名沙本之大闇見戸売。（開化記）

・木国造荒河刀弁之女遠津年魚目目微比売。（崇神記。崇神即位前紀もほぼ同文）

数は三例にすぎないが、かなり古い時代に関する伝承には、母子関係の表示もあり得たことを示している。これは、男系系譜の中に女性が混在しうる可能性を認めているようにも受け取れる。しかし、一旦、系譜化されるとなると、男性名に変えたり操作されるようである。例えば、十市県主系図(31)によると、

事代主命――鴨王命――大日諸命――大間宿禰――春日日子――豊秋狭太彦―┬―五十坂彦
　　　　　　　　　　　　　　　　　　　　　　　　　　　　　　　　　　└―大井媛

とあって、先の孝昭紀の「豊秋狭太媛」が系図では「豊秋狭太彦」と男性名に〝改名〟されている。ここに、強い父系系譜観が見出されよう。

さて、出雲国風土記嶋根郡加賀神埼条に

所レ謂佐太大神所二産坐一也。産坐臨レ時弓箭亡坐。爾時、御祖神魂命御子枳佐加比売命願、吾御子麻須羅神御子坐者所レ亡弓箭出来願坐。

という記事が載っている。これによると、御祖神魂命――御子枳佐加比売命――御子麻須羅神――佐太大神、という系譜関係が認められ、女性が系譜の中継をしている希有な例ということになる。(32)記紀にはカミムスビノ命とキサカ(ヒ)ヒメ命の名は見え、記ではキサカヒメ命はカミムスビノ命の使者として活躍してはいるが、御子という伝承はみられない。後に、親子関係をつくり出したようである。ところで、風土記の同条には、また「即、御祖支佐加比売命社、坐二此処一」ともあり、在地の伝承の中でも彼女が中心的な存在となっている。従って、キサカヒメ命を「御祖」とする伝説の方が古形ではないかと考えられる。即ち、本来キサカヒメ命を母祖として男子孫につながる伝承が原型であって、後にカミムスビノ命と結びつけられ、ついに彼を父祖とする先の系譜がつくり上げられた公算が強い。要

するに、女性を中継させる系譜は、母祖を否定するために父祖を加えたことによって偶然に発生した現象で、この一時的な伝承もいずれは父系系譜化される運命にあることは間違いない。

それを裏付けるのが、イシコリドメ命の場合である。神代記に「伊斯許理度売命者作鏡連等之祖」と見え、神代紀下巻にも「鏡作上祖石凝姥命」とあって、疑いなく彼女は鏡作連の母祖である。天照大神が天の岩戸にかくれた時、記では彼女に「科せて鏡を作らしめ」たとあり、紀の本文では彼女を以て冶工として「日矛を作らしむ」と見える。問題となるのは、神代紀上巻に載せる異伝である。まず、「一書曰、（略）以鏡作遠祖天抜戸児石凝戸辺所作レ八咫鏡」とあって、イシコリドメ命の父として鏡作遠祖アマノヌカドなる者があらわれてくる。古語拾遺の記事もこれと同様であるが、それでもイシコリドメ神をもって「鏡作遠祖也」と注している。更には、「一書曰、（略）及使二鏡作部遠祖天糠戸者造一鏡」の如く、鏡を作った本人もアマノヌカドだという伝承も生まれるのである。母祖が父祖に逆転するさまをうかがい知ることができる。その結果、鏡作大明神縁起(33)には、

正一位鏡作大明神者、以二鏡作遠祖天秡戸児石凝姥命一、奉二斎御神躰一、所以者何。

と記されるようになり、遠祖はアマノヌカドとされているだけでなく、鏡を初めて作ったというイシコリドメ命の伝説は姿を消し、彼女が初めて鏡作大明神を奉斎したことに変えられているのである。本来、鏡作連の「祖」「上祖」とされていたイシコリドメ命に新しく父として加えられたため、アマノヌカドに対して「遠祖」とよぶ表現がおこったものであろう。また、「石凝姥命」の名は後世に残されたにしても、女であることは忘れられて中性化してしまっているように感じられる。

以上、キサカヒメ命やイシコリドメ命の事例を検討して、共に母祖を否定していく系譜意識から第二祖の位置に転

落したケースと考えられ、逆に男系をたどる系譜観の強さの方がうかび上がる。他に女性を介在させる系譜は皆無といってよいから、系譜の一系上に男女が混在しうる選択系（ambilineal）の出自観念は認められず、男系を貫く父系出自観念こそが確認されるのである。

三　母祖の系譜論的意義

1　ウヂの母祖事例

ウヂの系譜上の始祖は男性が大部分であるが、女性の事例もいくつか確認されるのであり、それが何を意味するのか検討してみよう。

新撰姓氏録に載せる一一八二氏のほとんどは父祖であるが、かつて高群は母祖の確実な例として、(1)未定雑姓摂津国の阿刀部氏、(2)大和国神別地祇の吉野連氏、の二例を指摘した。しかし、(2)の例は、祖「加弥比加尼之後也」とあってこれは神武記の「僕者国神、名謂二井氷鹿一、此者吉野首等祖也」と同一で父祖を示していよう。神武即位前紀には井ヒカリ（井光）と見え、姓氏録の名はこれが転訛したものであろう。なお、姓氏録の説話中に見える、井の中に出現した女神「水光姫」〔補注3〕は、祖ではなくて吉野連の祭神なのである。次に、(1)の例では、「山都多祁流比女命四世孫毛能志乃和和気命之後也」と記されており、直接の始祖は男となっている。ただ、その先の遠祖山都多祁流比女命は母祖といえなくもない。しかし、この人名は他に見えず、ヤマト（大和・倭）のトは乙音であって、甲音の都字を用いないから、新しい創作の人名であろう。しかも、女性名にタケルを用いるのも不自然である。後世、ヤマトタケル尊の名をもじって、その姉妹に擬せんとしてつくった人名と考える。従って、高群のあげた二例とも、確実な母祖の事例であるとは見なしがたい。結局、姓氏録の編纂までに母祖の父祖化が行きわたったからであろう。

さて、古事記・風土記等にはしばしば「〇〇之祖」と表現される女性がみられる。しかし、これらをそのままウヂの系譜上の始祖とみなすのは誤りである。ウヂの直系的祖先の兄弟姉妹・一族といった一群の人々を「祖」として表現することが多いからである。例えば、祖先の姉妹も史料では「祖」とよばれるが、系譜は兄弟の血統をたどっていくのが常といえる。従って、別な方法で母祖を発掘せねばならぬ。

確実な母祖の例が集まって見られるのは天神本紀（先代旧事本紀第五巻）である。

天香語山命　尾張連等祖
天鈿売命　猿女君等祖
（中略）
天造日女命　阿曇連等祖
（中略）
天背斗女命　尾張中嶋海部直等祖

ここに認められる三例を、以下で検討してみたい。最初に、猿女君等の祖についてだが、紀や古語拾遺でもやはり上祖・遠祖とあり、神代記にも「天宇受売命者猨女君等之祖」と見える。伝説上だが母祖であることに違いはない。[34]次に、尾張中嶋海部直等の祖だが、これは姓氏録にも見られない。天背斗女は、別に山背久我直等祖とされる天背男命とペアをなす神名と思われる。ここではヲに対してトメと呼ばれているものの、古来、女性の人名に年長の女性の尊称とされるトベ・トメ・トジを付加するのは、男性の人名にトヂを付けるのと対応しており、名前から見ても母祖といえる。

問題は、残された阿曇連等の祖であり、天造日女命の名はここだけである。神代記に「阿曇連等者、其綿津見神之子、宇都志日金拆命之子孫也」とあり、これは姓氏録の「于都斯賀奈命之後也」（未定雑姓河内国）と同一とみられるが、他に「綿積神命児穂高見命之後也」（河内国神別）という異説もある。どちらにしても父祖の如くである。ところで、太田亮は、信濃国安曇郡には式内社穂高社があり、隣の更級郡には式内社の氷鉇斗売《ヒカナトメ》社及び郷名の氷鉇・斗女の二郷が存することをあげ、このあたりに安曇氏が広く分布していたことを指摘している。(35) 重要なことは、ホタカ（ミ）神とならんでヒカナトメ神が存在することである。先のウツシヒカナサク命(36)は、ヒカナトメ神と男女一対のうちの男神と考えられ、同じくワタツミ神の男子と伝わるホタカ（ミ）神の異称ではあるまいか。阿曇氏の祖は、記に見える男神名と式内社に伝わる女神名のどちらが古い伝承であるか定かではない。また、氷鉇斗女神と天造斗女命を同一とする説(37)もあるが、確証はない。とにかく、この氏の祖については、父祖（ウツシヒカナサク命・ホタカミ命）の伝えと母祖（ヒカナトメ神・アメノツクリトメ命）の伝えの二種があり、それぞれ異称もあるものの、ヒカナの語を含む男女二神は古い名称と思われること、が確かである。兄妹でかつ夫婦神という父母両祖である場合と、本来は母祖であったものが神名を男性名に変えて（トメ→サク）父祖化したために併存した、という二つの可能性をあげておくにとどめたい。

さて、天神本紀以外に目を向けると、記紀で鏡作上祖・作鏡連等之祖とされているイシコリドメ命は、前節でも既に指摘したが、名前からみて明白に母祖といえる。また、皇祖神も天照大神の原始的な名前であったオホヒルメノムチという日の神を祭る巫女であり、(38)日の子を生む役割を持つ代表的な母祖であったといえよう。

また、父祖とみられる人名の中に、トメの付く事例がいくつか含まれていることに注目したい。姓氏録の右京神別では、尾張連・伊与部・六人部らを「火明命五世孫武礪目命之後也」、子部を「火明命五世孫建刀米命之後也」、また大炊刑部造・朝来直を「同神三世孫天礪目命之後也」と記している。このタケトメ命とアマノトメ命は共に物部連の祖天火明命の子孫であり、天孫本紀にも載せられている。これによると、天戸目命が妻を娶って建斗米命・妙斗米命の二男を生んだと見え、六人部連等の祖をタヘトメ命としている。これら三人とも父祖であるが、元は年長女性の尊称であるトメの語義ではなかったかと思われる。ト（刀・礪・斗・戸）は皆甲音で一致をみる。だが、メ（目・米）は皆乙音を用いており、女性を示す甲音とは食い違っている。私は、これを意図的な結果と考え、本来は母祖として「某ト女」「某ト売」と伝わった人名を男性人名に変えるため、甲乙音の混同した段階で女・売の字を別字に置き換えたからではないか、と推測するのである。タケトメは男性的ということもできようが、タヘトメは完全に女性人名であろう。

以上、伝説的な始祖のなかで母祖と認められる事例を調べてきたが、五例以上を確かめることができた。しかし、女性名を男性名にすり換える等の方法で、後に消された母祖も多かったように思われるのである。母祖の父祖化には多様な方法があり、他の方法を検証してみることにする。

2　母祖の改変と意義

猿（猨）女君は、母祖天鈿女命の名ではなくて猿（猨）田彦神の名をうけている。天孫降臨の際に、衢神である彼が道の先導役をかって出た後、神代紀下巻には

其猨田彦神者、則到二伊勢之狭長田五十鈴川上一、即天鈿女命、随二猨田彦神所乞一、遂以侍送焉。時皇孫勅二天鈿女

命㆒、汝宜以㆓所㆑顕神名㆒、為㆓姓氏㆒焉。因賜㆓猨女君之号㆒。

と、そのいきさつが述べられている。要は、母祖をさし置いて血縁関係のない男神の名を継いだことの異常さである。これは、猨田彦を天鈿女の夫に擬してついには彼をして父祖とする改変の兆候ではなかったろうか。天鈿女が彼の住所を聞いて彼を送り届けたという話は、夫婦化させる伝承が未完成だったことによるのではないか。そう考えないと不自然なウヂ名の由来なのである。しかし、何故か中途で挫折したような形で記紀に載せられてしまった、とみられる。ところで、稗田阿礼は、弘仁私記序の本注では天鈿女命の後也と見え、斎部氏家牒では「宇治土公庶流。天鈿女命之末葉也」とされている。[39] また、皇太神宮儀式帳[40]には、「宇治土公等遠祖大田命」とも載せられている。従って、平安前期においては、宇治土公（及び稗田）と猨女君は同祖であって、天鈿女命…→大田命…→宇治土公、という系譜が認知されていたとみられる。ところが、鎌倉中期の渡会神道の諸書では、「猿田彦神裔宇治土公祖大田命[41]」とか、「衢神猿田彦大神是也。旧記曰、衢神孫大田命、是土公氏遠祖神[42]」の如く、いつの間にか宇治土公の祖先は男の猿田彦につなげられている。即ち、ここに至って、ようやく宇治土公らの先祖は母祖（天鈿女命）から父祖（猿田彦神）へと改変作業が完成した、ということができる。この他、皇祖神の父祖化の兆候もまた認められる。[43]

今度は、伝説的な祖ではなく近時の祖を、父祖に改めている例をあげておく。それは有名な橘諸兄の場合である。続日本紀天平八年十一月丙戌条の葛城王・佐為王らの上表文によると、県犬養宿禰東人の女三千代は和銅元年十一月廿五日に天皇より橘宿禰の姓を賜わったのだが、

而今无㆓継嗣㆒者、恐失㆓明詔㆒、（略）夫王賜㆑姓定㆑氏、由来遠矣。是以臣葛城等、願賜㆓橘宿禰之姓㆒、戴先帝之厚命㆒、流㆓橘氏之殊名㆒、万歳無㆑窮、千葉相伝。

として、自分らも橘宿禰姓を願っている。この直後に「外家之橘姓」を名乗ることが許されている。形式上は改めて諸兄が賜姓を請うているとはいえ、実際は自ら主張するように母姓を継承したことは明白である。従って、橘宿禰は三千代が母祖であるが、そうは伝わっていない。世に流布する橘氏系図（及び楠氏系図）には、[44]始祖に関しての記載は二種類あって、橘諸兄に始まるものと、

敏達天皇——難波親王——大俣王——栗隈王——美努王——諸兄（賜橘宿禰）

から始まるものとがある。どちらにしても諸兄（葛城王）を橘氏の父祖とすることで一致している。更に、母橘三千代の注記すら欠けている系図も少なくない。これは、既に続日本紀天平宝字元年正月乙卯条の諸兄薨伝に、栗隈王の子・美努王の子と載せて母三千代ではなく父系を明示しているところに、早くもあらわれている。奈良時代では、当初から母祖の存在を認めず、男子を以て始祖とすること、が確められる。

以上、母祖の例は確実に存するのであるが、後世はその存在を否定しようとする父系出自観念によって否定されかかっている。母祖から男子孫へという系譜にあきたらず、始祖をも男性に変えようとする傾向である。父祖化する操作・方法には二種類あり、一つは母祖の近親の男性、即ち男子・夫・父を以て始祖とみなすやり方である。とくに、伝説上の母祖について父や男性配偶者を後から付け加え、いつの間にか父祖に祭り上げる操作は巧妙で作為的といえる。もう一つは、単純に母祖の名前を伝承の過程で男性名にすり変えるやり方である。とりわけ、記録する際に一字を置き換えて名前を〝性転換〟することが多かったようである。

さて、系譜中には中継の女性が見られないのに対して、このような改変にもかかわらず、ウヂの始祖・遠祖として女性がいくつも確認されるのは[45]何を意味していようか。一系をたどる系譜の場合、実際の継承・帰属を全く無視して

自在に父子関係をたどることは、父が不明でもない限り困難ではない。このような父系出自観念にもとづく系譜では、理論的に中継となる女性は生まれない。ところが、父系を溯った先の始祖となると別であって、現実には父親ではなく母親から姓の継承・相続があり得たわけだから、現実的・伝説的にウヂの祖が女性であった場合には、始祖のみは母子関係で系譜をつなげざるを得ない。父系出自観念を以て系譜をつくり上げても、始祖だけは女性だからといって避けるわけにはいかないのである。これが父系出自の観念のもとで、父祖への改変の流れにあいながら、母祖のみはいくつも確認されうる理由である。祖と系譜の中継とでは意味が異なっているわけである。このように母祖から男子へという継承事例がいくつも確認されるということは、その世代以降の父系観念におおわれた出自系譜の背後にも、同じように現実には母方のウヂに帰属した場合がいくつもかくされている可能性がある、ということを意味している。これが母祖の存在から知られる系譜分析の基本的視角である。

四　ウヂの母方帰属と系譜

1　母方帰属の事情

実際の社会において、ウヂ集団の帰属・氏姓の継承は、理念とされていた父系出自にもとづいていたであろうか。現実には父方帰属のみならず母方帰属も結構みられるようだからである。高群は、続日本紀以降に賜氏姓現象が集中していて特徴は改姓にあり、その中心は父系出自にもとづく「母系氏姓より父系氏姓」への変更にあることを指摘し、二十数例の事例を掲げている。(46) この「母系氏姓」を前提とした認識は大きな誤りであるが、少なからぬ「従母姓」の記事にスポットライトをあててその歴史的な意義を明らかにしようとした視角は、評価されて然るべきである。ここでは、関連史料を再検討して、ウヂの母方帰属の事情をさぐってみたい。

史料にはしばしば「誤従母姓」「謬従母姓」という記事が見られるものの、これらはたまたま戸籍記載で単純なミスをおかしたというものではなく、父姓記載をさまたげる何か特別な理由があったもの、と考えるべきである。〔補注4〕例えば、日本霊異記下巻第三九話に「尺善珠禅師者、俗姓跡連也。負二母之姓一而跡氏也。幼時随レ母居住」とか、続日本後紀承和十年正月甲辰条に「尾張連継主祖父比知麿三条三坊人也。而父秋成偏随二母居一、已付二外籍一者」とあるように、母姓に従ったのは幼時より父と別れて母と同居して生活を共にしていたからだ、ということが知られる。かといって、妻訪婚形態で育てられた子供がみな母姓を名乗った、というわけでもない。

では、父母の別居を前提条件・必要条件としつつ、母姓に従わせた事情は何であったか。

(1)遣二大山上安倍小殿小鎌於伊予国一、令レ採二朱砂一。小鎌便娶二秦首之女生二子伊予麻呂一。伊予麻呂不レ尋二父祖一、偏依二母姓一。(続日本紀天平神護二月戊午条)

(2)被レ遣二伊予国一(紀)博世之孫忍人、便娶二越智直之女一生二在手一。在手、庚午年之籍、不レ尋二本源一、誤従二母姓一。(同延暦十年十二月甲午条)

(3)伊賀都臣、神功皇后御世、使二於百済一、便娶二彼土女一、生二二男一。(略)遙尋二本系一、帰二於聖朝一。(略)厥後因レ居命レ氏、遂負二栗原勝姓一。(同天応元年七月癸酉条)

(4)膳臣金持娶二信濃国人錦部氏女一、生二男倭一。於レ是倭不レ尋二本族一、以二母姓一為二己姓一、便作二信濃国人一。(三代実録貞観

六年二月二日条）

(5)元右京人宗形横根、娶二紀伊国人名草直弟日之女一、生二男嶋守一。養老五年冒二母姓一隷二名草氏一。（続日本後紀承和六年九月辛丑条）

(6)法名信正、娶二近江国人槻本公転戸女一、生二男石村一。付二母氏姓一冒二槻本公一。（新撰姓氏録左京皇別坂田宿禰条）

(7)忍尾□（別）君之（此人従二伊予国一到二来此土一、娶二因支首長女一生）、子□思波・次与呂豆（此二人レ随母負二因支首姓一）。（和気系図）(47)

(8)（天之日矛）即留二其国一而、娶二多遅摩之俣尾之女一、名前津見、生子、多遅摩母呂須玖。（古事記応神天皇記）

これら八例は、みな他国から当国に来た男性がその国の女性を「娶」「便娶」して男子を生んだ、という話である。(8)は母姓継承に準ずるものとして掲げてある。特に(1)〜(3)が類似した表現で、遠隔地に「遣（使）」された官人がその地の女性を「便娶」した、とある。この婚姻は便宜上の一時的な妻妾であって、いわゆる現地妻に相当しよう。滞在期間を終えて男が本国に帰ると、妻子が現地にとり残されるパターンである。他もほぼ同様と思われる。

(9)乙枚者（略）、未レ編二籍帳一、其父死亡。由是冒母氏姓一、貫二河内国一。（続日本後紀承和十二年二月戊寅朔条）

(10)秦忌寸比津麻呂復二本姓民伊美吉一。父市守早死、比津麻呂幼少被レ貫二母姓一。（三代実録貞観五年八月八日条）

(11)栗前連枝女、本是従四位下山前王之女也。而従二母姓一未レ蒙二王名一。至レ是改正、為二池原女王一。（続日本紀宝亀十一年八月己亥条）

この(9)・(10)例は、妊娠中か出産直後という早い時期に父が死亡したため、やむなく母籍に貫せられた、という理由である。(11)例の父（山前王）も五七年前に卒していることから、同様の事情かと類推される。

(12)宮子、（略）母雄宗王之女浄村女王、大同元年雄宗王以二伊予親王家人一配二流安芸国一、宮子少レ年従レ母、不レ知二父

族一、貫二安芸国賀茂郡凡直氏一。（三代実録貞観元年四月三日条）

これは、母が離婚して外祖父の流罪に従った際、幼い宮子を連れていったため、実父（笠朝臣）の姓を名乗る機会が失われ、後父らしき凡直姓に付された、というものである。これは生後間もない離婚が原因といえよう。

⒀出自正六位上高円朝臣広世也。元就二母氏一、為石川朝臣一。続日本紀合。（新撰姓氏録右京皇別高円朝臣条）

この母は文武天皇嬪の石川朝臣刀子娘で、理由は不詳だが和銅六年十一月に嬪号を貶して称することを得ず（続日本紀）、と見える。それ故、母氏の過によって属籍を削られたもの、と推測されている。〔補注5〕要は、父籍から妻子が削除されたために母姓に従った、ということである。

⒁紀直祖刀自売之子嗣宗言、天下之人、皆承二父姓一、（略）而嗣宗独身無レ所レ貫、久背二課役一、是以欲レ付二母戸一、外戚不レ許、且為二他子一、仮濫有レ制。（日本後紀弘仁二年閏十二月乙巳条）

これは父が皆目不明な例で、どうも婚姻外交渉によって生まれた私生児らしい。母方が同籍を拒むのも、不名誉な出生の事情があったからであろう。

以上、「誤って」父姓を継がなかった事例を検討した結果、その理由というのは、(イ)現地妻の子、(ロ)付籍前の父の死去、(ハ)付籍前の父母の離婚、(ニ)母の過失による除籍、(ホ)私生児、ということになる。結論付ければ、七〜八世紀には父姓継承の原則であったにもかかわらず、妻訪婚・妻方居住婚のもとにあって、諸般の事情で父方の認知が得られない（「不尋父氏」）場合に限って、やむなく「冒母姓」の方式が採用された、ということになる。

重要なことは、積極的に母姓を選択したケースはなく、あくまでも父姓を原則として父方の承認さえ得られれば積極的に父姓に従った、という点である。ウヂ集団は、父系出自規制によって父方帰属を原則としたが、婚姻形態にも制約されて、特殊的・例外的に母方帰属とされる場合もおこり得た、という理解が正しい。

2　母姓継承と出自観念

実は、誤りではなくて公的・積極的に母方の姓を受け継いだ場合がある。それは父姓がないために母姓を賜わったケースである。具体的には、前節で検討した橘宿禰諸兄や次に掲げる藤原朝臣弟貞らの例である。続日本紀天平宝字七年十月丙戌条に

弟貞者平城朝左大臣正二位長屋王子也。（略）復合二従坐一、以二藤原太政大臣之女所一レ生、特賜二不死一。（略）山背王陰上二其変一。高野天皇嘉レ之、賜二姓藤原一、名曰二弟貞一。

とあり、更に公卿補任天平宝字六年条にも、「起姓。左大臣長屋王男、母太政大臣藤原朝臣不比等女、仍給母姓為藤原」と見える。このように、弟貞は母姓を賜わっているのであるが、「起姓」であって藤原氏の祖となり、長屋王から続く父系系譜に名を連ねることになる。[48] 決して母方の藤原系図に載せられることはない。また、続日本後紀承和十四年三月庚辰条には

正六位上次田王、男河上王娶二従五位下文室真人正嗣女一、生二広龍一。須尋二因生之義一同賜二文室真人姓一。而兄広永等、不レ認二祖宗一、以二去延暦廿四年一、賜二豊峯真人姓一。今拠二彼世数一、改二姓文室朝臣一、許レ之。

とあり、広永王・広龍王ら兄弟の母が文室真人姓であることから、この時に文室朝臣姓を賜わっている。この場合も、母姓を受け継ぐ主旨であるにもかかわらず、文室朝臣の系譜は広龍を始祖とし父系をたどるに違いない。母方の祖文室真人浄三から始まるものではないのである。[補注6]

この如く、王から臣に下る際には母姓を賜わる場合があったこと、しかし系譜は諸王から引く父系観念によっていること、母姓を名乗る王が始祖とされることを指摘しておきたいと思う。

ところで、母姓を継承して母方ウヂに組み込まれ、何代も経ているにもかかわらず、母方帰属以前のウヂ名や系譜をしっかり記憶していることに注目してよい。例えば、続日本紀天応元年五月丁亥条には、

裳咋臣船主言。己等与二伊賀国敢朝臣一同祖也。是以二曽祖宇奈已上一、皆為二敢臣一。而祖父得麻呂庚午年籍謬従二母姓一、為二裳咋臣一。

と、異姓ながら三代前の曽父の名とウヂを覚えている。また、前項で引用した史料でも、(1)では天平神護二年に秦毗登浄足の数代前の祖先として安倍小殿小鎌が、(2)では延暦十年に越智直広川等の「七世祖」紀博世とその孫忍人が、(4)では貞観六年に高橋朝臣文室麻呂の父錦部彦公の曽祖父として膳臣金持が、(5)では承和六年に名草直豊成の曽祖父として宗形横根が、それぞれ記憶されているわけである。更に、(6)と文徳実録天安元年十月十三日条の記事とを合わせると、[49] 槻本公(坂田朝臣)奈弖麻呂の曽祖父として息長真人姓の法名信正の名が覚えられていたことがわかる。〝曽祖父〟の名が別なウヂ帰属にもかかわらずよく覚えられているのは、子孫が系譜的祖先とみなしていたからであろう。越智直広川の例に至っては、曽祖父の父(紀忍人)や更にその祖父(博世)まで父系の祖先の名をあげている。

母方のウヂに帰属した場合でも、系譜的な祖先・出自はウヂ集団を超越して父系を志向していることが明らかである。母方の姓を継承した本人は、父系系譜の上では最初にその姓を名乗る人物として現われるから、そのウヂの祖とされることがたびたびある。更に、系譜は父方を溯って、始祖は母方帰属以前のもとのウヂの始祖と同じとなる。純粋に父系出自をたどるからである。例えば、先掲の裳咋臣は敢朝臣と「同祖」と述べているが、これは敢朝臣の子が

母方の裳咋臣に帰属したことに由来している。坂田宿禰は「息長真人同祖。応神皇子稚渟毛二派王之後也」（新撰姓氏録左京皇別）としているのも、三代実録元慶元年四月八日条に、

年名者左京人、大和守従四位下奈弖麿孫。（略）本姓息長真人、中間冒二外戚姓一、為二槻本公一、後改二坂田一、最後為二南淵一。

とある如く、そもそも息長真人の子が母方の槻本公――坂田宿禰に帰属したからである。また、額田首は「早良臣同祖。平群木兎宿禰之後也。不レ尋二父氏一、負二母氏額田首一」（新撰姓氏録河内国皇別）と見え、早良臣（平群朝臣と同祖）と「同祖」としている。これも、早良臣の子が母方の額田首に帰属したためにおこったものである。

以上のように、系譜は現実のウヂ帰属や継承・相続によることなく父系出自観念でたどられ[50]、始祖も帰属しているウヂの祖ではなく父系血統上の祖を以て始祖とする、という特質が明瞭となる。実際のウヂ帰属・姓継承を示さない古代の系譜は、極めてイデオロギー的・理念的に作成されたものといえる。

3　父系系譜の構成㈠――和気系図の場合――

それでは、古系譜において具体的に氏姓を超越した父系の存在を裏付けてみよう。

最初に、園城寺蔵の和気系図（円珍俗姓系図）[51]を取り上げる。景行天皇を巻頭に置くこの系図は、その皇子武国凝別の二子（水別命と阿加佐乃別命）がそれぞれ右と左に分かれ、その子孫の系譜が並行に記載される形式をとっている。水別命に始まる右系は、この系図の裏面に参照したと明記されている「伊予別公系図」に相当しよう[52]。問題は、阿加佐乃別命に始まる左系の方である。その後、この系は某乃別命から某乃別君へと変化をみせながら、六人の名が一系的に

しかも二行に分かれて記されている。その末尾は「子忍乃別君又名□」で途切れ、以下の系図とは断絶が感じられる。以下の後半部は、次の記載で再び始まっている。

忍尾
　真浄別君
命之　子忍尾□(別)君之 ―― 此人従伊予国到来此土　娶因支首長女生 ―― 子□思波 ――
　　　　　　　　　　　　　　　　　　　　　　　　　　　　　　　　　次与呂豆 ――

これの続きは長くなるので省略する。まず、「忍尾□(別)君」は某「命之」子とされるが、誰の子か不明瞭である。もし「真浄別君」だと考えると次の「命之」に続かないし、右上の「忍尾」の記載も意味不明である。また、前半部の末尾に見える「忍乃別君」との系譜関係も勿論不詳である。わからない点が多いけれども、確かなことは、忍尾別君が因支首の女を娶って因支首姓の子孫が続くことである。従って、この左系のうち真浄別君・忍尾別君の記載に始まる後半部が因支首系図であることは疑いないものである。残る左系の前半部（七～八代）の系譜は何かということになるが、この部分の人名はみな某乃別命・某乃別君と見えるから、別を名乗ることのない因支首の系譜でないことは確かである。人名は右系の伊予別系図と類似しているが、これも伊予別とする説[53]には従い得ない。仮にそうだとすると、伊予別系図の原型自体が二系に分かれた系譜形式となり、古い伝承としては不自然な形である。その上、本系図では武国凝別皇子に「伊予国□(御)村別君・讃岐国因支首等始祖」と注記され、かつ景行紀四年二月条にも「生武国凝別皇子、是伊予国御村別之始祖也」と記されているところの、重要な御村別の系譜がどこにも見当らないものとなる。そこで、右系の伊予別系図と似た古風さを持つ左系の前半部七～八代こそ、この御村別系図と考えるべきではなかろうか。従

って、和気系図の全体の基本構成を単純に図式であらわせば、

武国凝別皇子―┬―〔右系〕水別命――→伊予別公系図
　　　　　　　└―〔左系〕Ⅰ阿加佐乃別命――→御村別君系図・Ⅱ忍尾別君――→因支首系図

というように三系図の接合と理解される。それで、左系Ⅱの始祖的な忍尾別君はⅠの御村別君のウヂから出たものに相違あるまい。ⅠとⅡがつながらずに系図の編者は苦慮したものとみられるが[54]、何らかの伝承があったからこそ外見上は一系的に連続させる形式をとったものと思われる。要するに、「□思波」「与呂豆」兄弟は母方帰属で母姓の因支首[55]を受け継ぐが、父忍尾別君は御村別君の一族のため、父系出自観念によって武国凝別皇子を始祖とする系譜に接続させようとしたに違いないのである。その結果、武国凝別皇子は御村別の始祖（紀）のみならず、因支首の始祖（本系図）[56]ともされるに至るのである。

延暦十九年、因支首が伊予別公と「同宗」であると主張したのは（『平安遺文』一五二号文書）、二氏が直接分かれたことを意味するのではなく、祖先が同じ伊予国のワケ姓で始祖を同じくする、という程度の関係でしかなかった。二氏は、正確には御村別君を通じて関連し合うのであり、それを示すためには、まさに和気系図の如くに始祖武国凝別皇子にまで溯ってつながりを確かめなければならなかったのである。何故、このような遠い関係を「同宗」とよび、奇妙な二分系の系図までつくったのかは、背後に系譜論の対象外の問題が別に存在してい[57]たのであろう。

4　父系系譜の構成㈡――尾張系譜の場合――

さて、次に尾張連の系譜を検討したい。平安初期に成立したと考えられる天孫本紀[58]には、二次的に編纂されたとは

いえ、物部氏と尾張氏の詳細な系譜が収められている。史料批判をすれば貴重な史料となる。この尾張系譜を分析の対象として取り上げる。

饒速日尊（天火明命）の生む二子（天香語山命と宇摩志摩治命）が、それぞれ尾張連・物部連公の系譜を始める、という形式で、二系が別個に載せられている。ところで、記紀・天孫本紀・姓氏録・国造本紀・風土記の諸書には、尾張連（国造）の祖とされている人物は数多く、それは他氏に類をみない程である。尾張氏には古くから多様な伝承があったことの証左でもある。「祖」「遠祖」・賜姓とされた者の大部分は、この系譜によると特定の世代に集中していることに気付く。二二例程の記載は、Ⅰアマノホノアカリノ命・児アマノカゴヤマノ命、Ⅱ四世孫オキツヨソノ命、Ⅲ十一世孫ヲトヨノ命・児タケイナダネノ命・（妹ミヤズヒメ）・児ヲヅナネノ命、の三個所に多く、Ⅰ七例・Ⅱ三例・Ⅲ六例、という分布状況で、他の六例は単発的である。Ⅰは系譜の頭初で当然の結果であるが、神話の「遠祖」であって始祖ではなく、尾張姓を名乗ったものではない。Ⅰに次いで集中しているⅢの系譜を引用し、検討してみよう。

十一世孫乎止与命。此命、尾張大印岐女子真敷刀俾為㆑妻、生㆓一男㆒。

十二世孫建稲種命。此命、邇波県君祖大荒田女子玉姫為㆑妻、生㆓二男四女㆒。

十三世孫尾綱根命。此命、誉田天皇御世、為㆓大臣㆒供奉。（略）品太天皇御世、賜㆓尾治連姓㆒。

系譜では、この十三世孫尾綱根命の子孫がみな尾治某連を名乗っている。尾治連姓はこれに始まるとしてよいが、系譜は更に溯れる。父建稲種命は、応神記に「尾張連之祖建伊那陀宿禰」と見え、また尾張国風土記逸文に「尾張連等遠祖」、景行記に「尾張国造之祖」とされる宮酢媛も、熱田太神宮縁起[59]には「稲種公之妹名宮酢媛」と述べられていることから、彼も尾張国造（連）祖とする伝承が認められる。また、彼の父も国造本紀に「尾張国造、（略）以㆓天別天火明命十世孫小止与命、定二賜国造一」とあり、また姓氏録の河内国神別尾張連条にも「火明命十四世孫小豊命之後也」と見える。即ち、尾張連祖尾綱根命に先行して、乎止与命―建稲種命という国造系譜が連続していたことは疑いない。

問題は、この乎与止命より先の系譜である。前掲の系譜から知られる如く、乎止与命の妻は「尾張大印岐《イミキ》」の女であり、彼は尾張氏の婿となって国造の祖になったものと考えられる。[60] だが、彼の父は不明で、父の世代（十世孫）には、男五人の名が見え特定できないし、「十一世孫乎止与命」の下に「某之子」という記載も欠けている。ただ、前の五人兄弟のうち三人は「某氏等祖」と注記があって除外されるから、残る「次大縫命。次小縫命」のどちらかが父となろうが、共に「某女為妻、生一男」という記載がないのである。要するに、乎止与命は、父系の世代を継いでいるものの（諸書によって代数は相違するが）、系譜関係は途切れているのである。ここに、尾張系譜とそれ以前の系譜とを父系観念でつなげた作為性が読み取られる。十世孫以前の系譜は、葛木某の別名を持ったり葛木氏の女と婚姻したり、葛木氏と密接に結びついていることは、一目瞭然である。この系譜の始祖的存在は、尾張連祖の伝えが集中している一つでⅡとして指摘しておいた「四世孫瀛津世襲命」である。彼には「葛木彦命」の別名が注記され、母は「葛木土神剣根命」の女である。ここでも母方から葛木姓が伝えられた可能性がある。臆測であるが、四世〜十世孫の系譜はある種の葛木氏系の系譜ではなかったであろうか。

以上、これまでの考察によると、天孫本紀の尾張系譜は、Ⅰ天火明命に始まる尾張氏遠祖と伝える神名と、Ⅲ乎止与命に始まる尾張国造系譜（八代）とを結びつける形で、Ⅱ瀛津世襲命に始まる葛木氏系の系譜（七代）が存在する、という成立事情を示唆する基本構成をとっている。多分、尾張国造の祖は葛木氏の一族の出であるというような伝承があったため、父系出自観念にもとづいてⅡからⅢへ、という系譜の接合が策されたのであろう。系譜は建稲種命の母方（尾張大印岐）をたどることなく、父（乎止与命）の父系を溯る形で、一系的に成立しているのである。

二項にわたって、和気系図と尾張系譜の基本構成を分析してきたが、複数の系譜を接合して父系系譜の形に編纂したものであることは明らかである。共に、母方帰属して母姓を伝えた人物の父がウヂの始祖に位置付けられている。そして、父系出自観念によって、更に父方のウヂの系譜と結びつけられ、遠祖を同じくしているのであるが、接合部分にほころびがみられ完全とはいい難い。なお、系譜を記録して継ぎ足していった場合は別として、史料上の父系出自系譜は六〜八代の世代深度で途切れている場合が極めて多い。この世代数が一般的単位のようになっている理由は、古代の父祖名連称の口伝の慣習が、六〜八代程度だったことに起因しているのではなかろうか。

五　ウヂ集団の構造原理

1　ウヂの単属性

父方の認知を受けて父姓を継承した場合でも、母方の準構成員となったり後継者的立場に置かれて、父方と母方の双方の系譜観念をもつことがある。これを「両属系譜」とよんだりしているが、[61]正しくは二系系譜というべきであり、しかも普遍的にみられるのではなくて、ある特定の場合に限ってのみ出現すると考えられる。

上宮記逸文[62]に載せられている継体天皇の系譜は、五代にわたる父系の夫婦記載形式の父方系譜と、その一部に組み込まれた形で、八代にわたる男系一系の母方系譜とから構成されている。二種類の形式の父系系譜を合成した二系系譜といってよい。継体の母方系譜もここに挿入されているのは、特殊な事情にもとづくと思われる。まず、「汗斯王坐二弥乎国高嶋宮一時、聞二此布利比売命甚美女一、遣レ人召二上□(自)三国坂井県一而娶所レ生」とあるから、母布利比売は三国坂井県から近江国高嶋へ夫方居住して継体を生んだことがわかる。問題はその後である。逸文に次の如く記されている。

父汗斯王崩而後、王母布利比弥命言日、我独持二抱王子一在二无天親族部之国一、唯我独難養育一、比陁斯奉之云、介将レ下二去於在祖三国命坐多加牟久村一也。

夫の死後、妻は子継体を連れて親兄弟のいる越前国坂井郡高向郷の実家へ帰って養育した、とされる。継体即位前紀にも、継体が幼年の時に父王が死去したので云々、と同様の内容が見える。継体の名はヲホト王・ヲホト命であって、父方の曽祖父オホホト王の名と対応しようから、父方の王族の認知をうけたものと見られる。ただ、紀には別名「彦太尊」を注記しているが、これとても母方の特徴をもつ命名ではなく、wo-fotö に通じる fiko-futo で同名が異なって伝えられたものと思う。このように、父方帰属にもかかわらず母方親族のもとで次世代を担う後継者として育てられた場合、彼個人は双方に両属しているといってよい。そのため、ヲホト王は双方の帰属から二系系譜で示されたものであろう。これは一時的なもので、子の世代になれば母方系譜は消えて父方系譜のみが伝えられていくことになる。双方への「両属」とは一時的・特異な現象であって、決してウヂが両属性という特質を兼ねそなえていたわけではない。

この二系系譜の事例と相通じるのが複氏姓で父母双方のウヂ名を名乗る場合である。有名な「物部弓削大連」を取り上げよう。物部守屋大連は弓削大連ともよばれたが、天孫本紀によると彼の父尾輿連は、「弓削連祖倭古連女子阿佐姫、次加波流姫各為レ妻、兄生二四児一、弟生二三児一」と見え、母弓削姉妹に合わせて男子六人・女子一人を生ませている。七人のうち次男の守屋のみが母方姓の弓削を併用しているということは、特別に彼に母方から何かが継承されたからに他ならない。それは弓削連に伝わる世襲財産を相続したから、と見て誤りはなかろう。守屋は父方帰属にもかかわらず、母方の財産と共に名をも伝えようとしたのである。

次に、蘇我物部大臣の例をあげたい。皇極紀二年十月壬子条に

私授二紫冠於子入鹿一、擬二大臣位一。復呼二其弟一、曰二物部大臣一。々々之祖母、物部弓削大連之妹。故因二母財一、取二威於世一。

とあり、馬子の妻を物部守屋の妹としている。ただし、天孫本紀では妹でなく姪（鎌足姫大刀自）を娶ったと見える。蘇我馬子の男子三人のうち、物部氏の生んだ子は蝦夷であるらしい。(63) 彼は蘇我氏の他に滅んだ物部氏の世襲財産（＝母財）を相続している。従って、蝦夷は「蘇我物部大臣」と名乗って然るべきであるが、滅亡させた物部の名を憚ったらしく、物部姓は避けられている。だが、その子の世代に至って、母方の財産を次男に受け継がせ、「物部大臣」と呼ばせたものに違いない。

このように、父方の姓を継承しながら、（次男が）事情によって母方の基本財産を相続することになった場合、父姓の他に母姓をも名乗ることがあり、その人物は両属（二重帰属）的な二面性を持つ存在となるのである。ただし、これらはいわゆる複氏姓であるとするよりも、二種の姓は正称と俗称（通称）・字の如くに使い分けられていたものと思われる。永続性はなくて、母方の名は一〜二世代で消滅する運命にある。

結局、父方、母方の双方の集団に帰属するが如き、二系系譜や父母両姓の呼称といった両属（二重帰属）的現象は、極めて限られた条件のもとで個人的・一時的に出現する事例であって、社会構造的・原理的にウヂ帰属は単属性であ

ることに相違はない。原則的には父方集団にのみ帰属する、というシステムである。

2　族的構成

ウヂ集団の血縁関係は父系ばかりではない。母方帰属による場合もある。その場合でも、一つのウヂの構成員が全て「冒母姓」の子孫というわけではなく、父姓のみで続いている構成員も多数存在している。そのために、族的構成を少し複雑なものにしている。

下級官人として代表的な秦忌寸は、天武十四年六月に秦連（もと秦造）に賜わって以来、秦造（持統十年五月）・秦勝（天平神護二年十二月）・秦長田（神護景雲三年十一月）・秦姓（同）・秦倉人（同）・物集（承和元年二月）・その他の秦氏、に何度も賜姓されている。これらはほとんど諸蕃で「太秦公宿禰同祖。秦始皇帝之後」という伝承をもち、伝説上では同族という観念におおわれていただろう。しかし、物集や広幡を改姓した秦姓に限らず、これらは秦氏一族という伝承だけで互に血縁関係も確かめられないような多様な集団から構成されている。問題は、この父系と信じられている秦忌寸の中に、「秦忌寸比津麻呂復二本姓民伊美吉一。父市守早死、比津麻呂幼少被レ貫二母姓一」（三代実録貞観五年八月八日条）といった母系血縁者も混っていた点である。更に、「神饒速日命之後也」（山城国神別）という異祖をもつ集団もあり、これは物部氏の子孫の中に母方秦忌寸に帰属した者がいて、祖だけは父系出自をたどって認識していたからだと思われる。[64]これら母系血縁を含んだ一方、逆に父系血縁でありながら、「穴咋呰麻呂賜二姓秦忌寸一、以レ誤二従母姓一也」（続日本紀延暦七年八月戊子条）の如く、穴咋氏へ組み込まれていた人物もいたのである。

また、先に第四節の１・２で引用したウヂの母方帰属の諸事例についても、各ウヂはこの秦忌寸と同様に母姓に従った子孫以外にも多くの氏人を含んでいたことは間違いない。それは、「冒母姓」の氏人が改姓された後でも、史料には彼らの脱けたウヂが存続していることからも明白である。ウヂの内部では、父方帰属のみの父系血縁と、母方帰属によって編入された父系血縁との、二つの集団が祖先の女性を媒介にして結合していた、といえる。

次に家原連の例を見てみよう。三代実録貞観十四年八月十三日条には、

（家原宿禰）氏主父宿禰富依、天長三年賜二姓家原連一之日、富依修レ解偁、富依先、出レ自二後漢光武皇帝一也。氏主今言曰、先出レ自二宣化天皇第二皇子一。延暦十八年進二本系一之日、以二後漢光武皇帝一為レ祖者誤也。父子所レ称、始称之所レ出、先後不レ同。未レ知二誰是一矣。但姓氏録所レ記、可レ謂レ得二実正一焉。

とあって、家原氏の祖を父は光武帝といい子は宣化天皇の子孫といって、両者で真向から対立している内容である。この二祖出現の原因は、ウヂの母方帰属と父系出自とのズレからおこったものといえる。それは、溯って続日本紀和銅五年九月己巳条に、

故左大臣正二位多治比真人嶋之妻、家原音那（略）、並以二夫存之日一、相二勧為レ国之道一、夫亡之後、固守二同墳之意一、（略）其家原音那加二賜連姓一。

と見え、この多治比真人の祖は宣化の皇子賀美恵波王であることから、音那の子孫が母姓家原連姓を名乗ったものと仮定すると解けてくる。即ち、「家原氏主が宣化帝裔を称したのは、多治比真人の胤が音那を通じて家原家に所生し、祖変を起したからに依ると想像される。而して氏主の父富依が、氏主とは異り、後漢光武帝より出でたと申立てたのは、家原家の固有の出自を云つたものであらう」(65)と考えられる。それにしても、父系出自からはずれる「家原家の固有の出自」がなぜ切り捨てられずに生き残り続けたのであろうか。問題は家原連の構成であって、母音那から受け継

いだ子孫以外に別なグループが存在していたことである。それは、続日本紀和銅六年六月庚戌条に「従七位上家原河内、正八位上家原大直、大初位上首名等三人並賜連姓」とあり、音那につられて家原連姓を賜わった三人は、彼女の父系近親であることは疑いない。要するに、家原連は男女の直接の始祖があって二種の父系血縁の子孫は女性を媒介として結びついていたことになる。そうすると、単純に父系出自観念によるべき祖が九世紀中葉まで二種類併存し続け、しかも父子の間ですら混乱していたという事実は、二種の祖の伝承がこの家原連の二系的構成とそれぞれ結びついていたために生き残り、それぞれの集団が正当性を主張していたからこそ、互に錯乱も生じてきたのであろうことを推測せしめる。

また、新撰姓氏録には、同一の氏姓を名乗りながら、全く系統の異なる二種の祖を持つウヂが、ざっと二十例以上含まれている。これらは、家原連（宿禰）の二祖併立のケースと同類の要因によるものとみられる。石川朝臣の祖は「孝元天皇皇子彦太忍信命」（左京皇別）と見えるが、高円朝臣条（右京皇別）に「出自正六位上高円朝臣広世也。元就㆓母氏㆒、為㆓石川朝臣㆒。」とあるから、もし改姓前であったら石川朝臣として、二種の祖が載せられていたであろう。更に、家原連の場合でも姓氏録に取り上げられていたのは一祖のみだったようで、[66] 姓氏録にかくされた異祖を持つウヂもかなり存在していたことは疑いない。

以上、ウジは、父方帰属のみの父系血縁だけではなく、母方帰属によって組み込まれた父系血縁もしばしば含んでおり、父系出自観念にもとづく始祖は一祖に限られない、という族的構成を明らかにしてきた。いわゆる「或宗異姓同」（日本後紀延暦十八年十二月戊戌条）という現象は、上述の如き内容であったろう。これを概念図に示すと、次の図のようになる。そこで、このウヂの血縁集団としての性格をどう規定するかである。

まず、ウヂが父系帰属を原則としていて、「本系」＝父系の認識があり、ウヂを父系同族とみる一般的観念が存在していたことは事実である。喪葬令三位以上条の「三位以上及別祖氏宗並得レ営レ墓」について集解では、

謂、別祖者、別族之始祖也。氏宗者、氏中之宗長、即継嗣令、聴レ勅定是也。釈云。別祖、謂別氏始祖耳。氏宗依二継嗣令一、聴レ勅定耳。跡云。別祖、謂仮（令）土師給二秋篠姓一之類。古記云。別祖、謂本同族、今別姓也。仮令、藤原内大臣、橘右大臣之類。（略）或云。別祖、給二別姓一人也。仮、改二物部一為二石上一之類也。在釈背。

とあって、この「別祖」の注釈から別族＝別氏＝別姓といった認識を引き出すことができる。要するに「氏」は、たて前として同祖＝同族＝同姓の集団と考えられているのである。従って、観念的・イデオロギー的・理念的にはウヂは一つの父系出自集団と認識され、それがあるべき姿と思い込まれていたことは間違いない。

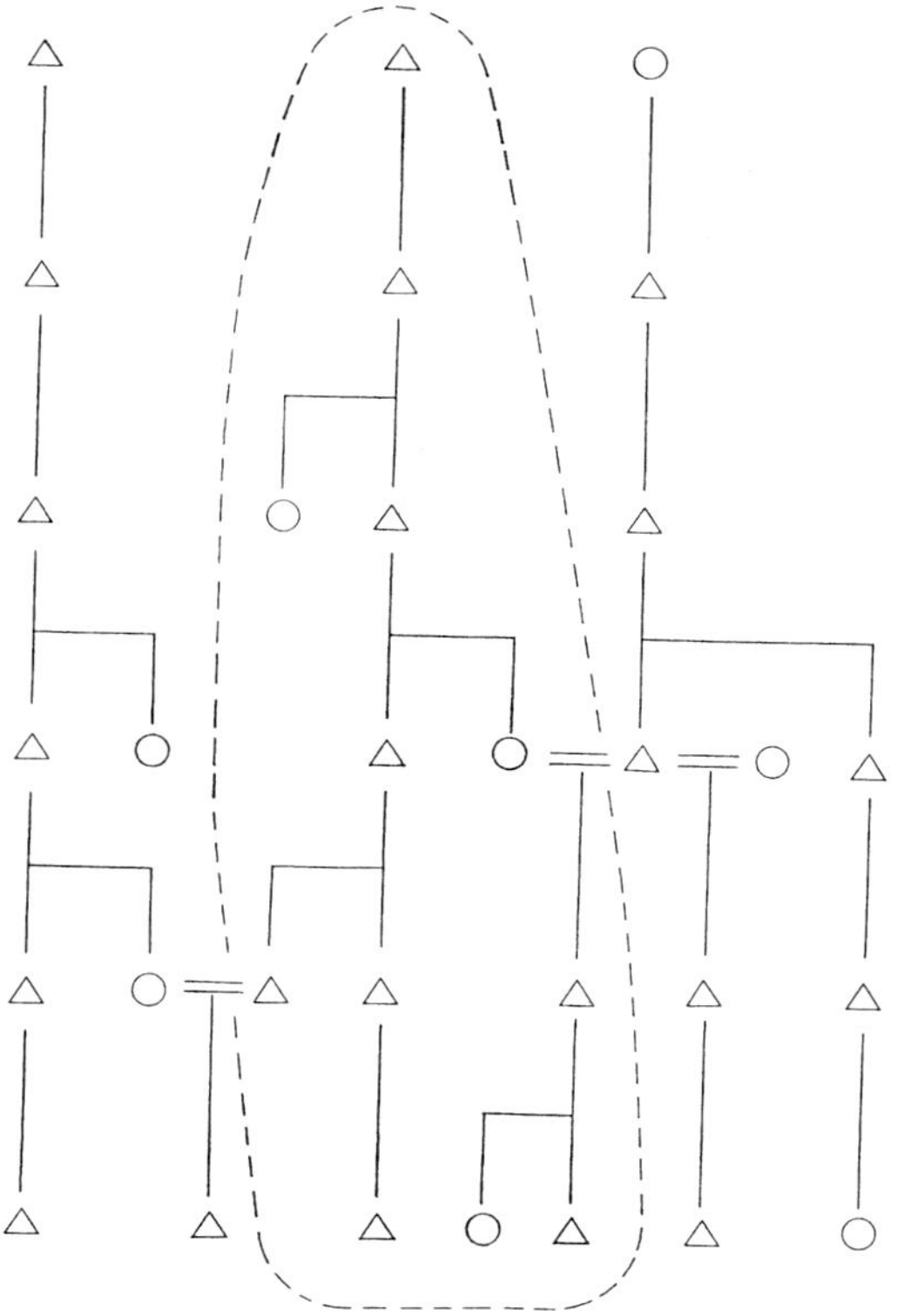

しかし、実際のウヂは、父系出自的集団・父系出自志向集団ではあっても、擬制父系出自集団でもなければましてや父系出自集団そのものとはいい難い。その理由の一つは、ウヂの成員が必ずしも単

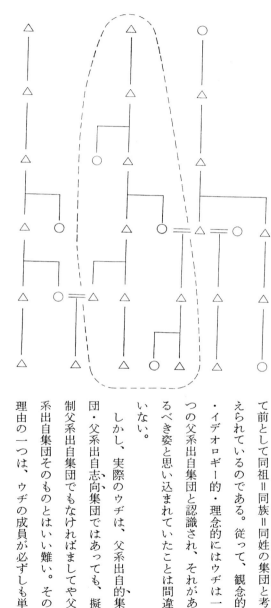

一の始祖と父系系譜を共有していない、という点である。ウヂが一つの祖と父系血縁集団から成り立っている場合は問題ないが、母方帰属にもかかわらず父系出自観念を貫くことによって、しばしば複数の祖と父系血縁集団の複合体となっている場合があるわけである。ウヂ内部では、祖・父系系譜が分裂・対立している状態で、単一の父祖からの父系子孫によって構成される、という出自集団の条件を満していない。実際のウヂは、母系によって接合される一つ以上の父系血縁集団から構成されている組織、ということになる。二つ目の理由は、母方帰属の場合に父系出自の形式を整えるための父系擬制が欠如している、という点である。生物的父系のみによらず母系血縁も含まれていようと、社会的に父系出自集団と規定できる例も多く見られはする。だが、ウヂにおいては、父方帰属によらない場合、出自集団を正当化するための、社会的・法的とりわけ系譜的な父系擬制の操作・処置がみられないのである。〔補注7〕それどころか、父系以外の氏姓継承は数世代経た後でも「誤謬」として退けて改姓を目論んでおり、母方帰属の現実を認めた上で擬制父系化をはかるという方法を頭から拒絶しているのである。そのため、ウヂの成員は同姓であっても、互に系譜的・伝承的に父系でつながっているといえない場合も少なくはなかったのである。擬制父系出自の方式（婿養子制など）を採用せず、当時の「父系」の理解は素朴・生物的で未成熟であったことによろう。以上の二点から、九世紀前半までのウヂは、観念的・イデオロギー的には父系出自集団というたて前であったが、現実的には一つ以上の父系血縁集団から構成される父系出自志向集団であった、という規定を与えたい。古代の日本には、母方帰属が少なくなかったにもかかわらず、父系出自に擬制して系譜化をはかる有効な方法が成立していなかった、という点は注目されよう。

おわりに

五節にわたって日本古代のウヂ集団と系譜の特質を考察してきた。社会人類学の視角を生かしながら、ウヂの血縁構成については妥当な結論を導き出せたのではないかと思う。ここで、明らかにしてきた内容の要点をまとめておこう。

一、古い一系系譜の女性の介在を排除した純粋な父子関係に、選択系ではない明確な父系出自観念の存在が認められる。この出自観念は文化体系としてのイデオロギー・理念であって、社会体系として父系出自集団を現実に成立させていたか否かは全く別の問題である。

二、系譜の上で中継として女性が介在していないのは、意図的に女性を排除して観念的な父系出自系譜を創りあげたからで、始祖のみは排除できないために母祖がいくつか存在している。勿論、後世に母祖が否定されたり父祖に改変されたものも少なくないが、母祖と同じ位の頻度で現実にはウヂの母方帰属が行なわれていた可能性を示唆するものである。

三、ウヂの母方帰属の事例は少なくないが、それらは何らかの理由で父方の認知が得られずにやむを得ず母姓に従ったというもので、逆にいうと父方帰属が基本原則であったことが明らかである。また、母方帰属後も先祖の父姓を記憶していて、系譜は現実に帰属するウヂの継承とは別に、観念上の父系出自をたどって始祖に溯っていく。古代の父系系譜を分析してみると、複数の系譜を編纂・接合して父系出自を表現しようとしたことが読みとれる。

四、ウヂ帰属は、特殊な条件のもとで両属・二重帰属の現象をおこして二系系譜や父母両姓の併称を出現させることもあるが、基本原則は父方ウヂ集団に帰属するという単属性にある。当時、素朴にウヂ集団を父系出自集団とみる観念・イデオロギーが支配していた。しかし、現実のウヂは、必ずしも単一の始祖と父系系譜を共有しているとは限らず、祖・系譜の異なる複数の父系血縁集団から構成されることも珍しくない。母方帰属しても父系擬制の操作が行なわれず、ウヂ成員＝父系血縁という理念が実現できなかったのである。従って、九世紀前半までのウヂは、(母系によって接合可能な)一つ以上の父系血縁集団から構成される父系出自志向集団である、と規定する。

以上、一〜四に論旨を述べたが、これはあくまでも七〜九世紀前半のウヂの血縁原理をとらえたものである。ウヂという集団自体は、支配者層特有の氏族[67]ではあっても、自然発生的な団体・共同体といった自律的集団ではない。朝廷からの賜氏姓によって成立・再編され、官人のカバネ秩序によって存在価値が保証され、権力が氏上(氏長)を通すことなく氏人を直接支配・統制している、いわば政治的身分組織という他律的集団である。集団としての凝集性・親族の排他的結合は弱いから、父系族内婚を選好すること[68]によって経済的・意識的な結集をはかったりする。しかし、九世紀中葉になるとウヂは転換をとげる。機械的に父姓継承が行なわれてウヂ名が父系出自を示すようになる一方で、カバネ秩序・改賜姓・族内婚などが消滅することからウヂ集団としての機能は喪失し、他律的な父系出自志向集団は崩壊するものとみられる。但し、一部の貴族[69]は「氏籍」を作って同姓から成員を限定し、統制を強めてウヂ集団の存続をはかろうとするが、これは自律的集団に変質したものであり、その一方で集団的結合は衰退する運命にあったのである。

最後に、ウヂの分析を通じて解明してきた日本社会における父系の特質を、段階論的に整理しておきたい。まず、

Ⅰ理念的な文化体系・規範としては、(イ)古くから支配者層に強い父系出自観念・イデオロギーが存在し、素朴な父系出自の同族観をもっている。ところが、(ロ)それを社会的に実現させる父系出自規制・規則が弱くて、十分に作用していないのである。具体的にいうと、父系族外婚制・夫方居住規制・同宗収養制・財産父系相続制が確立しておらず、母系血縁の排除が極めて困難だったのである。そのため、Ⅱ現実的な社会体系・構造としては、(イ)実態的に氏姓の混乱がおこったり、母方帰属などを取りこんだ血縁集団しか形成されず、排他的な父系出自集団が実現し難かったわけである。基層に根強い双方的な親族原理が機能していたことと裏表をなしている。要するに、父系制社会と異なり文化理念と社会構造との間に大きな落差・ギャップがある。(ロ)この矛盾した両者を系譜的に整合・統一する方法が、多様な父系擬制の操作・行為である。ところが、古代では社会的なウチ帰属と文化的な父系出自とは乖離したままで、系譜も後者に合致させて作ったのみであった。母方帰属を父系に擬制して正当化する婿養子制などを創出し、血筋よりも家筋に基本をおく父系システム（擬制父系制）を採用するのは後世のことである。それ故、日本の擬制父系制とは文化理念と社会構造との矛盾の統一として歴史的に形成されてくる、と理解される。

注

（1）津田左右吉『古事記及び日本書紀の新研究』第四章第二節（洛陽堂、一九一九年）。
（2）中田薫「我古典の『部』及び『県』に就て」（『法制史論集』第三巻上、岩波書店、一九四三年）。
（3）藤間生大『日本古代国家』第二章・第三章第一節（伊藤書店、一九四六年）。
（4）平野邦雄『大化前代社会組織の研究』第一編（吉川弘文館、一九六九年）。
（5）直木孝次郎「古代日本の氏」（『古代史講座』第六巻、学生社、一九六二年）。
（6）関晃「古代日本の身分と階級」（『古代史講座』第七巻、学生社、一九六三年）。

(7) 高群逸枝『母系制の研究』(厚生閣、一九三八年。再版、理論社、一九六六年)。
(8) 高群、前掲書、二〇五頁。
(9) 藤間、前掲書、二〇〇頁。
(10) 阿部武彦『氏姓』(至文堂、一九六六年)。沼田武彦「『イヘ』についての試論」(北山茂夫追悼日本史学論集『歴史における政治と民衆』日本史論叢会、一九八六年)、その他。
(11) 江守五夫「日本の家族と共同体」(『歴史評論』四四一号、一九八七年)・『日本の婚姻――その歴史と民俗――』第一篇第二章(弘文堂、一九八六年)。
(12) 吉田孝『律令国家と古代の社会』第Ⅲ章(岩波書店、一九八三年)。
(13) 義江明子『日本古代の氏の構造』(吉川弘文館、一九八六年)。
(14) 西野悠紀子「律令体制下の氏族と近親婚」(女性史総合研究会編『日本女性史』第一巻、東京大学出版会、一九八二年)。
(15) W・H・R・リヴァース(井上吉次郎訳)『社会体制』(育英書院、一九四四年)。M・フォーテス「単系出自集団の構造」(村武精一編『家族と親族』未来社、一九八一年)。同「出自、親子関係、姻族関係――リーチ博士への応答」(青木・井上訳『人類学再考』思索社、一九七四年)。E・R・リーチ(青木・井上訳)『人類学再考』(思索社、一九七四年)、同「二重出自体系の見落とされていた側面」(前掲『家族と親族』所収)。
(16) R・フォックス(川中健二訳)『親族と婚姻』(思索社、一九七七年)。G・P・マードック(内藤莞爾監訳)『社会構造』(新泉社、一九七八年)。R・M・キージング(小川ほか訳)『親族集団と社会構造』(未来社、一九八二年)。R・ファース「ポリネシアの出自集団に関する覚え書」(前掲『家族と親族』所収)。W・H・グッドイナフ「マラヨ＝ポリネシアにおける社会組織の問題」(前掲『家族と親族』所収)。H・W・シェフラー「出自概念と出自集団」(前掲『家族と親族』所収)。
(17) 渡辺欣雄「Decent 理論の系譜――概念再考――」(『武蔵大学人文学会雑誌』一三の三、一九八二年)。ここで descent 概念の研究史的総括が行なわれており、有意義である。
(18) R・M・キージング、前掲書。H・W・シェフラー、前掲論文。
(19) 例えば、J・A・ハーンズ「ニューギニア高地におけるアフリカン・モデル」(前掲『家族と親族』所収)や、R・M・

キージング、前掲書（一〇二〜一〇八頁）など、を参照されたい。

(20) 日本後紀弘仁三年六月辛丑条に、朝野宿禰鹿取が「詐為二叔父（略）道長之子一、既得二出身一并改レ姓」という例が見られる。

(21) 選叙令為人後者条。続日本紀天平宝字五年四月癸亥条に、巨勢朝臣関麻呂が「其伯父（略）邑治養レ之為レ子、遂承二其後一」と見える。これは令制以前からあり得たであろう。

(22) 日本後紀延暦二十四年十一月甲申条の浄村宿禰源の例など。

(23) 黛弘道「継体天皇の系譜について――釈日本紀所引上宮記逸文の研究――」（『学習院史学』五号、一九六八年）。

(24) アメノヒホコ――タヂマモロスクは同じだが、次はタヂマヒナラキ――キヨヒコ（紀）とタヂマヒネ――タヂマヒナラキ（記）に分かれ、タヂマモリに至る。記は更に、その兄弟タヂマヒタカ・キヨヒコとその子の名もあげている。アメノヒホコの妻は、紀ではフトミミ或いはマヘツミの女マタ（ノ）ヲとするが、父名にミ、女名にヲを用いるのは矛盾している。記の如く、マタヲの女マヘツミが正解であろう。

(25) 地祇本紀（先代旧事本紀第四巻）・大三輪神三社鎮座次第（『群書類従』第二輯）。

(26) 崇神紀では、イクタマヨリヒメの父を「陶津耳」或いは「奇日方天日方武茅渟祇」と記している。後者の異称は人名三人の合成とみられ、それぞれオホタタネコの祖と伝わっていたものであろう。更に、神代記・神代紀上巻・神武即位前紀には事代主神（又は父大物主大神）と三嶋溝咋の女との関係の伝承があり、これはオホタタネコの祖の伝承と類似していて、混同して伝えられることもあったらしい（姓氏録・地祇本紀など）。

(27) 阿部武彦「国造の姓と系譜」（『北大史学』二号、一九五四年）。

(28) 義江、前掲書、三二九〜三三一頁。

(29) 中田薫「祖名相続再考」（『法制史論集』第三巻下、岩波書店、一九四三年）。

(30) 江守、前掲論文。

(31) 和州五郡神社神名帳大略注解所引十市県主系図。太田亮は偽書として一笑に付すが（『姓氏家系大辞典』春日・十市条）、日本古典文学大系『日本書紀』上巻（岩波書店）の補注では「なんらかの古い伝承が系図に残されている」（五八二頁）とみている。私もこれに従う。

(32) 他に、大和国葛上郡岡本家系図に見える葛木系図には、天神立命（八咫烏命）——玉依毘売命——剣根命——葛木大鳥命と続く系譜が見られるという（『姓氏家系大辞典』葛城条）。山城国風土記逸文には、賀茂建角身命の女玉依日売が夫不詳の男子を生むという伝承があり、葛木と賀茂を同族化させる目的で、この伝承をもとに系譜を創ったものであろう。後世の創作としても、珍しい女性中継系譜なので参考のために掲げておく。

(33) 大和国城下群鏡作大明神縁起（『続群書類従』第三輯上）。

(34) 新撰姓氏録の左京神別には、宮部造について「天壁立命子天背男命之後也」と載せている。

(35) 大田亮『姓氏家系大辞典』第一巻（角川書店）一三五頁。

(36) ウツシヒカナサク命の語義は、ヨミの国に多い雷神イハサク神・ネサク神の名に対して、〃顕し・日・金裂の神〃という名が生まれたものであろう。海との関連は不詳だが、荒々しい男神には違いない。

(37) 高群、前掲書、七九〜八〇頁。

(38) 『折口信夫全集』第二〇巻、神道宗教編（中央公論社、一九八四年）。

(39) 斎部氏の史料は、佐伯有清『新撰姓氏録の研究』考証篇・第三（吉川弘文館、一九八二年）の斎部宿禰条を参照。

(40) 皇太神宮儀式帳（『群書類従』第一輯）。太神宮諸雑事記（同書、第一輯）第一巻にも同様の文がある。

(41) 倭姫命世記（『続群書類従』第一輯上）、重校神名秘書（同書第三輯下）。

(42) 重校神名秘書（前掲）。

(43) 神代記では、皇祖神としての性格は、オオヒルメムチ（大照大神）から男神タカミムスビ神にアクセントを移そうとしているかのようだといわれている。これも父祖化の一現象といえよう。

(44) 橘・楠系図は、『尊卑分脈』第四篇、『群書類従』第五輯に一本、『続群書類従』第七輯上に六本、が収録されている。

(45) 「御祖」の語が記では母親だけの尊称として使われている。しかし、女性の祖先という意味ではないし、「御祖」の連鎖関係（母系出自）も認められない。また、出雲国風土記では神魂命に対して集中的に御祖の語が冠されているが、これは男神の可能性が強い。要するに母祖の存在理由とは直接関係しない、ということである。それよりも、神話・伝承によく見られる、神が他の物に姿を変えて巫女的な女性に子を生ませる、という類型に注目したい。この場合は、父不明の子がしばしば出現することとなり、母祖を伝説的に生み出す要因とすることもできよう。
(46) 高群、前掲書、第四章第二節。
(47) 園城寺蔵の別名「円珍俗姓系図」。大倉粂馬『上代史の研究　伊予路のふみ賀良』(大倉粂馬翁遺稿刊行会、一九五六年)。佐伯有清『古代氏族の系図』(学生社、一九七五年)。義江、前掲書、第三編第一章、などの研究があり、史料は義江著書の付録別図によった。
(48) 『尊卑分脈』第四篇に所収の高階系図には弟貞を長親王の子としているが、これは長屋王の子を誤って記したことは明白である。
(49) 文徳実録の記事では、坂田朝臣奈弖麻呂の父槻本公老の名が見え、姓氏録に見える石村は更にその父と考えられるから、その父法名信正は曽祖父に相当することになる。
(50) 喪葬令親王一品条古記によると、遊部はもと伊賀比自支和気の職掌とされていたが、最後に女一人となってその夫円目王がその職掌を代行して伝えた、とされている。即ち、職掌・地位継承は妻の父から婿へ受け継がれているのだが、遊部の系譜は父系出自をたどって、円目王の父である「生目天皇之苗裔也」と伝承が残されるのである。
(51) 注(47)を参照。
(52) 佐伯、注(47)前掲書。義江、注(47)論文。
(53) 義江、注(47)論文。
(54) 仮説だが、系図の編者は、「忍乃別君」と「忍尾別君」とを同一人物の如くに判断して系譜を結びつけようとした、と解釈することもできる。
(55) 忍尾別君の妻方である因支首自体の本系は、或いは神櫛皇子を始祖とする讃岐公(凡直)の一庶流であったのかもしれぬ。
(56) また、三代実録貞観八年十月三十七日条には、因支首九人に和気公を賜わって「其先、武国凝別皇子之苗裔也」と見える。
(57) 佐伯前掲書において論及されている。
(58) 鎌田純一『先代旧事本紀の研究　校本の部』第五巻天孫本紀(吉川弘文館、一九六〇年)。
(59) 尾張国熱田太神宮縁起(『群書類従』第二輯)。

(60) ヲトヨ命が婿養子だという意味ではない。実際には子のタケイナダネ命が祖であった（応神記）ことも考えられ、後から結果論的に父系を溯って父を初代と追認した可能性がある。もう一つは、尾張氏の女が後継すべき職務をその夫（ヲトヨ命）が代行した場合である。始祖を、母方帰属した子ではなく父＝婿としたケースは、以上の二つの理由が考えられる。

(61) 義江、前掲書。

(62) 注（23）を参照。

(63) 天孫本紀には、物部鎌足姫大刀自が「宗我嶋㆑大臣為妻、生㆓豊浦大臣㆒、名曰㆓入鹿連公㆒」と見える。子の名「入鹿」は明白に蝦夷の誤りである。

(64) 本朝月令所引の秦氏本系帳には、松尾社の祝の祖を「田口腹女秦忌寸知麻留女之子秦忌寸都駕布、自㆓戊午年㆒為㆑祝、子孫相承」として、母方帰属の都駕布においている。この父が多分物部氏でその先が姓氏録に見える「神饒速日命」に結びつく、とする高群説（前掲書、四八三～四頁）には従うべきであろう。

(65) 高群、前掲書、一一〇頁。

(66) 現存の新撰姓氏録は抄録で家原連は載せられていない。しかし、三代実録貞観十四年八月十三日条の記事では「但姓氏録所㆑記、可㆑謂㆑得㆓実正㆒焉」と見えるから、対立する二説の祖のうちのどちらかが原本の姓氏録に記されていたことがわかる。

(67) 熊野聡『北欧初期社会の構成』第Ⅲ編（滋賀大学経済学部研究叢書、一九八四年）によると、ゲルマン人のジッペ（Sippe）は、アングロ・サクソンのメイズ（maegth）と同様に、貴族門閥が台頭するにともなって父系血族が強化されて編成された「氏族制度」であり、団体や共同体の類ではない、という。まさにウヂと共通している。更に、「この強化された父系血族のその後の運命は、国家関係においてきまることはいうまでもない。中央集権ならば弱化、貴族的共和制ならば維持・強化される」（一二九～三〇頁）、という指摘は興味深い。なお、ローマ人の有名なゲンス（gens）も原始的氏族共同体ではなく貴族層の門閥的な父系血族であるらしく、その意味ではウヂとゲンスは同じ性格といえる。正しくは、ゲンスを「ウヂ」と翻訳すべきだということである。これらの「氏族」は国家の形成に伴って発達をとげる。

(89) 西野、前掲論文。

(69) 平安貴族のウヂについては、橋本義彦『平安貴族社会の研究』（吉川弘文館、一九七六年）。服藤早苗「摂関期における

『氏』・『家』」(『日本古代の政治と文化』吉川弘文館、一九八七年)などを参照されたい。

〔補注1〕清水昭俊「ウヂの親族構造」(大林太良編『日本の古代11 ウヂとイエ』中央公論社、一九八七年)は、現実の「父系」社会では例外的な要素も多かれ少なかれ含まれるものであり、母方もしばしば重視されていると述べて、ウヂを父系と規定して何らさしつかえないとする。私は、もはや父系であるかどうかが問題なのではなく、ウヂの特質を指摘するのでなければ余り意味がない、と考えている。まず、父系出自が明らかであるからといって、直ちに出自集団、更には分節化したリニージの存在を想定することは、短絡的で疑問という他はない。次に、出自観念(祖)と現実の集団帰属(姓)の乖離、という特質が理解されていないようである。また、準父系的なウヂの系譜は二次的な操作によるもので、父系出自こそが本来的だろうと主張するが、二次的なウヂの系譜こそ父系出自が徹底しているのであって、「準父系」の方が現実的・本来的なものである。更に、高群の提示した「多祖」的現象が何ら説明されていないのは不十分といわざるを得ない。要するに、緻密な分析に欠けている、という不満をいだくのである。

〔補注2〕オホタタネコをめぐる諸系譜については、佐伯有清『新撰姓氏録の研究』考証篇・第四(吉川弘文館、一九八二年)の大神朝臣条、溝口睦子『日本古代氏族系譜の成立』(学習院、一九八二年)を参照されたい。

〔補注3〕佐伯、〔補注2〕前掲書の吉野連条では、加弥比加尼と水光姫の同異について、栗田寛説を引くのみで判定を下していない。

〔補注4〕江守五夫『日本の婚姻』第一篇第二章(前掲)でも、高群の挙げた母氏承継史料一〇例を検討し、特殊なケースであって母系出自とは関係ない、と断じている。

〔補注5〕佐伯、〔補注2〕前掲書四の高円朝臣条ほか。

〔補注6〕文室真人・朝臣にいくつかの系統・別族があることについては、佐伯有清『新撰姓氏録の研究』(吉川弘文館、一九八一年)の文室真人条を参照。

〔補注7〕系譜上の擬制は、せいぜい伝説的な母祖を、その上に父祖を創出して第二祖とし、更に彼女の名を男性化する、という方法で父系化するにとどまっている。

第二章　日本古代の親族名称

問題の所在

民族や社会によって、話手がある親族との関係を第三者に示す時に用いる名詞（親族名称）の組合せが様々に異なるものであることは、L・H・モルガン『人類における血族と姻族の諸体系』（一八七〇年）で発見された。そこにおいて、モルガンは、理由をⅠ集団婚による「血縁家族」「プナルア家族」に起因せしめたところの類別的名称体系（①マライ式・②トゥラン＝ガノワニア式）と、Ⅱ現在的・西欧的とされる記述的名称体系との二つに大別したのである。(1) しかし、J・F・マクレナンを皮切りにH・クノー、W・H・R・リヴァース及びL・J・シュテルンベルグらから類別的体系と集団婚慣行との関連性に対する批判・修正が次々と出され、(2) 現在ではマライ式の人類史的本源性は明白に否定されるに至っている。これらの古典的な一律的段階論に代ってあらわれたのが、オジ・オバ名称やイトコ名称を基準に分類する類型論であって、一九一七年以降R・H・ロウィ、P・キルヒホフ、G・P・マードックらによって名称法の四類型・六類型として整備され、(3) モルガンの示した社会構造の分析方法としての意義と視角は一応継承されている。これに対して、現在の社会人類学では様々の疑念が出されてはいるものの、(4) テクノニミーを含めた親族名称・呼称の研究は今もって重要な手段であり、分析視角によっては極めて有効な方法であると信じている。類型分析以外でも、伝統的な成分分析[5]や同等規則分析[6]或いは形式意味分析などの方法が提起されてきたようである。また、名称とは区別される呼称の分析も注目されている[7]。

日本でも、早く一八二七年に狩谷棭斎の『箋注和名類聚抄』第一巻において、古代の親族名称のすぐれた考証がなされている。また、モルガンの研究が紹介されてから、古代の名称をめぐっていくつかの研究が発表されてきた。一つは、類別的な兄弟姉妹名称と夫妻名称との共通性に着目して婚姻慣習を復元しようとした古典的学説の証明[8]であり、一つは、布村一夫のような、律令制的名称法と伝統的名称法との混乱を整理して伝統的名称が現在的用法と同じであったことの証明[9]である。他にも、名称の語源解明[10]を初め若干の研究はあるものの[11]、従来の主要な論点はこの二つである。これについて、私は、現在の研究水準に立って前者について新解釈を提示しなければならない時期にきていると考えているし、後者についても再検討して現在とは相違する古代的な特徴を抽出すべきであると考える。

そのために、本章での方法は、名称の単なる類型分析にとどまらず、㈠名称法と区別される呼称法の意義、㈡血族と異なる姻族の名称法の検討、㈢類型論ではとらえられない第一次親族名称の構成、㈣琉球・東南アジアの名称法との類比、㈤テクノニミーなどの擬制的用法の有無等の新しい分析視角も導入し活用して検討を試みたい。この親族名称の分析を通じて古代の親族構造の基本・特質を解明し、更には中世的な構造への変化と展望を提示する、ということが本稿の目的である。

最初に、本章において調査に使用した史料を皆掲げておこう。

日本律令（律文は律令研究会編『訳註日本律令』律本文篇の復元による）。古事記。上宮聖徳法王帝説。風土記。万葉集。日本

書紀。続日本紀。天孫本紀（先代旧事本紀巻五）。戸籍計帳。金石文（『古代の日本』第九巻研究資料）。写経生等請暇幷不参解（『寧楽遺文』中巻）。住吉大社神代記（『平安遺文』補一号）。日本霊異記。令集解所引古記。新撰姓氏録。天治本新撰字鏡。和名類聚抄。類聚名義抄。木簡。古語拾遺。『平安遺文』第一・二巻。書紀古写本傍訓（国史大系）。その他（『寧楽遺文』参照）。

以上の諸史料に目を通して採集した親族名称語彙（漢字表記と和訓）が、以上の分析の素材となっている。採集にかなりの労力を費やしたが、これらの史料によって古代に使用されていた親族名称はほとんどすべて網羅することができたといえる。しかし、採集された名称は種類も乏しく範囲も狭いものであった。なお、養老令制戸籍ならびに令集解諸説に見える名称は、養老令そのものの適用及び注釈であるから、これらをはぶくことにした。

一　第二次・第三次親族名称

本節では、親子・兄弟姉妹・夫婦といった家族的な第一次親族を除いた、第二次・第三次親族（ここでは血族に限る）の名称を検討しよう。従来の名称体系の類型論において、最も注意のはらわれてきたオジ・オバ名称やオイ・メイ名称及びイトコ名称は皆これらの内に含まれる。では早速、漢字表記の名称法から見ていくことにしよう。個別に例示していくと煩雑極りないので、採集した名称をそれぞれの史料上でどの様な親族関係に用いているのか、とくに父方か母方かを推定した上で、確かな用例のみを一覧表にして掲げる（表12）。これ以外に、親族関係の不明な用例は沢山あるものの、確定不能なためみな省略してある。

この表で、親族関係を推定する際に史料解釈上問題となるものを指摘しておこう。(1)浄御原令制（大宝二年御野国）戸籍にみえる「姑」は、父の姉妹を示す無姓の女の他に、有姓の女も存在する。これは下総国戸籍の異姓の「姑」と同じ用法であって、母の姉妹ではなく亡去した伯叔父の妻を指すと考えられている。(12) オジ・オバ名称は布村説(13)とほぼ同じであるが、更に、舒明即位前紀には母の兄弟にあたる蘇我蝦夷を「汝（山背大兄王）の叔父大臣」とよぶ事例があることを追加する。(2)記紀の(3)続紀の天平勝宝三年正月辛亥条の「甥三影王」は、同六年閏十月庚戌条の「姪浜名王」と同質の賜姓記事であり、共に兄弟の男子を指した名称と考えるべきである。(14) (4)御野国戸籍には、兄弟の男子を「戸主甥咋麻呂」としたものがある（名義抄にも載せられヲヒの訓あり）。(5)西海道・下統国戸籍の「姪」を、布村は姉妹の女子と解するが、(15)これらは皆同姓の事例であり、大宝令の「兄弟子」は養老令の「姪」と同一であって、令の規定を原則としている戸籍が相反する姉妹の女子を指示する用法で表記するとは考え難い。「甥」が姉妹の男子に限定されて使われているなら、その対をなす「姪」は兄弟の女子に限定するのが、律令用語と和訓の相互関係からみて自然である。大宝令制計帳でも「姪」は兄弟の子であり、また、延喜二年阿波国戸籍に見える「姪」は六例とも同姓の女である。兄弟子＝姪という大宝＝養老令の原則は、籍帳において一貫した用法と考えるべきである。更に、男系中心の籍帳にあって、兄弟の女子の名称を欠くが女系である姉妹の女子の名称は存する、というのも不可解なこと極りない。ちなみに、計帳を見ても女系の「甥女」は男系の「姪女」に比して圧倒的に少ない。中国的な大宝令制を前提とすれば、兄弟の子は「従子」と「姪」の語で表記せざるを得ないのであって、これをそれぞれ兄弟の男子と女子に当てたと解するより他にないだろう。(6)西海道戸籍の「娣」が女称の妹名称であることは一見して明白だが（天神本紀の「娣」も同じ用法のようである）、下総国戸籍のそれは姉妹の女子と考えられる。まず、年齢的に下世代であり、字鏡にはメヒの訓

記　名　称

大宝・養老律令	大宝令制戸籍	大宝令制計帳	『平安遺文』1・2巻	その他
祖父				祖父（帝説）
外祖父			祖父（269号）	外祖父（家伝）
祖母		祖母		祖母（小治田藤麻呂解）
外祖母				
伯父・叔父	伯父・叔父	叔父・従父	伯父（205・615号）	伯叔（帝説）
				叔父（住吉社記・損益帳）
				伯（法隆寺台座銘・音太部野上解）
舅				舅（天孫本紀・家伝）
				伯父（霊異記）
姑	姑	姑	姑（44・205号）	姑（万葉・小治田藤麻呂解・損益帳・霊異記）
従母・姨		従母		姨母（帝説）
兄弟子・姪	従子	姪	甥（205号）	姪（万葉・西琳寺縁起）
			姪（339号）	甥（元興寺縁起・姓氏録）
外甥	甥	甥	甥（118号）	甥（天孫本紀・勘籍・家伝・損益帳）
				外甥（家伝）
兄弟子・姪	姪	姪女	父方姪（367号）	
外甥	娣（下総国）	甥女		
孫	孫	孫	孫（334・545号）	孫（霊異記・山ノ上碑・帝説）
外孫	外孫	外孫		孫（金井沢碑・万葉）
孫	孫女	孫女	孫（265号）	孫女（奴婢帳）
外孫	外孫女	外孫女		
従父兄弟姉妹	従父兄弟姉妹	従父兄弟姉妹		従父弟（損益帳）
姑子	外従父兄妹（下総国）			
舅子				
姨子				

ここには載せていない.

表12　漢　字　表

親族関係	古事記	日本書紀	続日本紀	風土記	浄御原令制籍
FF（父の父）		祖父	祖父	祖父	
MF（母の父）			外祖父	外祖父	
FM（父の母）		祖母	祖母		
MM（母の母）			外祖母		
FB（父の兄弟）	伯父	叔父	伯父・叔		伯
MB（母の兄弟）		叔父・舅	舅	伯・伯父	
FZ（父の姉妹）	姨	姑・姨			姑
MZ（母の姉妹）	姨・母弟	姨			
BS（兄弟の男子）		甥	姪・甥・兄弟子		甥・娚
ZS（姉妹の男子）			甥		甥
BD（兄弟の女子）	姪	姪			姪
ZD（姉妹の女子）					姪
SS（男子の男子）	孫	孫	孫	孫	孫
DS（女子の男子）					孫
SD（男子の女子）			孫		孫
DD（女子の女子）					孫
FBC（父の兄弟の子）			従兄弟	従父兄弟	同党・同党妹
FZC（父の姉妹の子）					同党・同党妹
MBC（母の兄弟の子）					同党・同党妹
MZC（母の姉妹の子）					同党・同党妹

注　これ以外にも名称の使用例は数多い．しかし，具体的な親族関係が推定し難いために，

も見えるからである。(16)ところで、南部昇はこの「娣」を兄弟の女子とするが、(17)兄弟の女子は(5)で述べた如く「姪」でなければならない。下総国の「娣」は七例とも同姓（孔王部・藤原部）ではあるものの、即男系だとする決め手にはし難いものがある。この大嶋・意布両郷は、孔王部・藤原部の同姓婚が多い地域で、姉妹の夫が皆同姓であった可能性が少なくないからである。ちなみに、姉妹の男子を指す「甥」にしても七例中六例までは同姓であって、七例とも同姓である「娣」が姉妹の女子を指したとしても何ら不自然とはいえないのである。(7)御野国戸籍の「孫」を、布村は男子の子となすが、(18)無姓の「孫」のみならず有姓の「孫」もおり、明らかに女子の子も含めた用法といえる。(8)御野国戸籍の「同党・同党妹」が母の兄弟姉妹の子をも含むものであろうことは、布村が既に論証したところである。(19)(9)下総国戸籍の「外従父兄妹」は、父の姉妹の子と解するのが語義の上からも妥当である。(20)(10)金井沢碑の「孫物部君午足」が女子の男子を指すことは、関口裕子の指摘による。(21)(11)万葉集六四九番の「駿河麻呂此高市大卿之孫也」は、女子の子を示すと考えざるを得ない。(22)(12)『平安遺文』二六九号の売券に載せる「故祖父（略）秦忌寸阿古吉常地也。而伝領之後、云々」は、売人巫部連某と異姓であり、母方の祖父であるに違いない。等が主たる論点であり、他の用例の細かい考証はこれを一切省略する。

さて、表12によると、史料によって大きく三つの使用グループに分けることができる。A類として、大宝・養老律令、大宝令制戸籍、大宝令制計帳、家伝、天孫本紀があげられる。まず、オジ・オバ名称では、父の兄弟と母の兄弟とが区別され、父の姉妹と母の姉妹とが区別されている。即ち、FB≠MB、FZ≠MZである。次にオイ・メイ名称を見ると、兄弟の子と姉妹の子とに区別され、その性別は第二義的である。即ち、BS≠ZS、BD≠ZDである。次にマゴ名称を見ると、男子の子と女子の子とが区別されている。即ち、SS(D)≠DS(D)である。更にイトコ名称を見ると、父の兄弟の子、父の姉妹の子、母の兄弟の子、母の姉妹の子の四形態が皆区別されている。即ち、FBC≠FZC≠MBC≠MZCである。

次に、B類としては、古事記、浄御原令制（御野国）戸籍、上宮聖徳法王帝説、金石文があげられる。ここでは、オジ・オバ名称は、父の兄弟と母の兄弟とが同じで、父の姉妹と母の姉妹とが同じである。即ち、FB＝MB、FZ＝MZが復原される。次にオイ・メイ名称を見ると、兄弟の男子と姉妹の男子とが同じで、姉妹の女子と兄弟の女子とが同じである。即ち、BS＝ZS、BD＝ZDが復原される。次にマゴ名称を見ると、男子の子と女子の子は同じである。即ち、SS（D）＝DS（D）が復原される。更にイトコ名称では、父の兄弟の子、父の姉妹の子、母の兄弟の子、母の姉妹の子が同じ「同党・同党妹」で表現されている。即ち、FBC＝FZC＝MBC＝MZCが復原される。

この二者と異なるグループをC類としよう。続日本紀や万葉集はA類に近いものの、姉妹の子と兄弟の子に「甥」を適用したり、男子の子と女子の子に「孫」を適用するといったB類的用法も見られる。逆に、日本書紀、風土記、霊異記、『平安遺文』などは概してB類に近いがA類的用法もまざっている。例えば、書紀には父母の兄弟や父母の姉妹をそれぞれ区別する用例も見える。他の三つもA類の徴候がないとはいえない。

要するに、古代の日本の漢字表記の名称法には、A類とB類の二種の相反する名称体系があり、しばしばC類の如くに混用されていた、と理解される。ともに「記述的名称制度」であるとする布村によれば[23]、A類にトゥラン＝ガノワニア的な残存を認め、B類に現在的・単純的な性格を主張される。一方、リヴァースによれば[24]、A類は（父系）リニージ体系、B類は小家族体系とされ、ロウィやマードックの類型論によれば、A類は双岐傍系＝スーダン型に、B類は直系＝エスキモー型に比定されることになる。このA類は、唐礼・唐律の親族用語と同一であり、A・B二つの

表13　和訓名称

漢字名称	服紀条古記	天治本新撰字鏡	和名類聚抄	類聚名義抄	書紀古写本	その他
祖　父	於保知	〔阿父〕於保知	於保知	オホチ	ヲホヤ・ヲヤ	邑治（続紀）
外祖父	母方於保遅	波々加太乃於保知	母方乃於保知	母方ノオホチ		
祖　母	於保波	〔阿婆〕於婆	於　波	オハ	オバ・オヤ	
外祖母	母方於保波	〔外祖〕母方乃波々	母方乃於波	母方ノヲハ		
伯叔父	乎　遅	乎　知	乎遅（知）	ヲチ	ヲチ	
舅	母方乎遅	（母兄弟）	母方乃乎知	シウト・母方ノヲチ	オヂ・ヲチ	尼（神代紀）
姑	乎　婆	（父之姉妹）	之宇斗（止）女	ヲハ・シウトメ	ヲバ	乎波（霊異記）
伯叔母			乎　波	ヲハ		
従　母		（波々加姉妹）	母方乃乎波	母方ノヲハ		
姨	母方乎婆	乎　波	古之宇斗女・伊（以）毛 之宇止（斗）女	ヲハ・イモシウトメ ・コシウトメ・ヨメ	ヲバ	
兄弟子	乎備・売比					
姪		（男・女）・〔嫚〕女比	米比（飛）	メヒ・ヲヒ	メヒ・メイ	
甥		乎　比	乎　比	ヲヒ・メヒ	ヲ　ヒ	
娣		与女・女比	〔娣婦〕於斗（止）与女（米）	オトヨメ・ヨメ・オ ト・メヒ		
孫	・宇麻古		无麻古・比古	ムマコ・ヒコ	ヒコ・ムマゴ・マゴ	〔息〕于万古（霊異記）
外　孫		（女子之男女子）				
従孫・帰孫			无末（万）古乎比	メヒ		
離　孫			无末（万）古米（女）比	ムマコヲヒ・ムマコ		
従父兄弟	伊止古波良加良	〔従父〕父方乃伊止古	以斗古	イトコ		
従父姉妹	伊止伎毛					
姑　子		（父之姉妹之男女）				

舅子						
従母兄弟			以斗古	イトコ		

注　新撰字鏡のうち、明らかに錯乱と思われるものについては、修正して表に掲載した。

異質な名称法の関係が問題となってくる。従来の、甥・姪の用法を中心とした布村・青木らの研究[25]や親等法の研究[26]から、次の様に結論付けることができる。日本の伝統的な名称法はB類であって浄御原令に反映されていたが、大宝律令によって中国的なA類（双岐傍系＝スーダン型）の用法が導入されて行政上・文語上で使用されることになった。しかし、日常的な口語表現の用法と文語表現の漢字表記との相違から、「甥」「姪」に代表される如く様々の混乱をまねき、平安前期までは雑多で不統一な使い方が認められる。だが中期以降になると、現在的な漢字表記に落ちついてくる、と。

この解釈を更に裏付けるのが、和訓の親族名称である。かつて布村が新撰字鏡と和名類聚抄の和訓の簡単な表を出された[27]ことがあったが、不十分な上に誤解もあり重要な史料も落ちているので、ここに新しく一覧を掲げることにする（表13）。ただ、新撰字鏡の訓は錯乱の個所がいくつも見られるので、引用には十分注意を要する。

これによると、祖父・祖母と外祖父・外祖母は共にオホチ・オホハ（オハ）であり、後者には「母方乃」という形容詞をつけて区別せざるを得なかったことが知られる。伯叔父・姑（伯叔母）と舅・姨（従母）は共にヲチ・ヲハであり、後者にはやはり「母方乃」を冠して呼び分けようとしている。これは漢字の相違に対して和語でその注釈・内容を表現しようとしたためであって、本来的に同一名称であったことを物語る。古記は兄弟子にヲヒ・メヒと注し、字鏡は姪児・姪女にそれぞれ男・女としか注せず、名義抄では姪男をヲヒ、姪女をメヒとしている。即ち、兄弟の男子か女子かで使い分けられていた。一方、名義抄には甥にヲヒ・メヒを注し、外甥を特にハ、カタノメヒと注して、姉妹の男女による区別を示唆している。更に、甥をヲヒ、姉をメヒとする読みも載せており、これは字鏡の甥をヲヒ、姉をメヒとする訓に通ずるものである。このことは、甥を姉妹の男に限定して姉妹の女には姉の字をあてて識別しようとしたあらわれであろう。以上において、兄弟姉妹の男子はヲヒ、兄弟姉妹の女子はメヒとする和語が底流に存してお り、それは和名抄や書紀の古訓に姪はメヒ、甥はヲヒとする現在的用法となって律令用語と決別するに至るのである。これは先述の漢字表記の考察と軌を一にする。(28) 次に、父母の兄弟姉妹の子について述べよう。従父兄弟姉妹をイトコと読んだことは明確だが、他の例は余り訓が注されてはいない。しかし、字鏡には「父方乃」と修飾語を冠していることにより「母方のイトコ」の名称の存在が逆推され得るし、和名抄では従母兄弟をイトコと呼ぶことを注している。即ち、父系も母系もイトコは同一名称であったと考えてよかろう（詳細な検討は次節で行なう）。次に、和名抄を見ると、兄弟の孫（帰孫）も姉妹の孫（離孫）も共に（男）ムマコヲヒ・（女）ムマコメヒであり、男系か女系かの区別は何も見られない。

以上によって、古訓に見える和語は、父方・母方の血統を何ら区別しない名称法なのであって、口語表現は双方的な名称体系であり、先のB類と一致する直系＝エスキモー型に他ならない。日本古来の伝統的な親族名称は、やはり現在の口語表現と基本的には同じ名称体系と言わざるを得ないのである。(29)

さて、この名称法は極めて単純なものであり、世代別と直系・傍系の別とから成り立っている。直系は、上世代がチチ・ハハ更にオホチ（大父）・オホハ（大母）、更にオホオホチ（大大父）・オホオホハ（大大母）と溯り、下世代がコ、更にヒコ（ムマコ）、更にヒヒコと下っていく。要するに世代が上下するごとに大・ヒを重ねていく。これは英語の great

・grand を重ねていく名称法と同じ形式である。また傍系は、上世代がヲチ（小父）・ヲハ（小母）、下世代がヲヒ・メヒをそれぞれ基幹語とし、これに直系世代のオホ或いはムマコを冠して世代を区別している。これらで語源が不明なのはヒ（比＝甲音）である。ヲヒ・メヒは男ヒ・女ヒの意であるが、(30) ヒは不詳である。また、ヒコ（孫）・ヒヒコ（曽孫）のヒについては、狩谷が「比者隔物之称」として、世代が隔たるごとにヒを冠することの説明をする。(31) だが、甥・姪のヒには触れていない。松岡静雄『日本古語大辞典』はヒを卑属を指すものとする。しかし、その語源的根拠を示されず、後世ではあるがヒイ祖父母の如くに尊属に用いる例もある。ただ、先に指摘した様に上世代のオホ（大）と下世代のヒとが対となっており、ヒはヲ（小）とはまた違った意味で小・下・幼に相当する語だったのではあるまいか。例えば、ヒヒナ・ヒヨコ（雛）・ヒムツキ（䙈襁）・ヒ若シ・ヒキ（低・小）・ヒ弱など、小さくてかわいらしい物に用いるヒと共通するものと考える。従って、尊属から見て幼くてかわいらしい親族に対してヒが名称に使われたものであったろう。

ここで、直系親の上下世代の範囲について述べておきたい。儀制令五等親条・喪葬令服紀条には上を曽祖父母更に高祖父母とし、下は五等親条では曽孫更に玄孫までとしている。しかし、唐制の影響を考えるとそのまま受け取れない。史料上では、高祖・玄孫の使用例は一、二といった特異なもので、曽祖・曽孫が十余例認められるのと比べて大差がある。和訓を見ても、指摘した様に曽祖父母・曽孫はそれぞれオホオホチ（ハ）・ヒヒコの如くオホチ（ハ）・ヒコと連続して延長した名称法に従っているが、高祖・玄孫の訓は異質である。玄孫はヅヅコ（字鏡）・ヤシハコ（和名抄）とされ、高祖は服紀条古記に訓を載せず、字鏡に至ってカミオホチと見える。その上、高祖はトホツヲヤ（名義抄）ともあって、これは上祖（和名抄）と同一であり、書紀の古訓からも遠祖・本祖・上祖に通じるものである。要するに親族名称とはみなし難い。従って、私は直系親の範囲を上は曽祖父母、下は曽孫まで、即ち、上下四世代（三世の祖・孫）の内におさまるものと考える。なお、更に曽高・曽玄を共に除いて祖父母・孫までとする見解も出されている。(32)

二　イトコ名称をめぐって

第三次親族のなかのイトコ名称を中心に、同世代の傍系親について考察したい。

養老儀制令五等親条では、傍系は兄弟孫・従祖々父姑・従祖伯叔父姑・再従兄弟姉妹・従父兄弟子までもが親族の範囲とされている。しかし、この様な傍系親族は、唐の五服親よりは一回り狭められているとはいえ、実際に親族関係の名称として使用されていたのかどうかは極めて疑わしい。養老令の五等親条の親族規定は、唐礼の規定に若干修正を加えつつも機械的に令に取り入れた側面が濃厚だからである。これに対して、日本古来の親族を反映していると考えられているのが喪葬令服紀条である。(33)この範囲は、直系親こそ五等親条と大差はないものの、傍系親は大幅に削られて従父兄弟姉妹が最遠の親族となっている。即ち、父系平行イトコまでが服紀親の範囲とされている。また、和訓についてみると、古記・字鏡では従父兄弟姉妹までであり、和名抄・名義抄では従父兄弟・従母兄弟の他に再従兄弟（イヤイトコ）・三従兄弟（マタイトコ）の訓注が見られる。再従兄弟はともかく三従兄弟は五等親条にすら入れられていないし、その反面、五等親の従父兄弟子に対する和訓もない。後世、再従兄弟に対してマタイトコ・イヤイトコ・フタイトコ・ハトコを混用しているので、(34)ここまでを親族の最遠とすることが考えられる。しかし、江戸時代でも「又従弟」までを遠類とする五等親条の踏襲があり、むしろ五等親条の成立によって逆に再従兄弟の和訓が普及した可能性も十分考えられよう。この親族名称は、ハトコをハタイトコの転訛と考えてよければ、すべてイトコを基幹語とした派生名称である。また、後世の東北・九州には親類のことをイトコとよぶ用法が存在している。このことから、やはりイトコを傍系の最遠とする親族の原型が想起されよう。更に決定的なことは、私の探索した限りでは、古代の史料に「従父兄弟子」や「再従兄弟姉妹」（「又従兄弟」）を指示名称として使用した例が皆無であったことである。例えば、御野国戸籍には「戸主同党妹宮売年卅三正女　又同党妹刀自売年卅三正女」と見えることから、「又同党妹」を又従姉妹と解する説がある。(35)これは正しいものとは思われない。又の意は、「妻子虫名年一緑児　又妾子黒人年一緑児」と同一の用法と考えられるからである。(36)これは共に同年齢であることは偶然ではあるまい。即ち、弟妹を示す次字が適用できなかったために又字を当いたものと思われる。だが、同年齢でも「某　次某」と記した個所も一三例見られる。検討すると、「次粳売年五小女　次小粳売年五小女」の如く明確な長幼序列の命名法に従ったものも見うけられる。従って、実際は年子であるが申請ないしは記載の過程（造籍上の手続き）で同年齢とされたか或いは双生児であったような場合には、申請の際に長幼の序列が明確にされたであろうから、次字の表記は可能である。では、同年齢で長幼の序列を記し難い関係ということになると、両者の間に微妙な血統の相違が考えられる。先の、妾子の場合は同父であることは当然だし、同党妹の異父であれば又字を冠さずに記載するであろうから、両者は同父異母の関係にあったことが推察されうる。その場合のとくに同年齢に限って、次字で序列つけ難く又字を使ったものと思われる。ということは、籍帳を初めとする古代の史料において、イトコより遠い親族関係を示す名称が欠けていたことが確認され、そのことは社会的に使用されていなかったであろうことを疑わせるのである。

以上のことから、日本古来の親族の範囲はイトコまでの可能性が強いこと、同世代の傍系親はイトコ名称のあり方が鍵を握っていること、が明らかとなる。

籍帳以外の史料での「従父兄弟姉妹」の用例は数少ないが、出雲国風土記大原郡に「従父兄」とあり、続紀天平神護二年三月丁卯条に「従兄」と見える。二例とも八世紀の事例である。大宝令制戸籍・計帳には多くの「従父兄弟姉妹」の用例があり、これは一般化しているといってよい。更に、下総国戸籍のみは父の姉妹の子と目される「外従父兄妹」も用いられていた。これらのことから、八世紀におけるイトコ名称の使用に関してはとりあえず問題はない。問題となるのは七世紀以前である。従父兄弟姉妹の用例は皆無なのである。古事記には、意祁王が弟に向かって雄略天皇のことを「我之従父」（顕宗記）と言った例が存する。この「従父」はこれまで従父兄弟の略称の如くに解されてきたが、この通説は誤っている。その理由は、(1)まず、雄略は正しくは父（市辺之忍歯別王）の従父兄弟にあたるのであって、正しくは「従祖伯叔父」とよぶべき間柄であった。(2)古代ではイトコ以上の関係を表現した例を見ない上に、この前後の文章からもとくに近親の間柄として述べた用例であることがうかがえる。要するに、イトコかそれ以遠の関係を示す用例とはみなし難い。(3)更に、「我等之」とせずに弟（袁祁王）に向かって「我之」といっていることから、兄意祁王に限定されたところの「従父」関係であるに違いない。(4)従父兄弟の略称は一般に「従兄弟」であり、[37]「従父」はむしろ父の兄弟（ヲチ）にこそ用いられる。以上の四点からいって、従父兄弟を示した用語と解することは無理である。それに対し、意祁王の妃春日大郎女は他ならぬ雄略の皇女であったことから、この「従父」とは妻の父を指して用いた名称であると考えられるのである。配偶者の父をヲチ（従父）とよんでいた可能性が強い。一方、このことによって従父兄弟姉妹の使用例は、七世紀以前に確認されないことになる。

イトコの指示名称であれば、御野国の浄御原令制戸籍に「同党」「同党妹」とあり、最も古い事例となる。これをイトコと指摘した新見吉治は、「従父兄弟は一に同堂兄弟といひ従父姉妹は一に同堂姉妹と云ふ、同党は同堂の仮借音通なるべし」と主張するが(38)、これは論拠が薄弱と言わざるを得ない。それは、何故に「従父兄弟姉妹」の語を用いなかったのかという理由が不明のままで、かつ「同党」はそれ自体として独自の意味を持つ熟語なのであり、また浄御原令戸籍ではさまざまに日本古来の伝統的用法を反映させているという特徴を無視しているからである。要するに、同党は同堂の仮借音通などではなく、日本古来のイトコに対する独自的な表現ではないかと考えるのである。党の語は、書紀の中においても確固たる意味をもって使用されていて、当て字に使われたではすまされない。天武六年六月条には「詔二東漢直等一曰、汝等党族之、自レ本犯二七不可一也」とあり、崇峻五年十月条には、「招二聚儻者一、謀レ弑二天皇一」とある。それぞれヤカラ・ヤカラヒトの傍訓があって、一族に近い意味で用いられている。一方、溯ると、仁徳六十七年十月条に「更求虬之党類。乃虬族、満二淵底之岫穴一」と見え、ヤカラとトモカラの二訓が付されている。更に、景行紀には多数の事例が見られ、十二年九月条に「潜聚二徒党一」、同年十月条に「悉殺二其党一」、二十七年十二月条に「悉斬二其党類一」、四十年七月条に「或聚二党類一」、とあってみなトモカラの傍訓がつけられている。これらは辺境の首長の部族民といった意味で使われていよう。書紀における「党」の用語は、古くはトモカラ(党・党類)として使われ、新しくヤカラ(党族)として使われる傾向にあり、いわば仲間・同類の概念から親族的概念に移行しつつあるかのようである。そもそも「党」には類・輩・族・親などの意味があり、この様な字義が当時のイトコの語義(後述)と対応し、相通じるものであったために、イトコに対して「同党」の語が当てられたものであると思われる。次に、これと密接な関連があるイトコの語源を考察してその検証を試みることにする。

親族名称としてのイトコの和訓は、字鏡に伊止古、古記に伊止古・伊止伎毛とあって、乙音表記のトが用いられている。ところが、これより古いイトコの語は幾例か存在するが、全て親族名称ではなくかつ甲音表記のトを用いて表わされている。従って、両者を別語とする説が出された(39)のは当然だが、私は旧説(40)通り両者を同一語とする解釈でよいと考えている。その根拠を次に述べよう。古事記上巻の歌謡に「伊刀古夜能、伊毛能美許等」、万葉集三八八五番に「伊刀古名兄乃君」とある如く、夫婦・恋人を修飾する愛子の意のイトコ語が存在したが、これは後の平安期の「伊止古世」(神楽歌四九番・風俗歌一九番)や「伊止古」(東遊歌一二番)と同じ語に他ならないだろう。この歌謡の原本は平安前期の成立である蓋然性が高いが(41)、その頃から刀に代って止の字を用いて伝写してきたものと思われる。なお、イトコセ・イトコイモといった呼び名はそのまま親族名称にも使われていた(後述)ことにも注意したい。また、書紀の神功摂政元年の歌謡には「伊徒姑奴池」として親友・仲間の意のイトコが見られ、これまた宇津保物語楼上上の「従兄弟《いとこ》どち」の語句に連なるものかと思われる。かくの如く、(イ)古い伊刀古の語は後に伊止古へと表記の変化したことが確認されること、(ロ)愛子・仲間・親友を示すイトコと親族名称のイトコの両者に共通した同じ熟語が存在していること、(ハ)両者のイトコの語が別語として同種の史料にあらわれず、単一の語としかあらわれないことは偶然と見なし難いこと、によって親族名称のイトコと甲音表記の古語のイトコとは同一語である蓋然性が極めて高いものとみる。要するに、七四〇年頃の成立とされる古記では乙音表記のトを用いているが、私は当時すでに甲乙の混同が生じた上での表記であると考えるのである。それは、法家による古記の仮名表記では厳密性を欠いていることが指摘されており(42)、また一般に最も甲乙の混乱が遅くに始まるといわれているイ行音においてすら、ヒを例にとるならば、古記では乎比(甲音)を乎備(乙濁音)と混乱して表記しているし、大宝二年豊前国戸籍において比(甲音)を肥(乙音)と表記した事例(43)もあるのであって、考えられている以上に早くから混乱がおこっているとみられるからである。ましてや、通説によるとト音は万葉末期に混乱が激しくなるとされているのであるから、厳密な表記ではない古記においてはそれに先がけてト音を混同したことは大いにあり得べきことといえよう。更に確かなことは、八世紀初頭の過所符には「大初上阿□(伎カ)勝足石許田作人同伊刀古麻呂」(平城宮木簡一九二六号)という人名が見られる点である。この伊刀古麻呂が他の祖父麻呂・甥麻呂・伯父麻呂らと同種の親族名称＋麻呂という人名形式であることに相違ないものとすれば、まさに親族名称のイトコは本来甲音の表記であったことを裏付けてくれる史料といえる。ト音は天平期に混同が始まったもの、と判断して誤りはあるまい。以上の考証から、イトコ名称は愛子・親友・仲間を意味するイトコと同一語であったことが確認され、親族名称はこの語から派生した用法であるということも、史料の上から裏付けられよう。

七世紀以前には、たとえイトコ婚事例が存在していようともイトコ名称の存在は確かめられない。従って、非血縁者に対して親近感・一体感を表現する愛子・親友・仲間の義のイトコを親族名称に転用したものと考えてよい。その過渡的な表現こそ、七世紀末の浄御原令制戸籍に使用された「同党」であろうと思われる。「党」の用法は、先述の如く同類・仲間というトモカラから族的概念へ変質する傾向が認められ、親愛・仲間から同世代傍系親の名称へと移行しつつあるイトコの語義とは近似した概念として存在したのであって、両者は語義の歴史的変化も類似して対応し合う言葉であるといえよう。このイトコ概念の変質過程にこそ「同党」はふさわしいものといわねばならない。従って、七世紀後半に親族名称としてのイトコが形成されたものと推察されうる。それ以前は、兄弟姉妹名称を適用していた(ハワイ型)[44]というよりも、恐らくヲヂの子、ヲバの子という説明的な表現を用いて指示していたものではなかったろうか。

さて、七世紀後半〜八世紀前半のイトコ名称は服紀条古記によってうかがうことができる。

従父兄弟。釈親云。兄（之子）弟之子相謂為二従父兄弟一。案従父姉妹亦同。俗云二伊止古波良加良一也。従父姉妹者、俗云二伊止伎毛一也。

古記によると、男のイトコをイトコハラカラ、女のイトコをイトキモ（イトコイモ）と区別し、性別によって名称が異なっている。ここでは、女性に対してイモの語を適用していることから、これは男称のイトコ名称であろうことが知られる。ということは、女称の場合には、男をイトコセ、女をイトコ（ハラカラ）と指示したであろうことが容易に類推されよう。実は、このような名称法は南西諸島にも残存していたのである。八重山では男をイチフキョーダイ、北部沖縄では男をイチク、女をイチクウナイとよんでおり(45)（ウナイは男称の姉妹名称）、これらは男称に相違なく、これに対して女称では、男をイチクヰキイ、女をイチク（キョーダイ）とよんだことが推定される。以上の様な名称法は、イトコにも兄弟姉妹名称を部分的に適用・複合したものであって、父母の兄弟姉妹にもチ・ハの語を半分だけ使っていることと共通しており、いわば傍系親に対する半世代的用法ということができる。七世紀後半のイトコの親族名称化にともなって、イトコ名称の半世代的用法が成立したものであるが、この背後には、当時の社会における世代原理の強い機能が想定され得よう。八世紀以前のイトコ呼称は、兄弟姉妹呼称を拡大適用していた可能性が強い。というのは、類似した要素をもつ南西諸島の社会では、イトコ名称が直系＝エスキモー型であるにもかかわらず、イトコ呼称は世代＝ハワイ型であったことが指摘されているからである(46)。いわんや、当時のイトコ名称が半世代型であったとなれば、確証こそ例示はできないにせよ(47)、イトコに呼びかける名詞（呼称）は世代＝ハワイ型であって兄弟姉妹間におけると同じくセ・イモ系統の名詞を適用していたと想像しても無理はない。これは伝統的な呼称法であったに違いない。

以上、同世代の傍系親として重要なイトコ名称を検討してきたところによると、七世紀後半までは固有の名称が欠如していて、ヲヂの子、ヲバの子とでも表現していたらしいが(48)、親愛・仲間を意味する一般名詞のイトコが固有の親族名称として定着するようになり、その過渡期の漢字表記が「同党」であったと考えられる。また、七世紀後半〜八世紀前半にあっては、同性をイトコ（ハラカラ）、異性をイトキモ・イトコセとよぶ、いわばエスキモー型とハワイ型の折衷的・複合的な半ハワイ的名称法が確認できる。この背後にはイトコ同士が兄弟姉妹の呼称（ワギモ・ワガセ）でよび合う世代＝ハワイ型の呼称法の伝統が想像されうる、ということである。

ところで、イトコは名称法と呼称法に相違が認められるのみならず、名称法においても口語名称は双方的用法であるのに対して、文語名称（漢字表記）は「従父兄弟姉妹」の如く父系的用法がしばしば使われる。中国という父系社会に成立した漢字名称(49)を日本が受け容れたからであるが、その結果、平安時代前半には「甥」「姪」用語に見られる如く一時は混乱に陥ったこともあった(50)。しかし、それ以降も内親と外親の区別をつける漢字表記＝文語名称については、母方親族には「外」の字を冠して表記することが一般的となっている如く、父系的用法に従っていることは見落せない。要するに、基層文化を示す口語表現の和語名称は双方的であるのに対し、上層文化を示す文語表現の漢字名称では内親と外親の別をつける父系的な傾向を多分に持っている、ということになる(51)。漢字が導入された古代以来、常に日本の親族名称は、双方的な口語名称法と父系的な文語名称法との二重構造をとり続けてきたといってよい。更に、口語名称と呼称とが相違する場合には三重構造となって親族構造の重層性を示す(52)こともある。

三　第一次親族名称

第一次親族名称は、いわば家族名称とでもよぶべきものであるが、ここでは夫妻を除く第一次親族（父母・兄弟姉妹・子女）の名称を扱うことにする。最初に、これまでにもよく関説されてきた兄弟姉妹名称から検討しよう。

古代では、男からみた姉妹をイモ（同母はイロモ）、女からみた兄弟をセ（同母はイロセ）、男からみた兄、女からみた姉をそれぞれアニ・アネ（同母はイロネ）、男からみた弟、女からみた妹をオト（同母はイロト）、とよぶ名称法が存在したことは、本居宣長・狩谷棭斎らが早くも指摘しているところである。[53] これは、まず性別原理によって女称の兄弟をセ（兄・勢・妋・背）、男称の姉妹をイモ（妹）と類別し、次いで同性間では長幼別原理によって年長をエ（兄）、ネ（泥）[補注1]、年少をオト（弟・娣）と区別する名称法である。兄弟姉妹については、モルガン『古代社会』において、ハワイで見出した兄弟と姉妹間の集団婚による「血縁家族」の名残りとされた名称法と同一である。都合のよいことに、日本古代ではイモ・セの語が夫妻間にも適用されていたことから、渡部義通は原始にあって自由な婚姻慣行が存在していた証拠であるとし、[54] この説はその後広く踏襲されている。[55] しかし、この様な集団婚があれば名称体系は必然的にマレー式（世代＝ハワイ型）とならざるを得ないが、そうでなかったことは先に検討したところである。また、一部の王家にこそ兄妹婚は存在したとはいえ、人類学ではモルガンの論拠は覆され、[56] 同母兄妹婚や集団婚の一般的存在の可能性はほぼ否定されている。従って、この解釈はもはや破産したといってよい。

それでは、この名称法は何を意味しているのか、当時の親族構造との関連で考えねばならない。その際、ハワイがそうである様に、ひとまず兄弟姉妹名称と夫妻名称とを切り離して検討する必要がある。さて、性別原理による類別的な兄弟姉妹名称法は、ポリネシアから琉球にかけて広く分布しており、これといわゆるオナリ神信仰とが結びついていることが指摘されている。[57] 即ち、多様な変型がみられるにもかかわらず、社会観念として男—兄弟—世俗的権威・経済力と女—姉妹—霊的優位・宗教的権威という性別による聖俗の二元的権威・相互補完関係が存在し、この性別秩序が社会原理となって機能している。事実、西部ポリネシアや琉球のみならず、やはり古代日本にも同様の原理が存在していたことも証明されている。[58] 従って、同世代での性別秩序による敬慕と保護の特殊な親愛感情・行動規範の存在こそ、この様な兄弟姉妹名称を社会的に生み出させていた主因であったことは疑いなかろう。更に、この兄弟姉妹名称法をマライ＝ポリネシア語族の基層としてとらえ、世代＝ハワイ型体系と結びつくとして、双方的拡大家族と関連させる説もある。[59] 確かにこの蓋然性は高く、日本古代に半世代的名称法が存在し、数家族による双方的な居住集団結合が形成されやすい[60]ことが想起される。拡大家族的結合の傾向と関連性を持つ側面は、因果関係こそ不詳であるものの、否定できないであろう。

この古代的な名称法から、律令的・現在的な兄弟姉妹名称へと変化する過程を概観してみよう。早くから崩れるのは年長の女性に対する名称である。妹から姉を指す場合に、記・書紀・帝説・天孫本紀でも、すでに「姉」の語がかなり使用されており、エに代ってアネが早くから用いられていたものらしい。この「姉」表記に対応して、七世紀においてアネ名称の存在が確認できる。[61] アネは anöë（吾の兄）という女称の姉名称に由来する[62]という説もあるが、早くからエ（兄）が男称ではアニ、女称ではアネと分化していたことも考えられる。[63] ところが、弟から姉を指す男称の場合にもアネを使用する様になる。大宝令制戸籍・書紀・近江風土記逸文では「妹」と「姉」とを混用しており、右京計帳手実に至っては「姉」に統一されてしまっている。男称の姉名称は、服紀条古記に「阿彌」と明記されているのである。これに続いて、姉の方からも弟を指す場合に、セに混って「弟」を使う例が神代紀上・肥前国風土記に認められ、恐らく九世紀に一般化したものと思われる。即ち、八世紀になると、年長の女性は男称・女称の別なくアネ(姉)とよばれ、年少の男性は男称・女称の別なくオト(弟)とよばれる名称法が出現したことになる。性による類別的名称法の中から長幼を重視する姉・弟関係の名称が独立したといえよう。従って、九世紀頃には男称と女称とを分ける伝統的な名称法は年長の男性と年少の女性、即ち兄と妹にのみ残されるのである。以上の様な半類別的・変則的・過渡的な兄弟姉妹名称法の時代には、名称自体にも変化がおこっている。それは、男称の兄に対するアニの使用、男称の妹はイモから「イモ人」(字鏡)→イモウト、女称の兄はセからセヒト→セウト、男女混称の弟はオトからオトヒト→「於止宇度」(和名抄)、という変化で、語尾にヒト(人)が付けられ更に音便化が進んでいる。注意すべきは、語尾にヒトの付けられる名称は決して古いものではない、という点である。これらの過渡的・変則的名称法は、特に兄妹間のセウト・イモウト名称として一一世紀頃まで存続するが[64]、院政期には消滅して現在のような兄・弟・姉・妹という自己の性別を無視した名称法を確立させるものと見られる。

　次に、親の名称を考察する。「父」「母」の名称は、父母の兄弟や父母の姉妹に適用した事例は皆無であり、また生父母以外の親の配偶者は「継父」「継母」「庶母」等の表記であってママチチ・ママハハの訓も存在しているので、(生物的にはともかく社会的な)実父・実母を指すものとみてさしつかえない。「父」には、「和名知々、日本紀私記云、加曽」(和名抄)と二訓があり、「母」には、万葉集に波波・於母と見える他に「日本紀私記云、母、以路波」(和名抄)の訓がある。イロハは、同母・同腹を意味するイロをハに冠して生母であることを強調した複合語であるといわれるから、母もまた二訓を原型としていることになる。この二種の父母名称をどの様に解するかが大きな問題であり、今もって解決されていない。父母にそれぞれ二種の名称が存在していたことは、対応する二組の名称法があった、と考えてみる必要がある。まず、オモの語源はこれまでに朝鮮語 ömi（母）との関係も言われたりしているが、その意味は名称体系総体の中で位置付けて考察されねばならない。このオモの漢字には、神武即位前紀戊午年条に悶、仁賢紀六年是秋条に慕、万葉集に母・毛の二字、和名抄には毛の字があてられているが、甲音（毛）と乙音（母）との区別は古事記のみで他は皆混同されていることから、どちらの音か確定は困難である。ちなみに、垂仁記には「取二御母一」と見えるがこれは仮名表記ではなくミオモ（乳母）の漢字表記なので根拠にならない。この様に早くから甲乙の区別が失われているので不詳ではあるが、なかでも服紀条古記の「於毛」は比較的古いもので、一応尊重に価する。乙音よりは甲音の可能性が強いとはいえまいか。ところで、男称の姉妹は伊毛であって甲音である。従って、ömo と imo の同根説を妨げるものはない。このオモのモは、イモのイの脱落形で妹が語源ではないかと思われる。

一方、カソにも同じことが言いうる。これは、先掲の日本紀私記や「俗呼レ父為二柯曽一」（仁賢紀六年是秋条）から、乙音の kasö であることが知られる。この kasö は ʃe（兄）に通ずるという説があるが、[65] 私も全く賛成である。万葉集では夫・兄を意味する ʃe にしばしば背の字を用いている。ソガヒ（背向）の如く背の古形はソであり、しかも乙音の sö である。従って、加曽は加背とも表現することができるのである。この様に、女称の兄弟の ʃe と父の kasö とは背（sö = ʃe）を媒介として同根の可能性が確認されうる。カソの語義が次に問題となってくるが、これは彼兄の意と考える。彼（代名詞）のカはアとも発音され相通じて用いられるから、[66] カソとアソは同じ語となりうる。朝臣（阿曽美）はアソ・オミの複合語ではないかとされているが、[67] このアソこそは父のカソと同一語とみてよい。例えば、『おもろさうし』によると、琉球の首長（アサ・アサイ）は父名称と同一であって、保護者としての父の語が二次的に首長の敬称に転化した形が知られるからである。それだけでなく、この琉球語の父名称アサは古代語のカソ（アソ）と同源であるに違いあるまい。さて、父名称のカソが彼兄の意でアソに通じるとなれば、先の母名称のオモは何を意味しているのであろうか。まず考えられることは、オホ（大）・モ（妹）であるが、これだとカソの語義とは直接対応しない。それよりも、オモの東国方言アモに古形を求めると興味深い。アモはカモと通じて用いられたと仮定すれば、同じ手法によって彼妹の意であるという解釈が成り立つからである。即ち、オモの本来形はアモであるという前提に立てば、母＝彼妹（カモ＝アモ＝オモ）の語と父＝彼兄（カソ＝アソ）の語とが、まさに相対的な語源を持つ父母名称として、理解する途がひらけるからである。この類推が正しければ、「彼の兄」「彼の妹」とよぶ名称は、異性の親を世代的・心情的に隔たった兄妹とみる意識に起因したものであったろう。それにしても、カソとオモがそれぞれセとイモを基幹語として（或いは同源として）成立した語であったことは疑いなく、それ故、この父母名称は性別にもとづく用法で女称の父、男称の母を指す、と考えるのが自然である。以下、この点を検討してみたい。

カソが女称でありオモが男称であったとすれば、残る父母名称はチチが男称でありハハが女称である、と考えざるを得ない。この作業仮説に立って万葉集の用法を調査してみよう。次の表14に、万葉集の母名称を男称と女称とに分類してみた。なお、万葉集段階ではカソの語は死滅しており（少なくとも歌語ではない）、父名称は男女の別なくチチとのみよんでいるので検討不能となっている。

さて、表14によって知られる如く、オモとハハの二種が使われていて、オモの語一三例の歌は皆作者が男性だったり男称としての使用である。女称のオモは存在しない。一方、ハハの語は、四三例が作者男性ないし男称、一九例が

表 14　万葉集の母名称

	名称表記	男称・作者男性	女称・作者女性	性別不詳
オモ系	於毛・意母・阿母	2925, 4377, 4383, 4386, 4401		
	意毛知々・阿母志々	4376, 4378, 4402		
	母父	443, 3336, 3337, 3339, 3340		
ハハ系	波々・波波・波伴・波播	886, 887, 889, 3688, 3691, 3962, 4323, 4330, 4331, 4338, 4348, 4356, 4392, 4398, 4408, 4442	3393, 3519	3359, 3529
	知々波々・等知波々	890, 891, 4325, 4328, 4340, 4344, 4346, 4393		
	父母・父妣	800, 892, 904, 1740, 1800, 1804, 3296, 4016, 4326, 4337	4211	
	母・妣	337, 1022, 2495, 2991, 3295, 3791, 3850, 4164, 4214	1809, 2364, 2368, 2527, 2537, 2557, 2570, 2687, 3000, 3102, 3258, 3285, 3289, 3312, 3314, 3811	1209, 1757, 1755, 1774, 2407, 2517, 2760 3239

注　1. 数字は日本古典文学大系本による歌番号である．
2. ただし，題詞・左注の「母」は除外してある．
3. 「母・妣」の語はほとんど「たらちね」の枕詞をともなっているため，皆ハハ系として処理した．
4. 「イロハ」の用例はないため表示していない．

作者女性ないし女称、一〇例が性別不詳の歌である。女称の歌には「母」と漢字表記されているものが多いが、これらのほとんどが「たらちね」の枕詞を用いていることから皆ハハとよんだものであることは間違いなかろう。そうすると、男はオモ・ハハを混用しているが、女はハハのみであったことになる。更に、両親をよぶ場合、男はオモチチ（母父）・チチハハ（父母）を混用しているが、女はチチハハ（父母）が見えるのみである。これによって、ハハは男女混称となっているものの、オモが男称の母名称であったことが裏付けられよう。[63] 更に、服紀条古記には、父母と出母を注してそれぞれ「俗云、知々於毛也」「俗云、知々爾夜麻礼爾多流於毛也」の如く母をオモと訓じているが、本条古記は一貫して明法家が男称に立った注釈をほどこしており、補強材料となる。また、神武即位前紀戊午年四月条には「時人因号二其地一、曰二母木邑一。今云二飫悶廼奇一訛也」と見えるが、この地名を名付けた「時人」というのは一般に男達と考えてよく、男称として問題はない。唯一の例外は、仁賢紀六年是秋条で飽田女が異母兄弟でもあり母の異父兄弟でもある麁寸のことを「於レ母亦兄、於レ吾亦兄」とよんだ女称である。この分註には「此云、於慕尼慕是、阿例尼慕是」と訓ぜられているのである。本条に載せる伝承自体は諸本が引かれていることからも古いものと考えられるのだが、分注のオモは書紀編者によって訓ぜられた本註とみなしてよく[69]、これは男女別称が薄らいできた編纂時において男の編者がただ古称に頼って注したことからおきた混乱ではあるまいか。とにかく、例外はただ一つしかなく、オモは母名称の古い男称であるという見方は、証明されたことと思われる。そして、オモチチ（アモシシ）とは男称の伝統的な親名称であったとみられ、八世紀には歌語を除いてオモの語は余り用いられなくなり、男称は失われてチチハハとよぶ現在的な親名称に変化したものと考えられる。

一方、八世紀における親の女称はチチハハの名称のみであるが、これも伝統的な名称法であったかどうかは疑わしい。男称たるオモに対してハハが女称の母名称であったろうことは、まず間違いのないところであるが、父をチチとよんでいたかどうかは問題がある。本来、女称の父名称はカソ（アソ）ではなかったか、と疑ってみる必要があろう。首長層の敬称としての二次的用法であればアセ・アソの使用例は見られるが[70]、この非親族名称では性差の用法を検討する材料にはなり得ない。ところで、平安期のものとされている書紀古写本の傍訓は、「父母」に一〇個所余の訓読がなされており、すべてカソイロハ・カゾイロの名称で統一されている。これは日本紀私記の秘訓を踏襲したものとみられるが、「親」には若干チヽハヽの傍訓がされているもののカソオモという熟語が皆無であることは注目に価する。名義抄にもカゾイロハが採られている。仮に、イロハ自体が古い名称ではなかった[71]としても、女称たるハハ系の語であることには相違ないから、熟語の古形を復原すればカソハハの如くに想定することができる。これは男称であったオモチチに対比される親名称に他ならないから、女称と考えるのが自然である。七世紀以前の古い時代では、女称の母はハハ、父はカソ（アソ）であって、後者に決め手を欠くものの両親をカソハハ（カソイロハ）とよぶ慣習であっただろうと想像される。カソの語が早くに死滅したため、女性にも男称と同じチチが使用され、万葉集では父母をチチハハとしかよばなくなったものではないだろうか。

古くは上世代である親に対しても同世代の兄弟姉妹と同様にイモ・セ的な性別原理によって使い分ける名称法が存在していたわけだが[72]、男女別称のうちで交叉親子関係（異性の親子）で用いられる名称たるカソ・オモが使われなくなって、平行親子関係（同性の親子）に用いられる名称たるチチ・ハハのみが残ったといえよう。男子と女子とで異なった親名称が現在的な男女混称へと移行したということは、兄弟姉妹名称と同じ運命をたどったということである。ただ、親の場合は異世代であるために性別より世代別の原理が強く働きやすく、そのためにより早く異性を意識した男女別称が崩れていったものであろう。なお、琉球においても『おもろさうし』や方言[73]から抽出される父名称のアサ・アサイとオホチ（祖父）及び母名称のアム・アマとハワ（祖母）の二系列の名称法が、私は古代のカソとチチ及びアモ（オモ）とハハとそれぞれ同源・同系と考えることから、かつては同じ構造の性別名称法が存在していた可能性は大きいとみている。

さて、かつては異世代間にも同世代のイモセに準じた性別原理が強く機能していた[74]ということを、名称を手掛りに親子関係にさぐってきたが、今度はヲチ・ヲハとよばれる父母の兄弟姉妹と甥・姪との関係において検討し、裏付けしていきたい。まず、呼称法を万葉集で調べてみると、父の姉妹（坂上郎女）が大伴家持を「吾背子」とよんでいて（九七九番）、反対に家持も彼女を「妹」とよんでいる（一六一九番）。また、大伴駿河麻呂も「姑」＝坂上郎女をやはり「吾妹」とよび（六四八番）、家持か駿河麻呂のどちらかがやはり彼女を同じく「吾妹子」とよんでいるのである（四一一番）。更に、坂上郎女の作とはいうものの、大伴稲公は兄弟の女子を「妹」とよぶ（五八六番）。即ち、異世代たる叔母―甥（叔父―姪）の関係にもワギモコ・ワガセコの呼称が適用されているわけであって、これらの歌を単に戯作として片付けてしまうわけにはいかない。よしんば、仮に戯作的な歌であったとしても、擬似恋愛・擬似兄妹の歌を親しく交換できるようなイモ・セ的性別原理の関係が、ヲハとヲヒ（ヲチとメヒ）の異世代間にも機能していたということは厳然たる事実である。

更に、記紀・帝説に見える異世代婚の事例はこれまでにも取り上げられてはいるが、(75)私が再調査したところでは、次の如く全二七例を得ることができた。(76)これは異世代間と性別原理との関係を類推させうる資料となり得よう。

母の姉妹――姉妹の男子　八例（同母〇・異母三・不明五）
父の兄弟――兄弟の女子　一一例（同母五・異母五・不明一）
父の姉妹――兄弟の男子　六例（同母一・異母五）
母の兄弟――姉妹の女子　二例（同母二・異母〇）

これによると、母の姉妹―姉妹の男子・父の兄弟―兄弟の女子という組合せ、即ち親と同性のヲチ・ヲハとの婚姻事例は一九例もあるのに対し、父の姉妹―兄弟の男子・母の兄弟―姉妹の女子という組合せ、即ち親と異性のヲチ・ヲハとの婚姻事例は八例であって、前者（単系血縁内婚）の半数にも満たない。しかも八例のうち、父の異母姉妹―兄弟の男子が大部分（五例）を占めるから、父の同母姉妹、母の（同異母）兄弟とヲヒ・メヒとの婚姻は僅少事例（三例）といい得よう。この組合せの異世代婚には何らかの回避する作用が働いていたと考えざるを得ないであろう。それは、男からみたイモの女子（逆に言えば、女の母のセ）、或いは女からみた同母セの男子（逆にいえば、男の父の同母イモ）とに、それぞれ少なからず禁婚的意識が存在していたということである。要するに、イモとセの特異な兄妹関係・性別原理が世代を超えて機能していたからと考えられよう。自分から見てイモの女子もセの男子も、世代が下るとはいえ異性の兄弟姉妹関係の延長であり、それぞれイモ・セに准じる保護・敬慕・親愛の対象であったからに他ならないであろう。具体例としては、飯豊女王（青海郎女）とその兄（市辺忍歯別王）の男子（意祁王・袁祁王）との関係[77]や、推古天皇と聖徳太子の関係、或いは元正上皇と聖武天皇の関係[78]、などが代表的なものとしてあげられてよい。

以上、イモ・セの特異な性別秩序が同世代の兄弟姉妹のみならず世代を超えて（親子間・伯叔父母と甥姪間）、機能していたことを指摘してきた。親名称もやはり男子・女子によって異なっていた可能性が強いのである。世代原理が弱かったとはいえないが、それを上まわる当時の性別原理・秩序の強烈さがうかがわれよう。これはまた、裏を返せば、世代差にこだわることなく性別意識を持ち異性として認識することを意味するから、（イモ・セの関係にはない）兄弟姉妹の子との間で異世代婚が盛んに行なわれた原因ともなってくるのである。

ところで、コ（兒・子）名称においては、さすがに親からみて異性か同姓かで使い分けるといった男女別称の用法は存在しなかったもようである。性別を意識する対象としては、相手が余りにも未熟な存在であったからであろう。

四　姻族・配偶者名称

養老律令の二つの親等法のうち、服紀親では配偶者の親族が夫之父母のみであるのに対し、五等親では他の多様な夫方親族や妻妾父母も含み、更には子婦・女聟・孫婦・伯叔婦・姪婦・兄弟妻妾までもが規定されている。ところが、これらの大多数の姻族は養老律令の唐制化にともなって唐礼から導入したもので、大宝令の五等親制では夫之父母（舅姑）・子婦・妻妾夫母・女聟・継父母・継子あたりに限られていて、より服紀親に近い血族中心の範囲であった。[79] 古代史料に使われている姻族名称の事例も、ほぼ大宝五等親制と重なりあっている。[80] 大宝令がより日本的性格をもつ法制であること、服紀親が日本固有の親族法を反映していること、を考慮するならば、わが国の伝統的な親族がほとんど姻族を含まない血族的な構成であったことを端的に物語っていよう。

配偶者の親の事例は余り多くはない。夫の父母名称の使用例は、続紀和銅七年十一月条に「舅姑」とあるのみで、服紀条古記には「俗云、志比止・志比止売也」と見える。妻の父母名称だと、仁賢紀六年是秋条に「妻父」「妻母」と記され、霊異記下巻四話に「舅」及びその訓釈の之不止が見える。とにかく、シヒト・シヒトメは夫方・妻方を通じて用いられ、また八世紀には存在した名称であることは確かめられるが、それ以前ははなはだ疑わしい。シ＋ヒト（メ）の如きヒトの付した名称は一般に新しいものであるし、其（代名詞）と思われるシが単独で名称として使用された形跡もないからである。一方、顕宗記では、第二節で明らかにした如く、意祁王が妃の父を指して「従父」とよんでいたことが注目される。この訓はヲチ以外に考え難い。これに関連して、霊異記中巻四一話には某経典からの引用の中に

「夫恋㆑母啼、妻詠㆑姨泣」とあって、夫の母を「姨」とよぶ例がある。姨は、配偶者の姉妹或いは兄弟の配偶者を指す用法もあるが、普通の訓はヲハである。後者に問題は残るものの、配偶者の親を古くはヲチ・ヲハとよんでいた可能性がある。かつては配偶者の親に対する特定の名称はなく、ヲチ・ヲハの傍系親名称を転用していたものではなかろうか。姻族に血族名称を適用する擬制的用法は、例えば、ヲチ・ヲハの配偶者をもヲチ・ヲハとよぶ用例などが参考となるだろう。

子の配偶者を指示した事例もまた乏しい。子の妻の名称は、八世紀に至って「婦（婦妾）」として出現するが（大宝令制籍帳・続紀和銅七年十一月条）、これは大宝令によって中国から導入された用法や儒教的色彩の強い記事であって、社会的に通用した名称であるかどうかは疑わしい。和名抄には婦に与女の訓があるものの、古代史料で婦は専ら妻の意（メ）で用いられており、婦＝ヨメ名称がどこまで溯りうるかは問題がある。霊異記では、「子妻」（中巻四一話）・「婦」（下巻三話）と共に「嫁」の初見（中巻三三話）が認められることから、九世紀には成立してまもないであろうヨメ名称の存在が確認されてよい。一方、女の夫の名称は、万葉集四二一六番の左注に見える「聟」はともかくとしても、霊異記（中巻二〇話・下巻四話）に見られる以前に、古い使用例が認められる。それは、記上巻に海神が火遠理命を「聟夫」とよんでいる例や、雄略紀九年七月条と姓氏録左京皇別には田辺史の家伝から引いたらしく「聟家」が見える記事を載せている例、及び秦氏本系帳（年中行事秘抄所引）にも「聟」が使われている例である。ムコ名称の正確な成立期は確定しがたくとも、それがヨメ名称に先行していることだけは間違いない。これは、婚初の一時期に妻訪するという古代の一般的な婚姻形態から、男と妻の親との結びつきが優先するのは自然のなりゆきで、ムコとシヒト（メ）の相応関係が先行する必然性も説明されうる。字鏡には「聟。毛古、又加太支」と訓があり、モコ（ムコ）は別訓のカタキ（片方の男）と同義であって、「棹執りに速けむ人し、我が毛古に来む」（応神記歌謡）と同語であるともいわれる。(81)このペアを組む相手（男性）を指すモコ・カタキが、その後に娘の配偶者の意に転用し名称化されたものであるらしい。なお、ヨメの語義は未詳ながら、(82)モコに対してヨメという男子・女子の対比観念から生まれたものの如くである。

以上、古代における姻族名称は範囲・事例ともに乏しく、八世紀にはムコ名称と妻の親を主たる対象としたシヒト（メ）名称が存在していたが、この最も核となる名称自体古くに溯りうるものとは思い難い。ヨメ名称成立後の字鏡にあってもさして語彙に変化はみられず、一〇世紀の和名抄に至って、ようやくコシウト・コシウトメ・オホヨメ・オトヨメ・アヒムコ・アヒヨメ等といった具体的な姻族名称が整備・増加されてくる。当時、貴族層で使われ出したことを反映しているものと思われるが、どの程度使用されていたかは疑問な面がある。文書に実例としてあらわれ使用頻度が高くなるのは一一世紀以降であって、今昔物語段階では一般化してきている。更には、重要なアヒヤケ（相舅）の名称も出現するに至る。この様に、姻戚関係は元来あいまいで極めて弱いものであり、古代の親族結合が血縁を基本としていたことを反映しているが、この根本的な原因は当時の婚姻結合の弱さに求められるであろう。そこで、次に夫婦の名称から動向をさぐってみよう。

女性配偶者の名称は、律令に「妻」「妾」と見えるけれども、この中国的・家父長的な身分差別は機能せず、我が国では「妻妾未分離」であったという。(83)要するに、中国が一妻（多妾）制であったのに対して、日本は多妻制であったということになろう。しかし、多妻制のもとでも本妻的存在は認められてよい。〔補注2〕漢字名称では、本妻を「嫡」「妻」と記し、副妻を「妾」「孀」と表現しているものと見られ、妻にメ、妾にヲムナメの和訓があり（和名抄・名義抄）、妾はヲムナ（特定の女性）をメに冠して妻と読み分けられている。また、字鏡・和名抄では、前妻・嫡・娼に毛止豆女・牟加比女・古奈美、後妻・嫌に宇波奈利、の訓を与えているが、この両者は一夫多妻制のもとでの本妻・副妻であり（神武記・紀歌謡）、おおむね婚姻の先後関係による妻と妾とに相当する名称といえる。従って、妻妾の諸名称は、コナミとウハナリを除いては、[84]皆メを基幹語としていることになる。更に、妻妾を一括したより高次な女性配偶者名称として「婦」が存するが（大宝戸令・書紀大化二年三月二十二日条）、この婦はやはりメと読まれている（名義抄）。即ち、妻妾の名称と女性の一般名称との明確な区別がなされていない点に特徴がある。一方、男性配偶者の名称は、史料上では「夫」のみであり、その一般的な和訓は乎比止（服紀条古記）であった。これはヲにヒトを付して成立した名称で、古形はヒトを欠いたヲの形態である。また、和名抄には前夫にシタヲ・モトノヲトコ、後夫にウハヲ・イマノヲウトと苦しい訓読をほどこしているが、やはりヲ・ヲトコが基幹語となっている。この様に、配偶者の名称が夫妻にかかわりなく男（ヲ・ヲトコ）・女（メ・ヲムナ）の一般名称を代用し、この基幹語に前・元・下（モト・ムカヒ・シタ）や後・今・上（ウハ・イマ）の修飾語を複合させて複数の配偶者を識別しようとしている点は、明確な婚姻儀礼・離婚手続きがなくて愛人と配偶者の区別がつけ難い実態（万葉集三八一三・三八一五番の左注など）と結びついている。それと共に、女性配偶者の多彩な名称の存在とメ（婦）による一括性は、複数の配偶者の共時的な存在、即ち一夫多妻制に相応しているものといえよう。

ところで、配偶者の名称としては他に都麻（妻・嬬・夫）の語がある。通説によると、この語源は、夫婦の新居たる婚舎が主屋のそばに建てられたツマ（端）屋であったことに由来する、といわれている。これと先のメ（妻）とどう違うのか、という点であるが、次に用法上での相違をあげてみよう。(1)メは女性しか示さなかったが、ツマの場合は、記紀・万葉集では女性が圧倒的ではあるものの男性（夫）にも使われている。(2)メは文語的で純粋に名称であるが、ツマは歌語・口語的で呼称の如くに用いられる。(3)ツマは「若草の」という枕詞に示される如く婚初の妻訪い期間の若い夫婦に用いたのが原型と思われるが、夫婦のみならず歌垣での一夜の相手や人目をしのぶ愛人にまで広く用いられている。(4)メは複数の女性配偶者をも含みうるが、ツマはその時点での一人の性関係をもつ異性に限られ、対偶の一方を指している。以上の様に、メ・ツマとも当時のルーズな婚姻形態である対偶婚を反映した名称ではあるが、ツマは現在の同衾・妻訪・同棲の一人の異性に対して使われ、性的パートナーを指示する名称であった。即ち、メ（妻妾＝婦）は複数存在しうる一夫多妻的な用例であるのに対し、ツマはその時々で一人を指す一夫一妻的な用法であるといえる。従って、平安期になってメの使用がすたれツマが妻の親族名称として確立する過程は、一夫一妻的結合の強化、単婚への移行を反映するものと考えられる。字鏡・和名抄にはまだ「妻」にツマの訓は見られず、名義抄に至って出現するのである。ツマの女性配偶者名称としての確立と音便化したヲットの語の成立とは、単婚化の時期に相応するものと見てよいであろう。

さて、古代ではこの他にも配偶者をよぶ語が存在している。それは夫に対するセ・ワガセ（コ）、妻に対するイモ・ワギモ（コ）、の語である。女称の兄弟、男称の姉妹の名称がそれぞれ夫・妻にも適用され、「称㆑妻為㆑妹、蓋古之俗乎」（雄略即位前紀）といわれている。万葉集に見られるイモ・セはほとんど夫婦・恋人などに用いられた事例であることを明らかにした品川滋子は、イモ・セを同世代の婚姻可能な異性の呼称であるとしている[85]。しかし、兄弟姉妹もそれ以外の他人も同じ婚姻可能な異性と一括して解釈するのは問題であるし、第三節で指摘した如く、兄弟姉妹と婚姻関係とは切り離して考えねばならない。更に、父母名称にもイモ・セと同根の語が用いられていたことから、婚姻可能な異性に使われたとするのは奇怪である。イモ・セの語自体に婚姻の対象者という意味が含まれているかどうか疑問なのであって、注目すべきは兄弟姉妹名称たるイモ・セの語が何らかの理由で夫婦や婚姻対象者にまで拡大適用されている、という機能についてである。管見の限りでも、兄弟姉妹名称を夫婦・愛人にも適用している類似例をいくつも見出しており、その社会的機能を次に論じてみたい。

古代のイモ・セの用法に似た例は、東アジア地域に分布している様である。例えば、かつて琉球では、オナリ（男称の姉妹）・エケリ（女称の兄弟）の名称が愛人・夫婦にも使われていたとされる。(86) アイヌでも、兄名称（yup·yupi）が夫・愛人に、妹名称（tures·turesi）が妻・愛人に適用されているのである。(87) また、兄・姉・弟妹の三分類の名称法をとる民族でも、ジャワでは、兄名称（kang・mas・kakang）が夫を、弟妹名称（dik・djeng・niangkar）が妻を指しているし、(88) 同じくマレーでも、結婚初期の夫婦間では兄名称（abang）と弟妹名称（adek）とを互いに用いており、(89) 更にフィリピンのタガログ族も妻は夫に兄名称（kuya）で呼びかけるという。(90) これら東アジアのみならず、古代エジプトでも愛人同士が兄・妹の呼称でよび合っていたことが知られている。さて、これらの社会に共通する特徴というと、厳密な婚姻規制を伴う族外婚制が欠如している上に、離婚・再婚が頻繁に行なわれてそれを避ける社会通念はなく、夫婦関係が不安定かつルーズである、という点であろう。まさに、その様な夫婦間を呼称法によって兄妹関係に擬しているのである。従って、この理由は、「本来他人であった者同士が血縁関係の親族名称を使用することによって、血縁関係に付随する親密さ、気安さの雰囲気をかもしだす。きょうだい関係の帯累、結合、調和、協同、刃っても切れない縁などの理念的な関係が、夫婦関係の中に擬制されるわけである。これは、結果論的に見れば、不成功に終わり易い初期の婚姻関係を擬制的兄妹関係によって糊塗しているとも言える」(91) というにつきる。古代のワギモ・ワガセの語は、愛人・夫婦に対する呼称でもあって、不安定で離別しやすい対偶婚社会のとくに若い男女間において、血縁と最も強固な親愛感・相互依存・性別補完関係で結合していた兄妹の名称を適用し合うことにより、心理上の擬制的兄妹関係を創り出して緊張関係の緩和と結合の脆弱性の補強をはかったものに他ならない。従来の婚姻慣行によって説明しようとしてきた旧説は著しく的がはずれている。それ故、兄妹名称が配偶者の呼称に転用されたという事実は、妻訪に典型的な如く婚初の夫婦関係の結びつきが極めて弱かったことの裏返しの現象なのであった。[92][93]

以上、配偶者名称を検討してきたが、どこから見ても強固な一夫一婦婚が未成立で一夫多妻婚・対偶婚・妻訪婚にふさわしい名称法であったことが明白である。ということは、婚姻を媒介とした姻族との結びつきが不安定で弱いものであったことを示唆する。即ち、すでに指摘した姻族名称の乏しさと使用例の少なさ及び血縁中心の親族結合の原因は、夫婦結合が永続性を持たずにそれ自体の自立性が弱く、配偶者がそれぞれの生家・血族と強く結びついた状態のままであったことに由来する。姻戚・配偶者の親族とはそれなりに親族的交際が行なわれることがあっても自己の親族とは異質な存在（＝他人）であって、心理的な疎遠・緊張関係におかれて常に不和・葛藤に陥りやすく、かなり改まった他人行儀な交際が要求されたものと想像される。[94]だが、生まれた子供から見ると両者は双方的親族（血族）としてとらえられることになるから、出産と子の生育によってようやく両者の緊張関係は徐々に緩和され安定化していくものと思われる。なお、続紀以降の国史には、夫の死後も再婚せずに墓を守った云々という「節婦」表彰の類話が載せられているが、これは律令国家が儒教的家族道徳を導入しようとしたことのあらわれである。[95]それにしても、この程度の行為が当時の人々の驚嘆を招き、表彰の対象となり、ひいては国史にまで載せられるという事実は、かような行為が古代にあっていかに特異で有り得べからざる形態（国民栄誉賞的）であったかがよくわかるというものである。

古代には血族的結合・血縁帰属、生家との紐帯が極めて強固であったわけで、同世代の異性関係としては、夫婦間よりも兄弟と姉妹との間にこそ特異な相互依存・信頼・親愛関係が結ばれていたといえる。例えば、垂仁天皇の后サホヒメが兄のサホヒコ王から夫と兄とどちらが愛しいか二者択一を迫られた際には兄を選び、そのために未遂にこそ終ったものの夫（垂仁）を暗殺しようとし、更に謀反の発覚後も彼女は兄のたてこもる城へ走って運命を共にしている（垂仁記・紀）。また、和気広虫も葛木連戸主の妻であったが弟清麻呂と同罪とされて配流されており（続紀神護景雲三年九月己丑条）、この二人は「姉弟同財」とも見え共に同じ子孫（和気氏）を抱いて遺言を交している（後期延暦十八年二月乙未条）。或いは、平城天皇の寵愛を得た藤原薬子も、夫藤原縄主との間に三男二女を儲けておりながら兄仲成と結託して権勢を握り、ついには兄妹が運命を共にしている（後期弘仁元年九月条）。他に、橘嘉智子と弟氏公の例などもあげられようが、[96]かくの如き夫婦を上まわる兄妹の異性結合、及び婚後も生家の利を優先させる帰属意識というものは、まさに古代社会ならではといえよう。[97] 勿論、妻に「内助の功」など求むべくもあるまい。

ところが、平安中〜後期には大きな変化を迎えることになる。まず、第三節で明らかにした様に平安前期の兄弟姉妹名称は、兄（男称アニ・女称セヒト）と妹（女称オトヒト・男称イモヒト）にこそ男女別称のイモ・セの用法が機能し続けていたが、姉と弟はそれぞれ男女混称でアネ・オトヒトといわれており、半類別的・変則的・過渡的な名称法となっている。この様な性別原理優位の名称法も一一世紀頃を境にして現在的な男女混称のアニ・オトウト・アネ・イモウトの名称法に移行していったようであり、ここに兄妹関係に端的にあらわれていた血縁結合の弛緩、かつては世代を超えてまで作用していた性的類別原理の消滅を認めることができる。これと並行して配偶者名称も変化し、イモ・セの転用による呼称は使われなくなり、ヲヒトに対するメは死語化していき（メヲトの慣用語は残存するが）、ツマが妻名称として定着化してくる。これは、夫婦の排他性の弱い一夫多妻婚、ルーズな対偶婚・妻訪婚に相応した名称法から、いわば一夫一妻婚を強調した名称法への移行と考えられ、従って婚姻結合の強化、単婚制の成立を意味するものといえよう。即ち、兄妹結合と夫婦結合とは反比例する表裏の関係にあり、同世代における異性結合の基本原理は、血縁と性別秩序による兄妹関係から婚姻による夫婦関係へ徐々に移行していくといえる。その結果、平安前期に顕著であった土地売券での兄弟姉妹の連署が消滅してゆき、(98)逆に、夫婦別財ではありながらも配偶者の財産を相続・委託・処分することが出来るようになり、更にはその押領といった事件も文書にしばしば顔を出すにまで至るのである。また、捕われた夫のために永年の「夫婦之契」によって妻が夫の無罪放免を積極的に訴えたり（『平安遺文』五二八号）、禁獄の身となった夫がその親族から見放されてしまったにもかかわらず「夫婦之契」をなした妻のみが付き従い、夫から弟等を差しおいて財産をそっくり譲与されようともしている（同四九四八号）。更にまた、亡夫との強い結びつきを反映している「後家」の語が、(99)文書に頻出するのも一一世紀以降である。以前とは相違して、婚姻結合・「夫婦之契」の強固さが顕著にあらわれてきていることが確認されよう。それと共に、平安中期の貴族には姻族との交際が重要なものとなってきている側面も見逃せない。(100)

この様な婚姻結合の強化、単婚への移行は、単純に夫婦家族の自立化・独立化をもたらしたものともいえない。それは、かつて高群逸枝が貴族を対象に「婿取婚」と規定したところの平安中期に始まる妻方親族との結合の問題があるからである。この婚姻形態が実は一時的妻方居住婚でしかなかったことは既に確認されているが、舅と聟の結びつきが中期から顕著となってくるのは事実であり居住形態より重要である。例えば、一二世紀初頭に山辺延末の娘聟が牛馬盗取の罪を犯して逃亡した後、犯行当時は聟であったことから舅の延末が責任をとって過料として私財を弁進しているし（『平安遺文』一六八七・四九六四号）、院政期には舅から聟への相続も行なわれるようになってくる。このことは、婚姻結合の強化に伴って、妻の父が娘と一体化した聟を自分の親族に取り込み、舅が聟の世話・保護をしつつ責任を負う、という関係の成立を示していよう。これは、娘を聟の唯一の妻とさせる（単婚化の）方策と考えられる。[101] この結果、聟は生家と切り離されることなく婚家に組み入れられるので、双方の親族に両属して妻方親族たる姻戚も自己の親族と変わらぬ存在となる。後には嫁が逆にこの様な両属の立場になると思っているが、ともかく、聟が血縁のみならず舅方へも属したことによって親族と姻戚の同質化がおこり（「類親」「親類」の出現）、かついまだ両属してはいない嫁にとっても婚姻結合の強化そのものによって夫方の姻戚は身辺な存在に変化している。要するに、以上の様な婚姻結合の強化（単婚化）と聟の親族化こそ、先に指摘した和名抄に見える姻族名称の増加と整備をもたらし、一一世紀以後の処分状・売券その他の文書に「嫡（二）女夫」「妹夫」「舅」「聟」などといった名称が頻繁に使用されるようになっていく原因である。これはまた、血縁結合の弛緩と非血縁者間の縁約結合の強化とによって、血縁・姻戚・擬制血縁が混合・同質化され、「親類縁者」と一括される中世的な親族構造の成立を意味するものであった。[102] ただし、直系的な親子の血縁結合が一貫していることには変りないであろう。

おわりに

構造的・体系的に名称分析してきた結論を、ここに要約しておくことにしたい。

古代の親族名称は、直系親は上下四世代の幅をもつが傍系親・姻族は狭くて乏しく、名称の範囲は大宝五等親・服紀親の親族とほぼ合致している。基層文化である口語表現の和語名称は、双方的な直系型で七世紀半ばまではイトコ名称は欠如し、呼称には兄弟姉妹の名称を用いるハワイ型であったと思われる。このイトコ呼称・兄弟姉妹名称・オジオバ名称などから総合的に、半〝世代＝ハワイ〟型の原始社会が復元されうる。その後、半ハワイ型のイトコ名称が成立し、平安初期には現在と同じ直系＝エスキモー型の体系が確立する。一方、文語表現の漢字名称は、大宝令で中国的な名称法が導入されて混乱をきたすが、内親・外親の区別はある程度受容されて平安中期から父系的傾向の名称法として定着するに至る。口語体系と文語体系とが相違する名称表現の重層性・二重性（更に呼称体系との相違もある）、は双方社会を基盤としつつその上に父系志向の観念が機能していたことを反映しており、この二重構造は現在にまで存続している。

次に、第一次親族の名称の多彩さは、古代の家族関係の多様さを示唆している。一夫多妻・対偶婚・妻訪形態のために婚姻結合は不安定で弱く、従って姻戚とは疎遠で緊張関係に陥りがちとなる。親族の構成は血縁におかれ、親子関係と共にその中心をなしたのが類別的名称をともなうセ（兄弟）とイモ（姉妹）の特異な親愛・信頼・相互依存関係であり、精神的な異性結合であった。この性別秩序原理は、男女別称の親名称やヲチ―メヒ、ヲハ―ヲヒの間の異世代婚・呼称法にも認められ、世代を超えて強く血縁内部に機能し、家族秩序を規定していた。そこで、姻族との親近感を強めるために親族名称の擬制的用法が使われたのである。ヲチ・ヲハの配偶者のみならず古くは配偶者の親にもヲチ・ヲハ名称が適用されていた可能性がある。だが、何よりも重要なのは、若い夫婦・愛人間に最強の結合関係にあるイモ・セの呼称を適用して擬制的兄妹関係をつくろうとはかり、脆弱な婚姻結合を補強せざるを得なかった事実である。

この様な親族構造も、平安中〜後期に変質をとげ、同世代の異性結合の基本原理は、血縁のイモ＝セから姻縁のメ

＝ヲトへと移行する。類別的な兄弟姉妹の名称法は崩れて半類別的・変則的な名称法となり、一一世紀頃にはついに現在的・記述的な名称法が成立する。これはまた、古代的な血縁結合が弛緩する過程でもあった。これと並行して、一夫一婦婚の永続性・単婚化が進み、「夫婦之契」がしきりに強調され、相対的に婚姻結合が強化されてくる。また、貴族を中心に単婚化をねらって婿の親族化が進むと、双方の親族に両属する存在となり、姻戚との結びつきが初めて密接となってくる。これこそが、姻族名称が整備・増加され頻繁に使用されてくる背景である。その結果、一一世紀を転換期として、血族・姻族を同質化した中世的な親族構造＝「親類・縁者」が成立することになるのである。

注

（1）馬淵東一「モルガン『古代社会』の内幕」（『馬淵東一著作集』第一巻、社会思想社、一九七四年）。布村一夫『原始共同体研究』第一・三部（未来社、一九八〇年）。洞富雄「モルガン『古代社会』正誤」（『庶民家族の歴史像』校倉書房、一九六六年）。

（2）布村、前掲書第一部。江守五夫「年齢階梯制下における婚姻および親族組織の形態に関するH・クノーの学説について」（『社会科学研究』五の四・六の一、一九五六・七年）。W・H・R・リヴァース（小川正恭訳）『親族と社会組織』（弘文堂、一九七八年）を参照されたい。

（3）馬淵東一「キルヒホフ『親族呼称と親族結婚』」（『馬淵東一著作集』第一巻、社会思想社、一九七四年）。G・P・マードック（内藤莞爾監訳）『社会構造』第八章（新泉社、一九七八年）。ロウィは、オジ・オバ名称によって、双岐傍系型・直系型・世代型・双岐混合型の四類型に整理し、キルヒホフは、この名称に更にオイ・メイ名称とイトコ名称の分類を加味して、それぞれA型・B型・C型・D型の四類型を主張した。次いで、マードックは、最重要なイトコ名称を分析することによって、それぞれスーダン型・エスキモー型・ハワイ型・イロクォイ型ととらえなおすのみならず、新たにオマハ型・クロウ型を加えて六類型論を打ち立てたのである。ちなみに、以上のうち、論理的にいって双方的な名称体系は、直系＝B＝エスキモー型と世代＝C＝ハワイ型の二類型であって、モルガンのいうアーリアン＝セム＝ウラル式とマライ式とに相当する。また、双岐傍系＝A＝スーダン型とオマハ型は父系に、双岐混合＝D＝イロクォイ型とクロウ型は母系に、それぞれ適合的な名称体系である。これらの類型の意義を疑問視する説も少なくはないが、日本を含めた東アジア〜太平洋地域の分析においては、さしあたって問題とはならず、有効性をもっている。

(4) 例えば、長島信弘「親族と婚姻」(吉田・蒲生共編『社会人類学』有斐閣双書、一九七四年)など。

(5) 例えば、谷泰「言語から文化へ」(『言語』一号、一九七二年)を参照されたい。

(6) 斉藤尚文「同等規則分析――親族分類システムのタイポロジーとシリオノ親族名称体系――」(『民族学研究』四五の三、一九八〇年)。

(7) 鈴木孝夫『ことばと文化』(岩波新書、一九七三年)。谷泰「呼称研究の視野」(『人類学のすすめ』筑摩書房、一九七四年)。原忠彦「親族名称」(ふぉるく叢書『仲間』弘文堂、一九七九年)。

(8) 渡部義通『日本母系時代の研究』(白楊社、一九三二年)。高群はこの説を踏襲している。品川滋子「イモ・セの用法からみた家族・婚姻制度」(『文学』二七の七、一九五九年)。

(9) 布村の諸論文(後掲)。青木洋子「甥姪覚書――宇津保物語小攷」(『国文目白』三号、一九六四年)。

(10) 川本崇雄「日本語親族名称語源考」(『民族学研究』四一の一、一九七七年)。山中襄太「親族関係語彙語源考」(『日本語源の史的究明』校倉書房、一九七〇年)。

(11) 新見吉治「中古初期に於ける族制」(『史学雑誌』二〇の二〜四、一九〇九年)。谷泰「日本語における親族名称の構造分析」(『季刊人類学』五の二、一九七四年)。明石一紀「日本古代家族研究序説――社会人類学ノート――」(『歴史評論』三四七号、一九七九年)。成清弘和「『祖』に関する基礎的考察――古代親族名称の側面を中心に――」(『ヒストリア』一二〇号、一九八八年)。伊東すみ子「奈良時代の婚姻についての一考察(二)」(『国家学会雑誌』七三の一、一九五九年)。

(12) 新見、前掲論文での指摘に始まり、原島礼二「寄口の史的考察」(『日本古代社会の基礎構造』未来社、一九六八年)、南部昇「古代戸籍の基礎的考察(正)」(『史筵』四号、一九七三年)において証明された。

(13) 布村一夫「古典と文化人類学」(『歴史評論』一八六号、一九六六年)。

(14) 青木、前掲論文では、この史料における「甥」が兄弟の子を指していることに気付いて提示しているが、続紀で甥と姪との名称を使い分けている理由がよく分からないと述べている。これは使い分けられていたのではなく、記紀や続紀にしばしば見られる如く、混同されて不統一のまま表現されているに過ぎない、とみるべきであろう。

(15) 布村一夫「正倉院籍帳における親族呼称」(『歴史学研究』二一二号、一九五七年)。しかし、布村は何も根拠を提示してはおらず、想像のようである。

(16) 後述する様に、字鏡では「姪」に男女があると注しており、これは兄弟の子(男女とも)を示す中国的用法と一致している。一方、これと区別されて「甥」は乎比・「娣」は女比、と注してある。従って、字鏡では、兄弟の子(姪)、姉妹の子(甥・娣)、という区分に立って解釈しているもの、と読みとることができる。ここで、兄弟の子ではなくてかつ女比と注された「娣」名称は、姉妹の女子を指す、と推測するのが妥当であろう。

(17) 南部、前掲論文。

(18) 布村、注(15)論文に載せるA表。

(19) 布村、注(15)論文。

(20) 新見、前掲論文。

(21) 関口裕子「日本古代家族の規定的血縁紐帯について」(井上光貞博士還暦記念会編『古代史論叢』中巻、吉川弘文館、一九七八年)。

(22) 佐保大納言卿(大伴安麻呂)の女である坂上郎女と駿河麻呂とは「姑姪」の関係にあるという(万葉集六四九番左注)。即ち、坂上郎女と駿河麻呂の父とが兄弟姉妹の関係ということになり、駿河麻呂の祖父は佐保大納言であって高市大卿(御行ヵ)ではない。従って、駿河麻呂を指して「孫」とよぶ高市大卿は実は外祖父ということになろう。

(23) 布村、注(15)論文。

(24) リヴァース、前掲書。

(25) 布村、注(15)論文。青木、前掲論文。

(26) 明石一紀「大宝律令と親等法」(『日本史研究』二五八号、一九八四年)。

(27) 布村、注(15)論文。

(28)　注(25)に同じ。

(29)　布村は、初め注(15)論文において、B類の御野国戸籍の名称をA類よりも発達したより新しいもの、と主張した。しかし、青木は前掲論文で御野国の名称こそ〝原始的〟とされ、正しく和訓に古来の伝統を求めた。このB類を日本の双方的な親族構造の基層文化と見る考えは、吉田孝「律令制と村落」（岩波講座『日本歴史』三巻、一九七六年）でも取り入れられ、更に明石の注(11)論文によって体質的に双方制社会であるとして発展させられた。なお、布村は「籍帳親族名称についての訂補」（『歴史学研究』四六〇号、一九七八年）に至って、ようやく旧説を退けて御野国の名称法を在来的・日本古来のもの、と修正している。

(30)　松岡静雄『日本古語大辞典』（刀江書院、一九二九年）。一方、布村は注(15)論文において、メヒを米比（和名抄の一系統）と解して më（乙音）は女性を示す me（甲音）ではないとし、ヲヒの wo と対応関係（男と女）にあることを否定している。しかし、この説は、和名抄が甲音の女と乙音の米とをはなはだしく混同・錯乱している事実を無視して立論したものである。より古い字鏡や古記のメヒは明らかに me（女・売）を示しており、ヲ（男）ヒに対するメ（女）ヒであることを何ら疑わせるものではない。

(31)　狩谷棭斎『箋注和名類聚抄』（一八二七年）。

(32)　成清、前掲論文。成清は、律令に規定する「祖」「孫」に曽高・曽玄を含める場合と含めぬ場合があることに着目し、含めぬ用法に日本的特質を主張する。

(33)　牧野巽「日支親等制の比較」（『民族』三の六、一九二九年）。中田薫「日本古代親族考」（『国家学会雑誌』四三の一、一九二九年）。明石、注(26)論文。

(34)　例えば、新村出編『広辞苑』第二版補訂版（岩波書店）を見ると、いやいとこ（弥従兄弟姉妹）・またいとこ（又従兄弟姉妹）・ふたいとこ（二従兄弟姉妹）・はとこ（再従兄弟）を皆「親がいとこ同士の関係」であると説明しており、同一名称とする見解をとっている。

(35)　新見、前掲論文。

(36)　杉本一樹「編戸制再検討のための覚書」（土田直鎮先生還暦記念会編『奈良平安時代史論集』上巻、吉川弘文館、一九八

四年）でも、御野国戸籍の「又」は「もう一つ別の」という意味で、繰返しを避けつつ同時にそれ以前の記載との区別を示すためのものである、と指摘している。

(37) 儀制令五等親条義解や天治本字鏡には、「従父」の語を父方イトコの義に解した注がみられる。この様な九世紀における混乱は（字鏡にはいくつも錯誤が認められるが）、そもそも「従父兄弟（姉妹）」の語が即イトコとして継受されたのではなく、まず「従父兄弟、（略）俗云二伊止古波良加良一也」（服紀条古記）として受けとめられ、その後に和語のハラカラ（兄弟）の語尾が名称から脱落するに従い、機械的に「従父」のみがあたかもイトコを指すかの様に一時誤解したものであったろう。しかし、少なくとも記紀編纂段階ではこの様な初歩的な誤用はまだ存在してはいない。

(38) 新見、前掲論文。

(39) 大野・佐竹・前田共編『岩波古語辞典』（一九七四年）。

(40) 狩谷、前掲書。松岡、前掲書。

(41) 小西甚一校注・解説「神楽歌・催馬楽・東遊歌・風俗歌・雑歌」（日本古典文学大系『古代歌謡集』岩波書店、一九五七年）。

(42) 西宮一民「令集解所引『古記』について」（『国語国文』二七の一一、一九五八年）。

(43) 布村、注(15)論文。

(44) 大林太良『邪馬台国』第五章（中公新書、一九七七年）ではハワイ型の可能性を想定する（七三頁）。私は、古いイトコ呼称がハワイ型であった可能性が強いとは考えているが、名称法については疑問を持っている。記紀では「（親の兄弟である）某の女・子」という間接的な表記に終始しており、兄弟姉妹名称を適用した徴証は皆無だからである。

(45) 東条操編『南島方言資料』補註〈八重山之部〉（刀江書院、一九六九年）。大胡欽一「北部沖縄の社会組織」（『民族学研究』二七の一、一九六〇年）・「上本部村備瀬の社会組織」（『沖縄の社会と宗教』平凡社、一九六五年）。それにしても、中本正智『琉球語彙史の研究』（三一書房、一九八三年）は、この重要なイトコ名称を見逃しているのが何とももの足りない。

(46) 例えば、村武精一「奄美の親族名称」（『家族の社会人類学』弘文堂、一九七三年）など。

(47) 万葉集には、安倍朝臣虫麿が母方平行イトコの大伴坂上郎女に対して「吾妹子」と詠んでいるが（六六五番）、ごていねいにも「聊作₂戯歌₁以為₂問答₁也」との注がそえてあるので（六六七番）、残念ではあるがこれをもってイモの呼称を用いた証拠とはなし難い。

(48) もし仮に、かつての日本に世代＝ハワイ型の名称法があったと見なすならば、名称法の変化の緩慢性から判断して、縄文時代の社会にまで溯って設定せざるを得ないのではなかろうか。弥生時代であれば、数世紀後の古代名称にもっと濃厚に残存しているはずである。

(49) 中国における親族名称の体系的研究としては、加藤常賢『支那古代家族制度研究』（岩波書店、一九四〇年）がある。

(50) 注(25)に同じ。

(51) 布村一夫「阿毎氏。氏と家と」（『歴史評論』四二〇号、一九八五年）・「日本語の親族名称の研究(2) 日本語のための民族学」（『教育国語』七九号、一九八四年）では、服紀条の和訓名称に母方親族の場合には「母方」を冠して区別している等を指摘して、古代の名称では双方制でなく父系制であったと主張している。この解釈の誤りについては、旧稿「日本古代の親族名称（正）」（『民衆史研究』二八号）において批判しておいたが、本書では省略した。

(52) 下層から順に表現すると、Ⅰ呼称は世代＝ハワイ型、Ⅱ口語名称はハワイ型とエスキモー型の複合、Ⅲ文語名称は父系的、という重層的構造をとる。

(53) 狩谷、前掲書。

(54) 渡部、前掲書。

(55) 高群逸枝『招婿婚の研究』（大日本雄弁会講談社、一九五三年）。品川、前掲論文。井上清『新版日本女性史』（三一新書、一九七八年）。日本古典文学大系『日本書紀』上巻、補注（岩波書店、一九六七年）。その他。

(56) 例えば、馬淵、注(1)論文。E・ウェスターマーク（江守五夫訳）『人類婚姻史』（社会思想社、一九七〇年）。江守五夫『家族の起源』（九州大学出版会、一九八五年）。布村、注(1)著書、等を参照されたい。

(57) 馬淵東一「沖縄研究における民俗学と民族学」（『民間伝承』一六の三、一九五二年）・『馬淵東一著作集』第三巻、第一部（社会思想社、一九七四年）。

(58) 倉塚曄子『巫女の文化』（平凡社、一九七九年）。本書はイモ・セの結合原理に詳しく、すぐれた女性論でもある。

(59) 大林、前掲書、七四頁。
(60) 明石、注(11)論文。
(61) 上宮聖徳法王帝説に「乎阿尼乃弥己等」、御野国味蜂間郡春部里戸籍に「阿尼都売」＝「姉つ売」（年廿二）、といった人名が見える。
(62) 品川、前掲論文。
(63) 例えば、書紀神代巻上巻には、二神を埿土煮尊・埿土根尊（或いは沙土煮尊・沙土根尊）と名付けた例があり、男女でニとネを使い分けている様である。これにア（吾）が冠されてアニ・アネ名称が成立したものか。
(64) 源氏物語では、女称の妹に「弟」、女称の兄弟に「兄人」、男称の姉妹に「妹人」という古典的用法を用いている。実際には、男称の姉を「姉」、女称の弟を「弟」とする用法は早くから発達していたことから、枕草子に見える「いもうと・せうと」の語は、兄と妹の関係にのみ残存して機能していたものであったろう。ところで、谷泰の注(11)論文は、兄弟姉妹名称の史料の扱い方・解釈に問題がある。
(65) 品川、前掲論文。
(66) 例えば、カシコとアシコ（アソコ）、カノ世とアノ世、カレとアレ、カナタとアナタ、等の類である。
(67) 『岩波古語辞典』（前掲）。
(68) 仏足石歌には「知々波々賀多米尓」と見えるが、通説によると作者は男（智努王）である。また、雄略紀廿三年八月丙子条に吉備臣尾代の歌として「阿母（或は毎）にこそ聞えずあらめ」と見えるが、男称の例とはいえ山陽道出身の作者が東国方言を使うのも不可解だから、「阿母」（母）よりも「阿毎」（天）の写本の方が正しいとするべきであろう。
(69) 『日本書紀』上巻（前掲）、補注。
(70) アセ（阿世・阿勢）は記歌謡二九番・一〇四番・紀歌謡七六番に見られ、アソ（阿曽）＝朝臣は記歌謡七一番・紀歌謡六二番・万葉三八四一～三番に見られる。記歌謡一〇四番を除いて他は男称である。
(71) 日本古典文学大系『日本書紀』下巻、補注（岩波書店、一九六五年）。
(72) 親の男女別称という視角とならんで検討しなければならぬ視角に幼児語の問題があり、幼児期から区別していたかどうかは難しい。注目すべきことに、E・リーチは、幼児語の親名称は普遍的にp・b・t・d・m・n等の唇音や歯音が多く用いられていることを指摘し、また、シュナイダーとホーマンズは、同性の親名称は改まったものに変化するが、異性の親名称は幼児期の呼称が存続する傾向にあることを明らかにしている（原、前掲論文）。興味深い視角といえよう。

(73)　中本正智「親族語彙『父母』『祖父母』について」（前掲書所収）では、父名称はアチャ・アジ系を古層とし、母名称はアム・アブ系を古層として古代のオモと同根であることを指摘する。私は、『おもろさうし』（岩波書店、一九七二年）の父名称アサ・アサイ・ナサ・ナサイも古代のカソと同根であると考えているのである。

(74)　倉塚、前掲書。

(75)　三宅米吉「日本古代婚姻取調資料」（『人類学雑誌』四の四四・四六、五の四七、一八八九〜九〇年）。布村一夫「上代日本の異世代婚について」（『歴史学研究』一八二号、一九五五年）。笠井倭人「記紀系譜の成立過程について」（『史林』四〇の二、一九五七年）。洞富雄『新版日本母権制社会の研究』第四章第二節（早大生協、一九五九年）。

(76)　詳細な事例は、また別な機会に発表することにしたい。

(77)　飯豊女王は市辺押歯別王の姉妹（履中紀・記、清寧記）とする他、女子とする説（顕宗紀）も見られる。

(78)　直木孝次郎「古代の女性」（『飛鳥奈良時代の研究』塙書房、一九七五年）では、聖武をめぐって父の姉妹（元正）と光明皇后との対立・抗争が指摘されている。

(79)　明石、注(26)論文。

(80)　大宝五等親制の姻族名称はひと通り用例が確かめられる。それ以外では、御野国戸籍の有姓の「姑」＝下総国戸籍の異姓の「姑」が、亡去した伯叔父の妻を指すとされる（注(12)論文）。これは、当時も伯叔父の妻をヲハとよんだことを意味する用法であるが、大宝五等親制の範囲外にあったことや、唐の「伯叔母」の語を日本ではあえて「伯叔婦」と書き換えて血族との相違を強調していることから、親世代の姻族をヲチ・ヲハとよぶのは親近感をつくり出すための擬制的呼称・借用的用法であったと考えられる。他に、一例「妻之兄」（荊国足解）が見えるものの、コシウト名称の成立はずっと後のことである。

(81)　武田祐吉『記紀歌謡集全講』（明治書院、一九五六年）。

(82) 黛弘道「古代親族称呼の一考察——『よめ』について——」（『律令国家成立史の研究』吉川弘文館、一九八二年）では、ヨメ名称の起源を中国後宮の「世婦」の訓読に求めている。しかし、この語にヨメの傍訓例でもあれば別だが、名称の成立契機として異和感があり、疑わしい説といわねばならない。

(83) 関口裕子「律令国家における嫡妻・妾制について」（『史学雑誌』八一の一、一九七二年）。

(84) コナミ・ウハナリとも恐らくナミ＝ナリという女性を示す語にコ・ウハを冠した名称であろう。琉球のオナリ（姉妹）と同根かと思われる。

(85) 品川、前掲論文。

(86) 日本思想大系『おもろさうし』補注（前掲）。

(87) 『知里真志保著作集・別巻Ⅱ 分類アイヌ語辞典人間編』第二部（平凡社、一九七五年）。

(88) H・ギアツ（戸谷・大鐘訳）『ジャワの家族』（みすず書房、一九八〇年）。染谷臣道「ジャワ社会の人間関係における規定様式」（『現代のエスプリ 東南アジアの社会と親族』一八三号、至文堂、一九八二年）の第1表。

(89) 坪内良博・前田成文『核家族再考——マレー人の家族圏——』（弘文堂、一九七七年）。

(90) 菊地靖編『現代のエスプリ 東南アジアの社会と親族』一八三号、解説（至文堂、一九八二年）。

(91) 坪内・前田、前掲書、三八頁。

(92) 倉塚、前掲書。

(93) このイモ・セの擬制的な呼称法は、配偶者のみならずその兄弟姉妹（或いはその配偶者）といった姻族にまで広く使われていたようである。その際、同性にも「妹」と用いているが（万葉集四一八四・四一九八番）、これは混乱と考えるよりも、親しみをこめて相手が他者（異性）からよばれている呼称を借用した用法、とみてよいのではなかろうか。

(94) 姻戚でも、同世代であれば注(93)の如くイモ・セの擬制的用法が括用されうるが、異世代だとそうもいかない。大伴家持は聟（藤原久須麿）をつねに「君」（万葉集七八七・七九〇・四二一四・四二一五番）とよんでおり、改まった敬称から姻戚に対する心理的な距離感がうかがわれる。

(95) 武田佐知子「律令国家による儒教的家族道徳規範の導入」（竹内理三編『古代天皇制と社会構造』校倉書房、一九八〇年）。

(96) 源敏の如く姉の法事のためにわざわざ私領を寄進した例もある（『平安遺文』二四九・二五〇号）。

(97) 例外としては、兄物部守屋を裏切った蘇我馬子の妻がいる。守屋の妹の計によって物部氏を滅ぼすことができたということは、逆にいうと、それだけ物部氏の妹に対する信頼・安心感が強くて彼女の奸計など思いもよらず、その故に容易に計略にかかったもの、と理解されよう。

(98) 鈴木国弘『在地領主制』本論第二章第一節（雄山閣、一九八〇年）。服藤早苗「平安時代の女性財産権」（お茶の水女子大学『女性文化資料館報』二号、一九八一年）の掲載表。

(99) 文書での初見は、延喜一六年（九一六）の「先年自当郡郡老末良常後家買得之地」（『平安遺文』二一四号）であるが、寡婦を指示するか否かは不詳。亡夫の妻・「後家」が活発にあらわれるのは、次の応徳二年（一〇八五）の文書（『平安遺文』一二四五号）以降である。

(100) 例えば、鷲見等曜「藤原実資の交遊と親族」（『前近代日本家族の構造』弘文堂、一九八三年）などを見られたい。

(101) 明石一紀「古代の婚姻・家族関係・女性」（石川・峰岸・三木共編『家と女性——役割——』三省堂、一九八九年）。

(102) 私は「古代・中世の家族と親族」（『歴史評論』四一六号、一九八四年）において、親族結合の原理は、夫婦の帰属方式の変化によって規定され、古代が「血」筋、中世が「縁」関係、近世が「家」筋、というように変化していくことを、既に指摘しておいた。

〔補注1〕荒木敏夫『日本古代の皇太子』第一章（吉川弘文館、一九八五年）では、大兄の二訓（オホエ・オヒネ）を考察し、記紀編纂時にはオホエであったことを確認している。だが、二訓の存在した理由は不問とされている。

〔補注2〕古代の日本が中国のような「妻妾」制ではなくて一夫多妻制であり、かつ嫡妻と次妻の区別があった、という正しい指摘は、既に中田薫「我が太古の婚姻法」（『法制史集論』第一巻、岩波書店、一九二六年）、松本芳夫「古代に於ける一夫多妻制について」（『史学』一八の四、一九三九年）等で明らかにされている。関口、注(83)論文は、この研究水準を踏まえていない。

〔後記〕　脱稿後、上井久義「古代の親族名称」（横田・網干共編『飛鳥の歴史と文学』第三巻、駸々堂、一九八二年。『日本古代の親族と祭祀』人文書院、一九八八年、に再録）の存在を知った。校正中に読んでみたが、論点と方法にいくつか拙稿と重り合うものがあり、上井氏に対して引用を怠った非礼をおわびする。この論考は分析が簡略だから拙稿はこの方法を拡大・深化・発展させたもの、と位置付けられても構わない。

しかし、解釈ではいくつもの相違がみられる。例えばイモとセを禁婚関係とみたり（事実に反する）、オモを義母とみたり（別にママハハの名称あり）、父系平行イトコ婚が禁止された（事実に反する）、というのは納得できない。また、族外婚が存在したかのような認識や、ハラヒトツノコノカミを「母の兄」とする点は、論外といえる。

要するに、日本古代の名称の特徴をよくつかまえているが、それぞれの解釈には失敗している、というのが私の感想である。

あとがき

一九七一年三月、学界では石母田正『日本の古代国家』が出版されて間もなくその衝撃波が次第に広まりつつある中で、私は近代史の卒業論文を学部に提出し終え、念願の古代史の研究生活へと第一歩を踏み出すことになった。大学院では、竹内理三先生に拾われる形でゼミに所属させていただいたが、今にして思えば、その後の研究活動を左右する重大な邂逅であったといえる。竹内ゼミを研鑽の場とし、孵化への期待と不安を抱きつつ、研究テーマを摸索する日々が暫く続いた。以来、編戸制論を初めとしていくつかの問題関心を持って執筆を重ねてきたのである。その諸論考のうちから、日本古代の親族構造・親族法に関するものを取り上げて(約三分の一の分量)、一書にまとめたのが本書である。これらの草稿は主に三〇歳代の執筆で、何度か精神的な落ち込みに見舞われた時期でもあり、それ故に本書の収録論文への愛着は他より深いものがある。

ともかく研究の一部を一書に成し得たのは、何よりも歴史学者・史料編纂者にして偉大な教育者竹内理三先生があたたかく見守り続けて下さったことが大きい。私達の受けた影響は、学恩にとどまるものではなかった。また、先生の下で竹内ゼミの諸兄姉と遠慮なく切磋琢磨し得たことは幸いであり、なつかしい思い出となっている。この他、多くの人にお世話になり一人一人の名前をあげきれないが、歴史学研究会古代史部会・前近代女性史研究会の諸兄姉、ならびに比較家族史学会の諸先生から多大な教示・示唆・刺激を与えていただくことができた。それなしに研究の進展は難しかったろう。なかでも、吉田孝氏から日本の律令社会に対する認識・視座を学ばせていただき、都立大学におられた村武精一先生には私淑して本書の鍵となる社会人類学の方法を修得しようと努めた。高群説偏重の関口裕子氏には異和感を覚えつつも、義江明子氏と共に刺激を与えてくれたと思う。ただ、本書が、竹内先生を初めとする方々の恩に応えるだけの成果があげられたかどうか、はなはだ心許無い気持であって恥じ入らざるを得ない。

なお、母八代重や宮本昇三氏には陰で何かとはげましてもらったことも忘れられない。もし理解がなければ、研究活動は続けられなかったかも知れない。

また、本書をまとめるにあたって、吉川弘文館編集部の上野純一氏には、原稿整理を含めて細かな御配慮をいただいた。末筆ながら、記して御助力に感謝したい。

一九八九年一一月

明石一紀

戊午叢書刊行の辞

今日の史学の隆盛は前代未聞といえよう。数え上げることも出来ぬ程の研究誌、ひろい歴史愛好者を含む歴史書のおびただしさ、送迎するものの目も眩むばかりである。にも拘わらずここに新たな叢書を企画する理由は三つある。一つは研究誌の多さにも拘わらず、掲載される枚数がきびしく制限され、大論文の発表の場となし難い現況を打破したいこと。二は、出版物は多数とはいえ、すべて営利的出版者の常として、時流から外れた地味な研究は出版困難である状況に、多少の手助けをしたいこと。三は、本叢書の最大の眼目とするところであるが、いわゆる若手の研究者の研究は、概して新鮮さにあふれ、前途の大成を予告する優秀さをもつにも拘わらず、正当な評価をうけること少く、著書として出版される機会が中々得られない実情を打破したいこと。私自身、恩師の推挽によって卒業論文を出版することができ、それが出発点となって、今日まで恵まれた研究生活をおくり得た恩恵を深く思う故に、とくに第三点に重点をおき、今年を以て古稀を迎えた機会に、年々多少の資を提供して出版補助とし、吉川弘文館の賛成を得て発足し、今年の干支戊午に因んで戊午叢書と名づけたものである。対象はほぼ大学修士論文とするが、未だ専書刊行のない隠れた研究者の論文集をも含めたい。大方の賛成を得て、多年に渉って恩恵をうけた学界への報謝の一端ともなれば、幸甚これにすぐるものはない。

竹内理三

一九七八年一二月二〇日

著者略歴
一九四七年 北海道に生まれる
一九七一年 早稲田大学教育学部社会科地歴専修卒業
一九七四年 早稲田大学大学院文学研究科（日本史専攻）修士課程修了
現　在 東京都立高校準常勤講師
主要論文
「古代の婚姻・家族関係・女性」（シリーズ家族史『家と女性―役割―』三省堂）
「房戸制の構造と課役制」（『続日本紀研究』一九〇・一九一）
「田令口分条の『不給』規定―六歳受田制説批判―」（『日本歴史』四一五）

戊午叢書

日本古代の親族構造

平成二年一月二十日　第一刷発行
平成三年十月一日　第二刷発行

著者　明石《あかし》一紀《かずのり》

発行者　吉川圭三

発行所　株式会社　吉川弘文館
東京都文京区本郷七丁目二番八号
郵便番号一一三
振替口座東京〇―二四四番
電話〇三―三八一三―九一五一番（代表）

印刷＝三和印刷　製本＝誠製本

〈戊午叢書〉
日本古代の親族構造（オンデマンド版）

Digital Publishing

2017年10月1日　発行

著　者　明石《あかし》一紀《かずのり》

発行者　吉川道郎

発行所　株式会社 吉川弘文館
〒113-0033　東京都文京区本郷7丁目2番8号
TEL　03(3813)9151(代表)
URL　http://www.yoshikawa-k.co.jp/

印刷・製本　株式会社 デジタルパブリッシングサービス
URL　http://www.d-pub.co.jp/

明石一紀（1947～）
ISBN978-4-642-72241-4